14号线直线段全刚构桥梁

(郭敏拍摄)

14号线邓村车辆段前曲线段全刚构桥梁(路侧)

(郭敏拍摄)

14号线区间全刚构桥(路中)

(郭敏 拍摄)

14号线大跨径刚构拱桥

(何建梅 拍摄)

城市轨道交通全刚构体系桥梁

广州地铁设计研究院股份有限公司

郭 敏 陈 亮 著

人民交通出版社股份有限公司

北京

内 容 提 要

本书系统地总结了城市轨道交通全刚构体系桥梁的力学特性、总体布置、结构参数选择、静力计算分析、风车桥耦合振动分析、抗撞性能、抗震性能、结构噪声分析与预测、节点模型试验、静动载试验、施工技术等方面的科研成果,并给出了工程实例,以便为全刚构体系桥梁的建设提供参考和借鉴。

本书可作为从事桥梁工程及相关工程领域的工程设计、施工、科研、管理人员的参考用书,也可作为高等院校相关专业的本科生和研究生教学参考书。

图书在版编目(CIP)数据

城市轨道交通全刚构体系桥梁 / 郭敏,陈亮著. —北京:人民交通出版社股份有限公司,2023.12
ISBN 978-7-114-19041-4

Ⅰ.①城… Ⅱ.①郭…②陈… Ⅲ.①城市铁路—轨道交通—刚构桥 Ⅳ.①U448.135

中国国家版本馆 CIP 数据核字(2023)第 202259 号

书　　名:城市轨道交通全刚构体系桥梁
著　作　者:郭 敏 陈 亮
责任编辑:郭晓旭
责任校对:赵媛媛 魏佳宁
责任印制:刘高彤
出版发行:人民交通出版社股份有限公司
地　　址:(100011)北京市朝阳区安定门外外馆斜街 3 号
网　　址:http://www.ccpcl.com.cn
销售电话:(010)59757973
总 经 销:人民交通出版社股份有限公司发行部
经　　销:各地新华书店
印　　刷:北京交通印务有限公司
开　　本:787×1092　1/16
印　　张:20
字　　数:415 千
版　　次:2023 年 12 月　第 1 版
印　　次:2023 年 12 月　第 1 次印刷
书　　号:ISBN 978-7-114-19041-4
定　　价:108.00 元

(有印刷、装订质量问题的图书,由本公司负责调换)

序

  广州市轨道交通 14 号线一期工程服务于广州北部从化区与中心区的快速联系，兼具白云区、从化市沿线联动发展引导的功能。主线全长 54.4km，其中地上线长 32.5km，采用大站停列车与站站停列车组合开行的快慢车运营模式，列车最高运行速度为 120km/h，牵引供电制式采用 DC1500V 接触轨。该项目对桥梁景观、沿线噪声控制要求较高，同时要考虑市域长大线路全寿命周期维护成本。为此，全线采用预制节段拼装的施工方法，且长达 32km 区间标准段桥梁全线采用 4×40m 单薄壁连续刚构体系，全联无支座，相邻联边墩分离，尚无建设先例。在设计、施工等方面都面临诸多难题，给设计、施工带来了新的挑战。它的建设过程同时也是开发和验证的过程。

  为保证长大桥梁的顺利建成及运营效果，广州地铁设计研究院股份有限公司联合多家高校、科研机构进行了设计技术标准、风-车-桥耦合振动分析、结构噪声预测与控制、结构抗震抗车撞性能等方面的科研和试验，为设计工作提供了有力的技术支撑。

  广州市轨道交通 14 号线的顺利建成通车，为城市轨道交通桥梁提供了一种崭新的解决方案。该项目在设计上取得了一系列创新性成果，为后续同类型桥梁的建设提供了重要的参考依据和经验。标准跨梁型的多样化，必将推动城市轨道交通桥梁的发展。

2023 年 10 月于上海

前　言

桥梁是我国建筑重要的组成部分，而城市轨道交通桥梁是其中独具特色的一种桥型。我国首条城市轨道交通桥梁线路，是 2000 年通车的上海明珠线，此后，越来越多的轨道交通桥梁被建设。很多人每天看着它们，使用它们。城市轨道交通桥梁的城市属性，区别于铁路桥梁，桥梁的设计方案被寄予更多的关注，除了需要提供安全可靠和经济适用的解决方案外，桥梁还需与周围环境的融合，提高美学价值。

铁路桥梁轨道荷载及列车活载大，但长期以来铁路荷载增长幅度不大；铁路对轨道稳定性、行车安全性和乘客乘坐舒适性的严格要求使桥梁必须具有较大的刚度，因而大多数的铁路桥本体是坚固而耐用的高性能结构。

根据不完全统计，目前已建成通车运营的城市轨道交通桥梁里程已近 2000km。每条线路建设初期都对标准梁的体系、梁型、墩型、工法进行充分论证，标准梁仍以简支梁体系为主。运营部门结合长大线路的运维管理经验对设计提出新建线路减少支座维护工作量的需求。在绿色低碳、可持续化、高质量发展的时代背景下，耐久性和持续的维护成本问题会变得更加突出，创新桥梁结构体系恰逢其时。

全刚构体系桥梁与常规简支体系桥梁相比，从外观上看更纤细，尤其单薄的边墩常被人们认为不可置信。因此，在设计、施工、运营性能等方面都需要充分地做好设计前的论证工作。本书以广州市轨道交通 14 号线（以下简称"广州地铁 14 号线"）32km 高架线的创新实践为背景，对全刚构体系桥梁的设计、施工、科研、标准等方面做了系统全面的总结。本项目提出全刚构体系桥梁设计理念，因其更绿色的施工方法、更少维护的无支座桥梁、更集约的材料用量、更简约的桥梁景观，更强的结构整体性、更优的运营性能，必将引领标准梁体系创新的潮流。同时也要指出，对于每座全刚构体系桥梁却具有其独特性。桥梁设计师应根据所设计的桥梁所处的具体情况，找出最优的设计方案，并持续创新发展。

本书由郭敏、陈亮著。具体编写分工如下：第 1 章由郭敏撰写；第 2 章由陈亮、郭敏、何建梅撰写；第 3 章及第 4 章由陈亮撰写；第 5 章由郭敏撰写；第 6 章由郭敏、王欣欣撰写；第 7 章由陈亮、苏锦峰、何建梅撰写；第 8 章由郭敏撰写。郭敏完成了全书的统稿工作。

在项目实施过程中，周新六教授级高工、孙俊岭博士等专家提供了大力支持，中南大学郭向荣教授、同济大学李建中教授、重庆交通大学徐梁晋教授、西南交通大学李小珍教授和宋立忠讲师参与了相关科研工作，他们提供的科研报告为本书撰写贡献了基础性资料。在本书的撰写过程中，尹华拓提供了无缝线路检算的成果；刘雨龙、尹志伟、夏涛、黄旭在补充计算、图纸、资料整理等方面做了大量工作；罗皓旸研究生提供了有关外文文献资料；中南大学周智辉教授对本书的框架结构和章节内容提出了诸多宝贵意见，谨在此一并表示由衷的敬意和感谢！

由于写作时间较紧，加上水平有限，书中难免有遗漏、疏忽之处，错误也在所难免，殷切期望同行专家和读者批评指正。

广州地铁设计研究院股份有限公司　郭敏

2023 年 6 月

目　录

第1章　绪论 ………………………………………………………………… 001

1.1　刚构桥发展概述 …………………………………………………………003

　　1.1.1　T形刚构桥 ……………………………………………………………003

　　1.1.2　连续刚构桥 ……………………………………………………………004

　　1.1.3　铁路刚架桥 ……………………………………………………………005

1.2　全刚构体系桥梁的结构特点与技术优势 …………………………………007

　　1.2.1　全刚构体系桥梁的结构特点 …………………………………………007

　　1.2.2　全刚构体系桥梁的技术优势 …………………………………………007

1.3　全刚构体系桥梁发展概述 …………………………………………………008

　　1.3.1　国外全刚构体系桥梁发展概况 ………………………………………008

　　1.3.2　国内全刚构体系桥梁发展概况 ………………………………………011

1.4　全刚构体系桥梁应用于城市轨道交通的技术创新 ………………………013

第2章　全刚构体系桥梁设计 ………………………………………… 015

2.1　技术标准 ……………………………………………………………………017

　　2.1.1　桥梁刚度限值标准 ……………………………………………………018

　　2.1.2　桥梁变形限值标准 ……………………………………………………020

　　2.1.3　列车走行安全性与舒适度指标 ………………………………………021

　　2.1.4　桥梁墩台基础工后沉降限值 …………………………………………022

　　2.1.5　强度计算方法 …………………………………………………………022

　　2.1.6　应力水平限值标准 ……………………………………………………022

　　2.1.7　拟定设计技术标准 ……………………………………………………023

2.2 设计荷载 ··· 024
   2.2.1 主要荷载的讨论 ··· 025
   2.2.2 主力 ·· 026
   2.2.3 附加力 ··· 027
   2.2.4 特殊荷载 ·· 028

2.3 总体布置 ··· 028

2.4 构造参数研究 ·· 029
   2.4.1 合理跨径分析 ·· 029
   2.4.2 合理联长分析 ·· 031
   2.4.3 主梁梁高分析 ·· 035
   2.4.4 主梁底宽分析 ·· 039
   2.4.5 桥墩厚度分析 ·· 042
   2.4.6 基础布置分析 ·· 045
   2.4.7 主要构造设计 ·· 051

2.5 工程常遇问题敏感性研究 ·· 053
   2.5.1 基础沉降影响研究 ·· 053
   2.5.2 温度场影响研究 ··· 054
   2.5.3 预应力二次效应研究 ··· 056
   2.5.4 结构收缩徐变效应研究 ·· 057
   2.5.5 经济性 ··· 058

2.6 全刚构体系桥梁整体受力性能研究 ····································· 059
   2.6.1 推荐方案设计 ·· 059
   2.6.2 有限元模型的建立 ·· 065
   2.6.3 主梁受力分析 ·· 065
   2.6.4 桥墩受力分析 ·· 072

2.7 关键部位受力性能研究 ··· 074
   2.7.1 节段布置情况 ·· 074
   2.7.2 吊装工况端节段受力性能研究 ·································· 075

  2.7.3 梁端后浇段混凝土受力性能研究·················078

2.8 全刚构体系桥梁工程拓展·················079

  2.8.1 主跨150m连续刚构拱桥简介·················079

  2.8.2 快慢线车站前后喇叭口桥梁简介·················082

第3章 风-车-桥系统振动分析·················091

3.1 风-车-桥系统振动分析模型·················093

  3.1.1 车辆空间振动分析模型·················093

  3.1.2 桥梁空间振动分析模型·················096

  3.1.3 风荷载模拟·················098

  3.1.4 风-车-桥系统振动方程的建立与求解·················100

3.2 车桥系统振动响应评估标准·················101

3.3 气动三分力系数计算·················102

3.4 标准段4×40m全刚构体系桥风-车-桥系统振动分析·················105

  3.4.1 标准段4×40m全刚构体系桥动力特性计算分析·················105

  3.4.2 列车编组与计算工况·················107

  3.4.3 标准段4×40m全刚构体系桥风-车-桥振动响应分析·················107

第4章 结构抗震性能研究·················127

4.1 工程背景·················129

4.2 目标联桥梁抗震性能研究·················130

  4.2.1 抗震设防标准、性能目标与地震动输入·················130

  4.2.2 结构动力分析模型及动力特性·················132

  4.2.3 目标联桥梁抗震分析·················135

  4.2.4 抗震验算·················145

4.3 联与联间的碰撞效应研究 ··· 158

 4.3.1 碰撞效应模拟 ·· 158

 4.3.2 地震作用下碰撞效应 ·· 159

 4.3.3 不同周期比下的碰撞反应 ·· 161

4.4 主梁与节点的计算与构造 ··· 162

 4.4.1 主梁设计 ·· 162

 4.4.2 节点计算与配筋构造 ·· 164

 4.4.3 节点验算 ·· 167

4.5 地震易损性分析 ·· 167

 4.5.1 桥梁有限元模型和地震动输入 ··· 168

 4.5.2 桥墩损伤、破坏过程 ·· 170

 4.5.3 全刚构体系桥地震易损性分析 ··· 172

4.6 全刚构体系桥的墩梁连接节点抗震性能试验分析 ·· 174

 4.6.1 引言 ·· 174

 4.6.2 边节点的构造与模型设计 ·· 174

 4.6.3 试验现象与破坏特征 ·· 177

 4.6.4 边节点配筋构造建议 ·· 182

 4.6.5 主要结论 ·· 183

第5章 桥墩防撞分析与管养措施 185

5.1 桥墩车撞仿真分析 ··· 187

 5.1.1 车撞分析的有限元模型 ··· 187

 5.1.2 撞击过程仿真模拟及分析 ·· 189

 5.1.3 撞击力参数分析及与规范值比较 ·· 193

 5.1.4 桥墩车撞仿真分析的总结 ·· 195

5.2 桥墩车撞条件下桥上列车走行性分析 ··· 196

 5.2.1 有限元模型建立 ·· 196

5.2.2　列车安全、舒适运行的评估标准 197
　　5.2.3　计算工况及分析结果 197

5.3　桥墩损伤快速判别准则与处理指南 199
　　5.3.1　桥墩损伤快速判别准则 199
　　5.3.2　处置指南 200

第6章　结构噪声预测与控制　203

6.1　城市轨道交通高架桥噪声的主要类型 205

6.2　典型高架桥噪声试验研究 207
　　6.2.1　30m简支箱梁桥噪声测试及噪声传播规律分析 207
　　6.2.2　30m简支箱梁桥结构噪声测试小结 219

6.3　桥梁结构噪声预测方法 220
　　6.3.1　车-线-桥耦合振动计算 220
　　6.3.2　桥梁结构噪声预测模型 221
　　6.3.3　桥梁结构噪声预测模型验证 223

6.4　广州地铁14号线全刚构体系桥梁结构噪声特性 224
　　6.4.1　不同桥型的结构振动与噪声对比 224
　　6.4.2　箱梁振动与噪声的影响因素分析 230
　　6.4.3　结论 235

第7章　全刚构体系桥梁施工技术　237

7.1　逐跨拼装工法 239
　　7.1.1　梁场建设 239
　　7.1.2　节段预制 242
　　7.1.3　节段运架 256
　　7.1.4　连续成桥关键工艺 265
　　7.1.5　成本分析 266

7.1.6 工法特点及适用条件 ………………………………………………… 267

7.2 悬臂拼装工法 ……………………………………………………………… 267

7.2.1 平衡悬臂拼装施工设备 …………………………………………… 267

7.2.2 悬臂拼装工法总体施工流程 ……………………………………… 267

7.2.3 线形控制要求 ……………………………………………………… 272

7.2.4 工法特点及适用条件 ……………………………………………… 273

7.3 支架现浇工法 ……………………………………………………………… 273

7.3.1 逐跨现浇 …………………………………………………………… 273

7.3.2 主梁梁端设置后浇段 ……………………………………………… 275

7.3.3 边墩墩顶设置后浇段 ……………………………………………… 276

7.3.4 现浇工法小结 ……………………………………………………… 278

7.4 悬臂浇筑工法 ……………………………………………………………… 278

7.4.1 悬臂浇筑工法总体施工流程 ……………………………………… 279

7.4.2 工法特点及适用条件 ……………………………………………… 280

第8章 标准段全刚构体系桥梁试验 …………………………………………… 281

8.1 标准段全刚构体系桥梁静载试验 ………………………………………… 283

8.1.1 试验对象与目的 …………………………………………………… 283

8.1.2 理论计算 …………………………………………………………… 283

8.1.3 试验方案 …………………………………………………………… 284

8.1.4 试验主要结果及结构性能评定 …………………………………… 287

8.2 标准段全刚构体系桥梁动载试验 ………………………………………… 289

8.2.1 试验对象与目的 …………………………………………………… 289

8.2.2 理论计算 …………………………………………………………… 289

8.2.3 桥梁固有动力特性测试 …………………………………………… 289

8.2.4 行车试验、制动试验及会车试验 ………………………………… 292

8.3 列车动力学性能试验 ··· 293
　　8.3.1 试验对象与目的 ··· 293
　　8.3.2 试验评价 ·· 294
　　8.3.3 车辆运行安全性与舒适性试验结论 ······················· 295

参考文献 ·· **296**

第 1 章

绪论

1.1 刚构桥发展概述

1.1.1 T形刚构桥

T形刚构桥是一种具有悬臂受力特点的梁式桥,从墩上伸出悬臂,跨中采用剪力铰或简支挂梁。T形刚构桥因每个桥墩与两侧悬臂梁固结构成T形而得名,如图1-1所示。

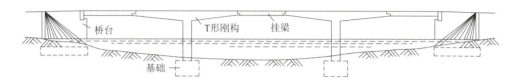

图1-1 T形刚构桥

20世纪50年代以前,预应力混凝土连续梁跨径均在100m以下。当时主要采用满堂支架施工,费工费时,限制了它的发展。20世纪50年代初期,联邦德国修建了世界上首座自架设体系的预应力混凝土T形刚构桥——沃伦姆斯(Worms)大桥。该桥的主跨为114.20m,桥面宽度为20.4m,跨中位置设置了剪力铰,如图1-2所示。该桥将钢桥传统的悬臂拼装施工方法创造性地应用到预应力混凝土桥中,不但成功解决了这种桥施工的困难,还发展了T形刚构这种新形式,也对其他结构形式产生了积极的影响。T形刚构桥因墩梁固结,既方便了悬臂施工,又省去了昂贵的支座费用,一经出现便得到人们青睐。从1950年到1960年,这种形式最先在欧洲国家得到应用和推广。随着T形刚构跨径的增加,活载挠度明显加大,对结构使用造成不便。为了克服上述缺点,建设者们将边孔短跨引桥做成连续形式,减小主跨跨中挠度值。1964年,联邦德国工程师修建了本道夫(Bendorf)大桥,该桥主跨为208m,屹立在莱茵河上。该桥不仅展示了悬臂施工法的优越性,而且在结构上有创新,主墩与上部连续梁固结,跨中设铰,采用薄壁柔性主墩替代了T形刚构的粗大桥墩,墩厚2.8m,仅为支点梁高的0.28倍(支点梁高为10m),如图1-3、图1-4所示。后续一些著名桥例也都采用了类似的布置,逐步形成了采用柔性薄壁墩(墩壁厚度一般为0.2~0.4倍支点梁高)、主墩与连续梁固结的刚构连续梁组合结构的雏形。

图1-2 德国Worms大桥

图1-3 德国Bendorf大桥

图 1-4　德国 Bendorf 大桥刚构连续梁组合结构

我国于 1965 年，在江苏省建成了一座主跨为 33m 的预应力混凝土 T 形刚构试验桥——盐河公路桥。该桥采用悬臂施工法，两个 T 构主梁通过剪力铰连接而成。1968 年，国内建设完成了第一座真正意义上的大跨径 T 形刚构桥——广西柳州柳江大桥，如图 1-5 所示。该桥全长为 608.04m，主跨 124m，从开始通车运营至今已有五十多年的历史。该桥攻克了深水基础等多方面的技术难关，为以后 T 形刚构桥的设计、建造和施工提供了宝贵的技术支持和施工经验。同时，带挂梁的 T 形刚构桥在国内也得到快速发展，典型代表有 1981 年建成的重庆长江大桥（原旧桥，主跨 174m，其中含 30m 跨的挂梁，图 1-6），这种结构具有受力明确、跨越能力强、无构造复杂的剪力铰等优点。20 世纪 70 年代到 90 年代初是该种桥型的建设黄金时期，全国各地修建了数目众多的预应力混凝土 T 形刚构桥。

图 1-5　广西柳州柳江大桥

图 1-6　重庆长江大桥（原旧桥）

1.1.2　连续刚构桥

随着跨径增大，连续梁支座反力越来越大，对大吨位支座的设计、制造、养护和更换都提出更高的要求，而且费用昂贵。因而，在大跨径连续梁中采用部分墩梁固结的刚构连续梁组合结构，如图 1-7、图 1-8 所示。

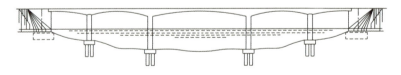

图 1-7　连续刚构桥

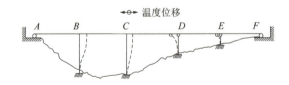

图 1-8　连续刚构体系

该体系多跨连续刚构，利用桥墩的柔性减少次内力的敏感性，选择抗压刚度较大、抗推刚度较小的单壁或双壁的薄壁墩，桥墩壁厚为支点梁高的0.2~0.4倍，长细比可为16~20，减少了桥墩与基础的用材量。

连续刚构是吸取T形刚构和连续梁两种结构的优点发展起来的一种桥梁结构，比较适合于长联大跨径桥梁。相较于连续梁，连续刚构桥在悬臂施工时不需要临时固结及转换体系的工序，方便施工；相较于T形刚构，连续刚构桥解决了剪力铰与挂梁对结构不连续所造成的不利影响，保持了连续梁无伸缩缝、行车平顺的优点，有利于提高行车的舒适性。

预应力混凝土连续刚构桥最早是从国外发展起来的。20世纪70年代建成的日本滨名大桥，主跨240m。1979年，巴拉圭建成主跨270m的阿松星（Asuncion）桥。1982年建成的美国休斯敦（Houston）运河桥跨径为（114+228.6+114）m，这是跨径较大、时间较早的连续刚构桥，主梁为单箱双室截面，采用刚性桥墩。1985年，澳大利亚建成了当时世界上最大跨径连续刚构桥——盖特威（Gateway）桥，其主桥跨径为（145+260+145）m。该桥采用双薄壁柔性墩、单箱单室截面、强度等级为C50的高强度混凝土，桥墩高47.5m，将连续刚构体系的优点充分表现出来，是里程碑式的预应力连续刚构桥。随着强度等级为C60以上的轻质高强混凝土在工程中的大量使用，更大跨径、更高墩的连续刚构桥不断涌现，如1998年挪威建成主跨301m的预应力混凝土刚构桥——斯托尔马（Stolma）桥（图1-9），1999年挪威又建成主跨298m的预应力混凝土连续刚构桥——拉夫特通道（Raft Sundet）桥。

国内大跨径连续刚构桥起步较晚，1988年才开始从国外引入连续刚构桥的设计与建设经验。1990年，我国建成第一座大跨径连续刚构桥——广州洛溪大桥，其主跨为180m，如图1-10所示。广州洛溪大桥是我国第一次采用大吨位预应力体系建设的桥梁，顶板首次采用"S"形平弯束，是我国刚构桥发展的一个里程碑。从此我国的连续刚构桥便进入快速发展阶段，先后建成了黄石长江大桥（主跨245m）、江津长江大桥（主跨240m）、虎门大桥辅航道桥（主跨270m）。

图1-9 挪威Stolma桥

图1-10 广州洛溪大桥

1.1.3 铁路刚架桥

桥跨结构（主梁）与墩台（支柱）整体相连的桥梁叫作刚架桥（frame bridge）。因上下部整体相连，在国外也称为整体桥（integral bridge）。

　　刚架桥可以是单跨或多跨的。单跨刚架桥的支柱可以做成直柱式（门形刚架）或斜柱式（斜腿刚架）。多跨刚架桥的主梁可以做成连续式或非连续式。非连续式是在主梁跨中设铰或悬挂简支梁，从而形成带铰的T形刚构或带挂孔的T形刚构。铁路上很少采用这种方式，而多采用连续式的主梁。中小跨径的连续式刚架桥通常做成等跨形式，以利于施工。跨径较大时，为了减小边跨的弯矩，使之与中跨相近，利于设计和构造，采用边跨小于中间跨的形式。中国铁道出版社于1982年出版的谢幼藩等人合编的《铁路钢筋混凝土桥》，提出对于连续式主梁的多跨刚架桥，当桥梁全长太大影响钢轨受力时，可做成数座互相分离的连续式主梁的刚架桥的桥型方案（图1-11），与本书讨论的全刚构体系桥梁相似。它由互相分离的一联联刚架组成，以实现主梁的伸缩。实例中跨径较小，如日本山阳新干线铁路采用三孔连续，梁端带悬臂的刚架桥，三孔等跨，跨度有8m和6m两种，梁端悬臂长都是2.99m，如图1-12所示。日本东北新干线铁路为4孔连续刚架桥，不带悬臂；中间跨径为8.6m，边跨为8.3m，如图1-13所示。两桥均为钢筋混凝土铁路刚架桥。

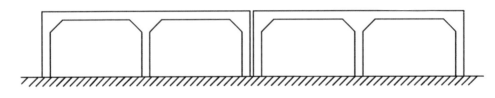

图1-11　分离式连续刚架

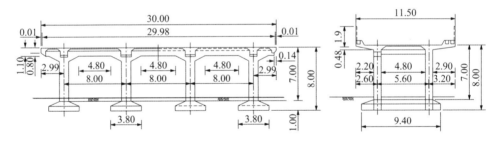

图1-12　日本山阳新干线高架桥（尺寸单位：m）

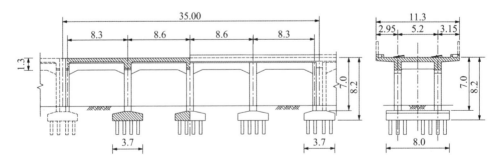

图1-13　日本东北新干线高架桥（尺寸单位：m）

在德国铁路网中，钢筋混凝土刚架桥因其结构经济高效，被长期运用于中小跨径桥梁，包括德累斯顿铁路的单跨 26.2m 刚架桥、上跨萨利弗鲁特河的 2×32.5m 钢混组合梁单线铁路桥、全长 170m 的德国纽伦堡铁路雷德尼兹山谷高架桥（图 1-14）等，其共同特点是将刚架桥的经济和景观优势逐步推广到更长的刚架桥设计中。

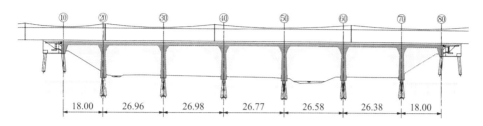

图 1-14　德国纽伦堡铁路雷德尼兹山谷高架桥（Viaduct Rednitztal）（尺寸单位：m）

1.2　全刚构体系桥梁的结构特点与技术优势

1.2.1　全刚构体系桥梁的结构特点

全刚构体系桥梁与常规多跨连续刚构桥梁的区别在于：所有桥墩均与主梁固结，整联桥无支座，如图 1-15 所示。也有学者将其称为无支座连续刚构桥梁或整体式桥梁。全刚构体系桥梁的结构外形类似刚架桥，但跨径更大，受力上有所区别，桥跨结构一般采用预应力混凝土结构或钢混组合结构。全刚构体系桥梁主要构造特点如下：

（1）桥墩的底部设置在承台上，墩顶与主梁固结。

（2）边墩不设支座，可采用竖向预应力钢束或仅桥墩钢筋伸入梁内实现边墩、承台和主梁固结。

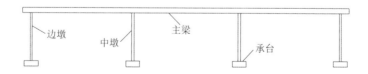

图 1-15　全刚构体系桥梁示意图

1.2.2　全刚构体系桥梁的技术优势

相较于传统的简支梁桥、连续刚构桥，全刚构体系桥梁的主要优点有：

（1）全桥无支座，多跨连续，伸缩缝数量也大大减少，桥梁耐久性好。

大大减少了常规桥梁运营后期大量支座检测及维养工作，节约了支座安装与桥梁维养费用，桥梁整体维养周期延长。同时，避免了因为更换支座导致桥梁区域性停运而带来的社会影响。全刚构体系桥梁是全寿命周期成本效益更优的结构形式。

（2）墩梁固结，结构受力效率高，材料耗用量少，建设成本低。

桥墩全部与主梁固结，上、下部结构刚度分配合理并协同作用，各部分抗力得到均匀充分的发挥。主梁的抗弯刚度大，跨越能力强，材料得到充分利用，从而节省了大量建筑材料。

（3）结构抗震性能优。

桥梁作为整体结构承受地震力，各墩按刚度比分配水平地震力，地震力通过多条途径传递，大大改善了结构在地震荷载作用下的受力性能。

（4）结构动力特性优。

上、下部结构整合在振动系统中，刚度大，系统将振动直接传递到地层，大大增加了系统阻尼。此外，列车通过多跨结构时，相比单跨简支结构，相邻跨振动会互相影响甚至相互消除，因而更不容易引起振动。

（5）线条明朗、景观效果佳。

对比常规简支梁体系桥梁，常规跨径全刚构体系桥梁各部分尺寸可以更小，桥型更纤细，结构通透性好；墩梁直接相连，线条连续明朗简洁。在城市桥梁建设中能与现代化的城市设计融为一体，甚至成为城市的标志性景观工程，营造出良好的景观效果。

1.3 全刚构体系桥梁发展概述

1.3.1 国外全刚构体系桥梁发展概况

全刚构体系桥梁相比刚架桥，单跨跨径更大，跨数更多，桥更长。比利时新 A11 高速公路 K032 高架桥（"Kunstwerken 032"），设计整体长度超过 650m，混凝土上部结构与高强混凝土的细长墙式墩固结，如图 1-16 所示。该桥是世界上最长的整体桥梁之一。

图 1-16 比利时新 A11 高速公路 K032 高架桥

在德国，刚架桥因结构效率高、服务轨道线路功能良好、维护成本低、结构经济和具有简洁通透的美学价值，获得德国铁路公司支持，在更长、更大跨径高速铁路线上得到创新发展，如埃尔福特—莱比锡高速铁路上新建的几座山谷桥梁成功案例，被写入《德国高速铁路桥梁设计导则》(*HSRB guideline*)予以推广。

德国埃尔福特—莱比锡高速铁路舍孔德（Scherkondetal）桥全长 576.5m，跨径布置为 (27+2×36.5+10×44+36.5)m，共 14 跨，如图 1-17 所示。除在全联一侧最后两个桥墩及桥台设纵向活动支座，其余桥墩及另一侧桥台均与上部结构整体刚性连接。刚性桥台承担全桥纵向水平力，其余桥墩为单薄壁墩。上部结构采用变高板梁截面，跨中梁高 2m（$L/22$，L 为跨径），支点梁高 3.5m。桥墩基础均采用 5ϕ1.2m 单排桩基础，相比原 44m 简支梁方案的基础（6ϕ1.2m、8ϕ1.2m）大为节约。上部结构采用移动模架逐孔现浇。为减小桥墩最后的倾斜变形，施工时在架桥机浇筑上部结构前对桥墩预偏 10cm。下承式移动模架从永久活动桥台向固定桥台方向施工，在最开始活动桥台处设临时固结，在成桥前解除完成体系转换。这样的施工工序，使得上部结构由于预应力、收缩徐变引起的弹性收缩，在固定点转移后，得到了平衡。因此，桥墩固结点的变形和弯矩显著降低，大大减少了桥墩普通钢筋的用量。区别于常规铁路桥肥梁胖柱的外观，Scherkondetal 铁路桥整体结构非常纤细而节约，且能满足铁路桥梁严格的整体变形、振动限值要求，整体刚度大，承载冗余度高，而且很美观。

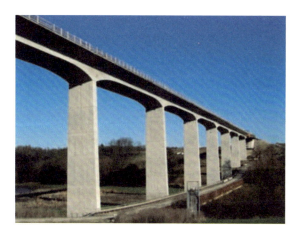

图 1-17　德国埃尔福特—莱比锡高速铁路舍孔德（Scherkondetal）桥

恩斯特鲁特（Unstruttal）及根舍巴赫（Gansebachtal）两座山（河）谷桥，是埃尔福特—莱比锡高速铁路上半整体式桥的典型实例。Unstruttal 桥全长 2668m，穿越洪泛区河谷，桥高 50m，如图 1-18 所示。采用四联 10×58m 全刚构体系桥梁，每联长 580m，中间设拱形刚性支撑，承担各联的水平纵向力；拱形支撑向下横向分肢，承担全联由风、活载及温度梯度变化引起的上部结构横向力，因而其余桥墩几乎不承受上部结构的水平力而只承受轴向压力，可以做得非常纤细，显著降低建造成本。Gansebachtal 桥全长 1012m，桥高 9～19m。为控制墩顶的弯曲应力，设计采用较短的 112m 联长，平均跨径 24.5m，中间设纵向板撑作为制动跨，承受本联的纵向水平力，如图 1-19 所示。分离联的边墩也设有横向板撑，保证横向刚度。该桥板撑所需要提供的刚度通过一定的板撑宽度来实现，由计算确定板撑宽度为

10～12m。在满足刚度的要求下，对板撑进行了镂空设计，增加通透性。其余桥墩均为ϕ1m（板撑边上的中间墩ϕ1.1m）的双柱圆墩。两座桥根据不同的桥高，设计不同的联长，并在中间设置拱形加劲撑或板撑，其他桥墩采用柔性结构，使铁路桥在减少伸缩缝、不设支座、不设伸缩调节器，在满足铁路严格的刚度限值下，结构仍可以非常经济、轻巧、美观。因此，美观耐用的铁路桥，不一定是昂贵的，可以是经济的，而且在全寿命周期是经济的。

图1-18 德国埃尔福特—莱比锡高速铁路恩斯特鲁特（Unstruttal）桥

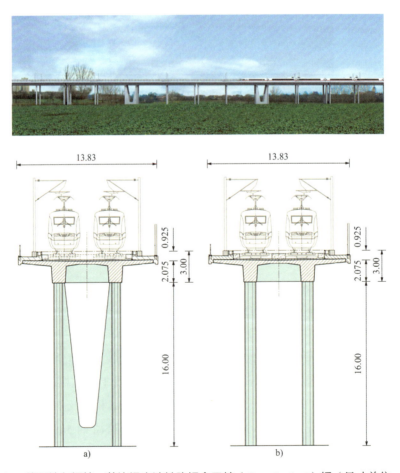

图1-19 德国埃尔福特—莱比锡高速铁路根舍巴赫（Gansebachtal）桥（尺寸单位：m）

越来越多的桥梁工程师为了实现更经济、更美观以及整体性和耐久性更好的桥梁，愿意放弃能回避二次应力的简支结构体系，促进了桥梁设计和施工的创新。国外全刚构体系典型桥例见表1-1。

国外全刚构体系桥梁（整体式桥） 表1-1

序号	桥名	所属国家	跨径（m）	建成年份	特点
1	纽伦堡铁路雷德尼茨高架桥（Viaduct Rednitztal）	德国	18 + 26.96 + 26.98 + 26.77 + 26.58 + 26.36 + 18 = 170	1999	德国第一座长度超过100m的铁路整体式桥
2	埃尔福特—莱比锡高速铁路舍孔德桥（Viaduct Scherkondetal）	德国	27.0 + 2 × 36.5 + 10 × 44 + 36.5	2011	山谷桥，半整体式
3	埃尔福特—莱比锡高速铁路恩斯特鲁特桥（Viaduct Unstruttal）	德国	3 × 58 + 4 × (4 × 58 + 116 + 4 × 58) + 3 × 58，其中有四联联长为580	—	桥高25～45m，每联桥中部有拱形支撑
4	埃尔福特—莱比锡高速铁路根舍巴赫桥（Gansebachtal）	德国	每联不超过112，平均跨径24.5	—	桥高9～19m
5	埃本斯费尔德—莱比锡高速铁路（Viaduct Grubental）	德国	2 × 25 + 90 + 3 × 25 = 215	2013	桥高35m，中部设拱形支撑
6	比利时新A11高速公路K302	比利时	标准跨径35，整体桥长度超过650	2017	世界上最长的整体桥梁，移动模架施工法

1.3.2 国内全刚构体系桥梁发展概况

我国对全刚构体系桥梁（整体式无缝桥梁）的研究起步较晚，从20世纪90年代末才开展相关研究。1999年建成的广东清远四九桥是我国第一座整体式连续刚构桥。该桥全长75.48m，其主要设计特点有：①把整体桥台设计为柔性墙和柔性桩的结合体；②整体式桥台后置搭板与主梁和桥台通过主筋相连接，随梁、台一起变形。此后，湖南、广东、广西、云南等地又陆续建成多座整体式或半整体式无缝桥梁。

香港南港岛地铁线，有2.0km线路上采用了单薄壁全刚构桥梁，预制节段悬拼法施工，于2011年建成通车。紧接着，广州地铁6号线高架桥采用3×40m双薄壁全刚构桥梁，施工过程中采用短线法节段预制逐孔拼装技术，于2013年建成通车。

将全刚构体系桥梁大规模应用到长大区间工程中的是2018年12月通车的广州地铁14号线（图1-20），同期建设的广州地铁21号线主体高架也采用同一桥式。至此，广州地铁总计约30km桥梁采用了节段预制全刚构体系。

2023年9月28日通车的泉州湾跨海大桥海上引桥为多联3×70m整体式连续刚构桥，采用挂篮悬臂浇筑工法，如图1-21所示。

图 1-20　广州地铁 14 号线全刚构体系桥梁

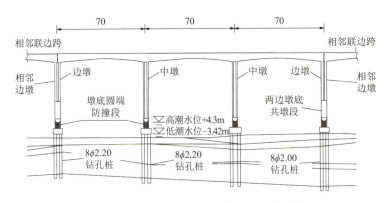

图 1-21　3×70m 全刚构体系桥布置（尺寸单位：m）

预计 2024 年底通车的宜昌至郑万高速铁路联络线黄柏河特大桥，位于宜昌市夷陵区经济开发区，全桥长 2.9km，3 次跨越黄柏河，采用跨径组合为多联 3×64m、2×64m 的整体式刚构桥梁方案。大桥主梁高 4.6m，顶板和底板宽分别为 12.6m 和 6.7m。桥高 30～70m。边墩等截面段采用圆端型板式墩，壁厚 1.3m，相邻边墩净距 1.15m；中墩等截面段采用圆端型空心墩，墩厚 3.75m。黄柏河特大桥是目前国内高速铁路墩高最高的山区无砟轨道节段拼装整体式桥梁。图 1-22 为该桥方案效果图。

图 1-22　黄柏河特大桥全刚构体系桥方案效果图

全刚构体系桥梁正凭借其诸多优点受到桥梁行业的广泛欢迎，这一体系在国内应用和起步相对较晚，但在高质量发展的时代背景下，全刚构体系这种免于后期维护的环境友好型桥梁，必然有着广阔的应用前景和发展空间。全刚构体系桥梁在国内轨道交通的应用实例见表 1-2。

国内轨道交通全刚构体系桥梁工程实例

表 1-2

序号	项目	跨径（m）	建成年份	桥梁特色
1	香港南港岛线（South Island Line（East））	35~40	2011	总长 2.0km，悬臂拼装
2	广州地铁 6 号线	3×40	2013	总长 2.7km，双薄壁墩
3	广州地铁 14 号线	4×40	2018	总长 32.5km，单薄壁墩
4	广州地铁 21 号线	4×40	2019	总长 14.7km，单薄壁墩
5	澳门轻轨 1 号线	4×35	2019	总长 9.3km，悬臂拼装
6	福州机场线城际铁路	4×40	2021*	总长 512m，支架现浇
7	澳门轻轨石排湾轻轨线	24~40 不等	在建	总长 1.5km，悬臂拼装
8	重庆地铁 18 号线	3×40	2021*	总长 9.544km，逐孔拼装
9	长沙轨道交通 1 号线北延线	4×40	2019*	总长 3.6km，支架现浇
10	福厦高速铁路泉州湾特大桥	3×70	2023	边墩采用预应力螺纹钢筋作为临时固结的悬臂浇筑施工
11	宜昌至郑万高速铁路联络线黄柏河特大桥	2×64、3×64	在建	国内高速铁路（350km/h）墩高最高（30~70m）的山区节段拼装整体式桥梁

注：表格中建成年份带*号指桥梁贯通年份。

1.4 全刚构体系桥梁应用于城市轨道交通的技术创新

随着我国城市化进程的加快，城市交通面临越来越大的压力。城市轨道交通作为一种快捷、准时、运量大的绿色交通运输方式，符合可持续发展的原则。

随着国家对城市公共交通基础设施投入的不断加大，国内城市轨道交通工程的规划及建设迅速发展，大量城市已完成自身的轨道交通线网规划，部分城市轨道交通的建设已形成线网。随着城市人口的增加、城市规模的扩大，城市规划及交通规划会做出相应调整，城市轨道交通线网也将跟随城市形态的变化不断调整完善，涌现新的规划外围发展组团，其与城市中心的联系越来越紧密，这使得城市轨道交通外围连接线路的数量急剧增加。为节约造价，此类工程多采用长大区间的高架线路。

景观、噪声、绿色建设、预留城市发展空间是高架线路建设必须面对的问题。国内各大城市在建设轨道交通过程中一直致力于寻求一个更好的解决方案。现浇 25m 连续大箱梁、现浇 30m（35m）简支大箱梁、整孔预制 30m 简支小箱梁、整孔预制 30m 简支大箱梁、预制节段拼装 30m 简支大箱梁、整孔预制单线 U 梁、节段预制拼装双线 U 梁，都从梁型、工法等方面提出解决方案。

广州地铁 14 号线为最高速度 120km/h 的市域线路，高架区间长约 32.5km，其中预制节段拼装刚构梁约 27km。广州地铁 14 号线具有以下特点：

（1）线路运行速度更快，对线路稳定要求更高，对结构降噪设计的要求更高。

（2）高架桥预留桥下快速化跨线桥建设条件更严格，桥位更高。

广州地铁14号线工程以城市可持续化发展为目标，从城市空间、城市景观、绿色建造、环境保护、行车安全舒适、降低运维成本等方面多维度着眼，在国内城市轨道交通领域首次创新性地提出长大区间高架桥梁全部采用全刚构体系桥梁的全新方案，并研发了一套的全刚构体系桥梁设计、建造与管养技术，为城市轨道交通提供了新的解决方案。标准段为$4\times40m$预制节段拼装连续刚构，采用单薄壁矩形桥墩。此外，在相邻联分离的边墩，在设计上更加靠近，使全线高架桥边、中墩视觉上统一，具有更好的景观效果。斜跨公路桥梁设计采用$(80+150+80)m$的大跨径连续刚构拱桥方案，取消传统设计门架墩方案，新方案满足结构安全、造型美观、理论创新、投资经济等要求，使广州地铁的建设理念长期处于领先水平。

针对广州地铁14号线工程的特殊需求，广州地铁设计研究院重点研究全刚构体系桥梁在城市轨道交通的适应性问题。在项目技术开发中对设计关键技术、行车安全舒适性、结构抗震性能、桥墩防撞性能及管养措施、结构噪声预测与控制、预制装配施工关键技术等进行深入研究，提出上述核心技术的解决方案。同时地铁集团建立了桥梁运营状态评估系统，实现了从设计、施工、验收到运营全过程的集成技术创新。

项目研究取得了如下成果：

（1）国际首次提出并建成长大区间全刚构体系桥梁，减少长大桥梁支座、伸缩缝后期运维成本。

（2）首次采用大跨径连续刚构拱桥，为小角度斜跨道路的线路提供了景观创新的桥梁方案。

（3）首次提出城市轨道交通全刚构体系节段预制拼装桥梁的设计验收技术标准，有效支持了国家相关标准的制定，促进国家桥梁产业化建设的进步。

（4）结合全刚构体系的结构特点，开展设计和施工关键技术研究、行车安全与舒适性评估、桥梁结构噪声预测与控制研究、桥梁抗震性能研究、桥墩防撞性能研究，研究成果对城市轨道交通高架桥梁建造具有示范作用及借鉴意义。

（5）由地铁集团国家实验室编制的关于城市轨道交通节段拼装桥梁的评估标准与方法，为国内首次编制，并研究开发了城市轨道交通节段拼装桥梁运营状态评估管理系统，其研究成果推动桥梁向智能化运维迈进了一步。

本书以广州地铁14号线全刚构体系桥梁为工程背景，介绍全刚构体系桥梁应用于城市轨道交通的科技研发历程与创新成果，主要包括全刚构体系桥梁设计、风-车-桥系统振动分析、结构抗震性能研究、桥墩防撞分析与管养措施、结构噪声预测与控制、全刚构体系桥梁施工技术以及标准段全刚构体系桥梁试验。希望通过展示广州地铁14号线全刚构体系桥梁的研发工作，为同类工程提供技术参考，推动全刚构体系桥梁在城市轨道交通及相关领域的应用。

第 2 章
CHAPTER 2

全刚构体系桥梁设计

当桥梁的设计方案选用全刚构体系后，首先需要确定桥梁设计技术标准及桥梁荷载，然后再进行总体布置、工法选择、结构设计。全刚构体系桥梁全联无支座，总体布置是否合理直接影响到结构内力分布，此外，还应保证结构变形与应力等不超过容许值。

本章以广州地铁 14 号线的全刚构体系桥梁为工程背景，介绍全刚构体系桥梁的设计标准、设计荷载、总体布置、结构设计、工程常遇问题敏感性研究等内容。

2.1 技术标准

规范、标准是工程建设的技术依据，控制建设项目的设计与施工，也决定工程的技术水平。

广州地铁 14 号线一期高架桥梁采用节段预制技术施工的单薄壁墩全刚构体系桥梁，在城市轨道交通工程中应用尚属首次。桥梁节段预制技术在世界范围内已得到广泛应用，并取得了良好的社会、经济和环境效益，也是推广桥梁大规模工业化生产、绿色建设，进一步提高并保障桥梁基础设施安全、质量及其经济性，强化城市建设环保意识和建立节约型社会的重要措施。应用节段预制施工技术建造全刚构体系桥梁，在国内尚处于起步阶段。因此，在项目设计初期，在设计施工方面尚存在一些困难，其中缺乏作为设计依据的国家性指导规范的问题尤为突出。

广州地铁 14 号线一期工程高架区间桥梁于 2013 年完成初步设计，主要执行《地铁设计规范》（GB 50157—2013）（简称"地铁设计规范"）、《铁路桥涵设计基本规范》（TB 10002.1—2005）和《铁路桥涵钢筋混凝土和预应力混凝土结构设计规范》（TB 10002.3—2005）（均简称"铁路设计规范"），以及广州地铁企业技术标准（"十二五"线路）。国内尚缺桥梁节段预制拼装设计规范，地铁规范仅适用设计速度 100km/h 及以下的线路标准。为了有效保证本工程桥梁建设，针对时速 120km 线路标准、全刚构体系桥梁、预制节段拼装工法等工程特点，项目组在 2013 年首先拟定了桥梁设计技术标准，包括节段拼装工法下的结构计算控制参数和梁端水平折角，这些技术标准在地铁设计规范和铁路设计规范里未见规定。标准的制定保证了广州地铁 14 号线桥梁结构的施工安全、结构可靠、运营安全及舒适性。同时，以广州地铁桥梁建设实践为依托，地铁设计院联合数家单位编制了《城市轨道交通预应力混凝土节段预制桥梁技术标准》（CJJ/T 293—2019）。该规范包括设计、施工和验收标准，形成具有中国城市轨道交通特色的技术标准体系，较好地满足了大规模、高标准建设的需要。考虑到广州地铁 14 号线初步设计时间为 2013 年，在桥梁设计技术标准梳理过程中，本节也对照后颁布的《铁路桥涵设计规范》（TB 10002—2017）与《城市轨道交通桥梁设计规范》（GB/T 51234—2017）等的相关内容，对前后规范中的桥梁技术标准差异作出了说明。

2.1.1 桥梁刚度限值标准

1）梁体竖向刚度限值

梁式桥跨结构刚度限值的规定，主要是为了满足列车运行安全性和乘客乘坐舒适性的要求，国内外规范多以静活载作用下的挠度作为限值指标。地铁设计规范规定的梁体竖向挠度容许值见表2-1。

梁体竖向挠度的容许值　　　　　　　　　　　表2-1

L（m）	竖向挠度容许值（m）
$L \leqslant 30$	$L/2000$
$30 < L \leqslant 60$	$L/1500$
$60 < L \leqslant 80$	$L/1200$
$L > 80$	$L/1000$

注：L为简支梁或连续梁检算跨的跨径。

2）固有频率限值

地铁设计规范中无桥梁固有频率的规定。铁路设计规范规定了简支梁竖向自振频率的下限值，并规定了不同速度及桥跨下不需要进行动力分析的双线简支梁的竖向自振频率值。铁路设计规范是基于早期研究的成果确定了固有频率的下限值，列车长度、阻尼取值存在一定的偏差，且未考虑桥梁的扭转效应。因此，随着列车运行速度的不断提高，梁体仍有发生共振的可能，桥梁除进行静力分析外，尚应按实际运营列车进行车-桥耦合动力响应分析。

针对全刚构体系桥梁，不对结构固有频率作相应的规定，而是通过车-桥耦合动力分析控制列车过桥的安全性与舒适性。

3）梁体横向刚度限值

铁路设计规范规定"梁体的横向刚度由梁体的横向自振频率和梁体水平挠度进行控制"，具体规定如下：

（1）对于24~40m跨径的预应力混凝土梁，横向自振频率应大于$55/\sqrt{L}$（Hz）（L为梁体计算跨径）。

（2）在列车横向摇摆力、离心力、风力、温度影响力作用下，梁体横向挠度应小于或等于$L/4000$。

根据同济大学对不同结构实测的横向自振频率与实测的横向振幅值的相关性分析，两者的相关性较好。在当时的计算手段下，准确计算横向振幅比较困难，故通过控制结构横向固有频率的方法来保证列车过桥的运行安全。为保证空载货车（或混编货车）不同速度通过时抗脱轨的安全度，铁路设计规范引用《铁路桥梁检定规范》（铁运函〔2004〕120号），对不同跨径桥型的横向自振频率作出了规定。

地铁设计规范及《铁路桥涵设计规范》（TB 10002—2017）取消了对梁体横向自振频率

的限制规定,只保留了梁体横向挠度限制规定。

因此,全刚构体系桥梁横向刚度限值按梁体横向挠度应小于或等于$L/4000$进行控制(作用荷载同上)。对于连续刚构桥梁,按单跨跨长内的横向变形、整联桥长内的横向变形的最大值进行控制。

4)桥墩刚度限值

桥墩刚度是影响车-桥系统耦合振动的关键因素之一。根据地铁设计规范,顺桥向及横桥向墩台顶面的弹性水平位移应满足:

$$\begin{cases} \Delta \leqslant 5\sqrt{L}(顺桥向) \\ \Delta \leqslant 4\sqrt{L}(横桥向) \end{cases} \tag{2-1}$$

式中:Δ——墩台顶面的水平位移(mm);

L——桥梁跨径(m),当为不等跨时采用相邻跨中的较小跨径,当$L<25$m 时,L 按 25m 计。

按照此标准设计的 4×40m 全刚构体系桥,对于不同墩高,静力计算横桥向位移应小于或等于限值$4\sqrt{L}$。但是,根据风-车-桥耦合振动分析结果,满足上述规定的高墩桥梁仍不能满足运行性能指标要求。在对边墩基础结构进行优化后,风-车-桥耦合振动计算结果才满足列车的运行安全性、乘客舒适性的指标,从而说明,针对连续刚构边墩分离的结构体系,仅按静力计算横桥向位移满足限值$4\sqrt{L}$控制桥墩横向刚度是不足的。

地铁设计规范中关于墩台刚度的规定主要来自《铁路桥涵设计基本规范》(TB 10002.1—75)及《铁路桥涵设计基本规范》(TB 10002.1—99)中的相关规定。随着干线铁路的普遍提速,关于墩台刚度的规定已经凸显出不足。在制定《铁路桥涵设计基本规范》(TB 10002.1—2005)时,对国内外相关规定进行了对比分析,桥墩横向刚度限值通过墩台水平位移引起的相邻结构物桥面处轴线间的水平折角来表达。当桥跨大于或等于40m时,不得超过1.0‰;当桥跨小于40m时,不得超过1.5‰,并取消了墩台横桥向变形限值$4\sqrt{L}$的规定。但是地铁设计规范没有对桥墩水平折角进行规定,桥墩刚度仍然通过顺桥向及横桥向弹性水平位移进行控制。

4×40m 全刚构体系桥梁首次在国内 120km/h 速度的城市轨道交通桥梁中应用,无相关标准及工程可借鉴。广州地铁 14 号线项目组通过对国内外相关规定进行对比分析,结果见表 2-2。针对分离边墩的连续刚构桥,结合风-车-桥耦合振动动力分析结果,参考日本规范,提出梁端钢轨水平折角限值按照 4‰设计。

桥梁墩台横向水平位移限值(单位:mm)　　表 2-2

德国规范	日本规范	欧盟规范(双控)			中国铁路规范
水平折角 1‰	水平折角 3.5‰~4‰	曲线半径 $R=9500$m	水平折角 2‰	按照二者计算值最不利采用	$4\sqrt{L}$
>160km/h	160km/h	120km/h$<v\leqslant220$km/h			<160km/h

注:v 为列车运行速度。

5）桥梁整体纵向线刚度限值

跨区间无缝线路极大限度消除了轨缝，提高了线路平顺性，减少了养护维修量，增加了线路设备使用寿命，提升了行车舒适性，不仅带来了极大的经济效益，也带来了显著的社会效益。虽然无缝线路给铁路带来诸多好处，但是其结构特性也将产生新问题。轨温改变时，将在无缝线路内部产生温度力。对于60kg/m钢轨，每改变1℃，钢轨内将产生19.2kN的温度力；当温度改变50℃时，钢轨内将产生约960kN的温度力。钢轨内部的温度力是很大的，在设计中需要认真考虑。桥上无缝线路结构更复杂，由于桥梁本身结构特点，桥梁与轨道相互作用，还将产生伸缩力、挠曲力和断轨力，这些都会给桥梁和轨道设计带来影响。

由于桥梁和无缝线路的相互作用，梁轨之间的温差、列车制动力及梁体在竖向荷载作用下的弯曲等作用时都会在钢轨中形成相应的附加应力，当该附加应力达到一定数值时就会影响钢轨的安全；同时为保证道床的稳定，需对制动力作用下梁轨间的相对位移进行限制。

由于制动附加应力随桥墩刚度的增加而迅速减小，伸缩附加应力随桥墩刚度的增加而缓慢增加，梁轨相对位移随桥墩刚度的增加而减小，因此需对桥梁的纵向线刚度进行控制。由于城市轨道交通列车的轴重较轻，且运行速度低，因此列车轴重引起的动弯应力要明显小于铁路列车轴重引起的动弯应力，这就意味着同样的钢轨，城市轨道交通允许的附加应力数值可更大，从而与铁路相比可以降低桥墩的线刚度控制标准。

地铁设计规范及轨道交通桥梁设计规范给出的简支梁桥墩纵向线刚度限值是在相关单位研究成果的基础上，并考虑一定的安全储备后制定的，见表2-3。

桥墩墩顶纵向水平线刚度（双线简支梁） 表2-3

跨度L（m）	最小水平刚度（kN/cm）	附注
L≤20m	190	不设钢轨伸缩调节器
20m<L≤30m	240	不设钢轨伸缩调节器
30m<L≤40m	320	不设钢轨伸缩调节器

除简支梁外，地铁设计规范还对连续刚构桥的纵向刚度做了规定：不设钢轨伸缩调节器的连续梁，当联长小于列车编组长度时，以联长为跨径，按跨径与30m比增大的比例增大刚度；当联长大于列车长度时，以列车长为跨径，按跨径与30m比增大的比例增大刚度。对于连续刚构桥或设置多个固定支座的连续梁桥，计算其刚度时可取刚构墩的纵向合成刚度，称为桥梁整体纵向线刚度。以4×40m连续刚构体系桥梁为例，列车长为120m，桥梁联长160m，故按列车长计算最小水平刚度值为120/30×240＝960kN/cm。

2.1.2 桥梁变形限值标准

1）梁端竖向转角限值

对于无砟轨道桥梁，由于梁端竖向转角使得梁缝两侧的钢轨支点分别产生钢轨的上拔和下压现象。当上拔力大于钢轨扣件的扣压力时将导致钢轨与下垫板脱开,当垫板所受下压力过大时可能导致垫板产生破坏。为保证梁端扣件系统的受力及线路安全、减小运营期间的维修工作量,地铁设计规范采用了在列车静活载下,无砟轨道桥梁梁单端竖向转角不大于3‰的规定,且当单端竖向转角大于2‰时需检算梁端处轨道扣件的上拔力。

2)徐变变形值限值标准

地铁设计规范仅规定了预应力混凝土简支梁的徐变上拱值不宜大于 10mm;对于预应力混凝土连续梁轨道铺设后的后期徐变量,仅规定了应根据轨道专业的要求控制,无具体数值。

《城市轨道交通桥梁设计规范》(GB/T 51234—2017)规定了连续梁的后期徐变变形量限值,具体如下:

跨径 150m 及以下铺设无砟轨道的预应力混凝土梁后期徐变变形量控制,按以下规定执行:

(1)当桥梁跨径 L 小于 50m 时,徐变变形量不宜大于 10mm;

(2)当桥梁跨径 L 大于或等于 50m 时,徐变变形量不宜大于 $L/5000$。

综上所述,对于全刚构体系桥梁,桥梁跨径为 40m,徐变变形量按照不宜大于 10mm 进行控制。

2.1.3 列车走行安全性与舒适度指标

全刚构体系桥梁与常规连续梁的边墩有很大差别,常规连续梁通常与相邻联共同使用一个边墩,墩顶上方设置并排支座,而全刚构体系桥梁相邻联的边墩是分离的,容易在列车活载作用下产生梁端横向错动。该体系桥梁作为一种新的结构体系,结构断面尺寸较传统结构轻巧,结构材料效率高,但必须格外关注列车-桥梁系统动力响应。

列车-桥梁系统动力响应按实际运营列车进行风-车-桥系统耦合振动分析检算,最大检算速度应采用 1.2 倍本线最高运营速度,列车走行安全性及乘客乘坐舒适度指标应满足以下要求:

(1)脱轨系数: $Q/P \leqslant 0.8$

(2)轮重减载率: $\Delta P/\overline{P} \leqslant 0.6$

(3)车体竖向加速度: $a_z \leqslant 0.13g$(半峰值)

(4)车体横向加速度: $a_y \leqslant 0.10g$(半峰值)

式中:Q——轮对一侧车轮的横向力;

P——轮对一侧车轮的竖向力;

ΔP——一侧车轮轮重减载量;

$\overline{P}$——车轮的平均轮重;

g——重力加速度,$g = 9.8\text{m/s}^2$。

2.1.4 桥梁墩台基础工后沉降限值

区间桥梁墩台基础的沉降应按恒载计算。计算总沉降量不应大于 50mm。考虑全刚构体系桥梁对沉降的敏感性，成桥后相邻墩台沉降差不大于 5mm。

2.1.5 强度计算方法

采用现浇工法的全刚构体系桥梁强度计算方法可完全参照铁路设计规范的规定执行。

针对采用节段预制全刚构体系桥梁结构强度计算方法，正截面抗弯、斜截面抗弯和斜截面抗剪强度计算可按铁路设计规范的规定执行，但应计入强度折减，强度折减系数应按表 2-4 的规定取值，且应满足如下要求：

$$KM \leqslant \phi_f M_R \tag{2-2}$$

$$KV \leqslant \phi_V V_R \tag{2-3}$$

式中：K——强度安全系数，按铁路设计规范的规定取值；

M——计算弯矩（kN·m）；

V——计算剪力（kN）；

M_R——抗弯计算强度（kN·m）；

V_R——抗剪计算强度（kN）；

ϕ_f——抗弯强度折减系数；

ϕ_V——抗剪扭强度折减系数。

强度折减系数　　　　　　　　　　　　　　表 2-4

类型	折减系数取值	
	体内预应力体系	体外预应力体系
抗弯强度折减系数 ϕ_f	0.95	0.90
抗剪扭强度折减系数 ϕ_V	0.90	0.85

注：适用于混凝土湿接缝或环氧树脂接缝。

节段预制拼装桥梁强度计算方法研究成果已被《城市轨道交通桥梁设计规范》（GB/T 51234—2017）采纳。

2.1.6 应力水平限值标准

采用现浇工法的全刚构体系桥梁应力计算方法可完全参照铁路设计规范的规定执行。

采用节段拼装工法的全刚构体系桥梁应力计算方法除按照上述规范执行外，还应增加以下条文规定。

（1）采用节段拼装施工的桥梁结构，接缝处混凝土抗裂性较差，在国内外有关资料和相关规范中均有反映，但无系统的统计数据。建议节段拼装桥梁接缝处不计入混凝土抗拉强度，正截面的抗裂性应满足如下要求：

$$K_f \sigma \leqslant \sigma_{pc} \quad (2\text{-}4)$$

式中：σ——计算荷载在截面受拉边缘混凝土中产生的正应力（MPa）；

σ_{pc}——扣除相应阶段预应力损失后受拉边缘混凝土的预压应力（MPa）；

K_f——抗裂安全系数，按铁路设计规范的规定取值。

（2）运营荷载作用下，扣除全部应力损失后节段缝的正截面混凝土最小压应力不应小于 1.0MPa，非节段缝正截面混凝土最小压应力不应小于 0MPa。

（3）当进行节段拼装施工时，匹配面的混凝土压应力不得小于 0.3MPa。

（4）预制节段拆模时混凝土最小抗压强度不应小于 22MPa，节段吊离台座时混凝土最小抗压强度应为 26MPa。

2.1.7 拟定设计技术标准

结合铁路设计规范及本节论述，提出适用于城市轨道交通节段拼装的全刚构体系桥梁技术标准，详见表 2-5、表 2-6。

全刚构体系桥梁强度标准（节段拼装工法） 表 2-5

项目	检算条件		控制条件
传力锚固阶段	预加应力时锚下钢束控制应力		$\sigma_{con} \leqslant 0.75 f_{pk}$
	混凝土压应力		$\sigma_c \leqslant 0.75 f_c$
	混凝土拉应力		$\sigma_{ct} \leqslant 0.7 f_{ct}$（现浇部分） $\sigma_{ct} \leqslant 0$MPa（预制部分）
	传力锚固时钢束应力		$\sigma_p \leqslant 0.65 f_{pk}$
破坏阶段设计安全系数 K	正截面抗弯强度安全系数 （节段拼装考虑 0.95 的折减）	主力组合	$K \geqslant 2$
		主力+附加力组合	$K \geqslant 1.8$
	斜截面抗剪强度安全系数 （节段拼装考虑 0.9 的折减）	主力组合	$K \geqslant 2$
		主力+附加力组合	$K \geqslant 1.8$
运营阶段抗裂性	正截面抗裂（不计入 γf_{ct} 的作用）	主力组合	$K_f \geqslant 1.2$
		主力+附加力组合	
	混凝土斜截面主压应力	主力组合	$\sigma_{cp} \leqslant 0.6 f_c$
		主力+附加力组合	$\sigma_{cp} \leqslant 0.66 f_c$
	混凝土斜截面主拉应力	主力组合	$\sigma_{tp} \leqslant f_{ct}$
		主力+附加力组合	

续上表

项目	检算条件		控制条件
运营阶段钢筋应力	运营荷载作用下钢束应力		$\sigma_p \leqslant 0.6 f_{pk}$
	疲劳荷载作用下钢束应力幅		$\Delta\sigma_p \leqslant 140\text{MPa}$
	疲劳荷载作用下带肋钢筋应力幅		$\Delta\sigma_s \leqslant 150\text{MPa}$
运营阶段混凝土应力	运营荷载作用下混凝土压应力	主力组合	$\sigma_c \leqslant 0.5 f_c$
		主力+附加力组合	$\sigma_c \leqslant 0.55 f_c$
	运营荷载作用下混凝土拉应力	主力组合	$\sigma_{ct} \leqslant -1\text{MPa}$（预制部分） $\sigma_{ct} \leqslant 0\text{MPa}$（现浇部分）
		主力+附加力组合	
	运营荷载作用下混凝土最大剪应力	主力组合	$\tau_c \leqslant 0.17 f_c$
		主力+附加力组合	

注：f_{pk}-预应力钢筋抗拉强度标准值（MPa）；f_c-混凝土抗压极限强度（MPa）；f_{ct}-混凝土抗拉极限强度（MPa）。

全刚构体系桥梁刚度标准（节段拼装工法） 表2-6

类型	部位	指标	标准
静力分析	梁体（标准段）	梁体竖向挠跨比	$\leqslant L/1500$
		梁体单端竖向转角	$\leqslant 3‰$（当 $> 2‰$ 时，检算梁端扣件上拔力）
		梁体徐变上拱限值	$\leqslant 10\text{mm}$
		梁体横向挠跨比	$\leqslant L/4000$
		梁顶板扭曲变形	3m梁长的钢轨扭曲变形应 $< 3\text{mm}$
	桥墩	墩顶位移	横向：$< 4\sqrt{L}\text{mm}$ 纵向：$< 5\sqrt{L}\text{mm}$
	桥梁整体结构	纵向线刚度限值	具体取值方法见2.1.1
动力分析	风-车-桥耦合振动分析	脱轨系数	$Q/P \leqslant 0.8$
		轮重减载率	$\Delta P/\overline{P} \leqslant 0.6$
		车体竖向加速度	$a_z \leqslant 0.13g$（半峰值）
		车体横向加速度	$a_y \leqslant 0.10g$（半峰值）
		Sperling指标	优秀：$W \leqslant 2.5$ 良好：$2.5 < W \leqslant 2.75$ 合格：$2.75 < W \leqslant 3.0$
		梁端水平折角	$4‰$

注：L为桥梁跨径（m）。

2.2 设计荷载

城市轨道交通的荷载按照其性质和发生的概率，划分为主力、附加力和特殊荷载。桥涵结构应按表2-7所列荷载的最不利组合进行设计。

桥梁荷载 表 2-7

荷载分类		荷载名称
主力	恒载	结构构件及附属设备自重 预加应力 混凝土收缩和徐变的影响 土压力 静水压力及水浮力 基础变位的影响
	活载	列车竖向静活载 公路竖向静活载 列车竖向动力作用 长钢轨伸缩、挠曲力 离心力 横向摇摆力 列车活载产生的土压力 人行道人行荷载 气动力
附加力		制动力或牵引力 风力 流水压力 冰压力 温度变化的影响 冻胀力 波浪力
特殊荷载		列车脱轨荷载 船只或排筏的撞击力 汽车撞击力 施工荷载 地震力 断轨力

注：1. 当杆件主要承受某种附加力时，该附加力应按主力考虑。
   2. 流水压力不宜与冰压力组合，两者也不与制动力或牵引力组合。
   3. 船只或排筏的撞击力、汽车撞击力，只计算其中的一种荷载与主力相组合，且不与其他附加力组合。
   4. 列车脱轨荷载只与主力中恒载组合，不与主力中活载和其他附加力组合。
   5. 地震力与其他荷载的组合应符合《铁路工程抗震设计规范》(GB 50111—2006) 的相关规定。
   6. 无缝线路纵向作用力不参与常规组合，其与其他荷载的组合按《铁路桥涵设计规范》(TB 10002—2017) 第 4.3.13 条的相关规定执行。

2.2.1 主要荷载的讨论

城市轨道交通桥梁设计与铁路桥梁有一定的差异。本节针对城市轨道交通桥梁荷载与其他铁路荷载不同之处展开讨论。

1）活载图式

城际铁路及高速铁路的活载是按照列车荷载图式加载的。列车荷载图式是铁路列车对线路基础设施静态作用的概率化表达形式，根据不同类型铁路运输移动装备情况，并考虑一定的储备和发展系数综合制定的。但是，城市轨道交通线路一般是专线专车，只需满足本线列车运营，因此列车竖向静活载图式按本线列车的最大轴重、轴距及初期、近期和远期中最长的列车编组确定。广州地铁 14 号线采用的是地铁 B 型车。

B型车荷载如图2-1所示。活载图式中,轴重为140kN,当轴重与影响线异号时取80kN,共6节车厢。

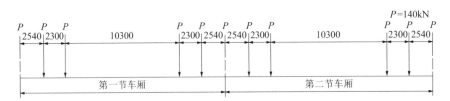

图2-1 列车竖向静活载图式（尺寸单位：mm）

2）动力系数

动力系数是结构最大动力响应与最大静力响应之比,其数值大小是列车、轨道及桥梁三者动力特性和动力相互作用状态的综合反映。

地铁设计规范规定,时速80km以下线路,按铁路设计规范规定的80%取值;时速120km的线路,偏于安全地按铁路设计规范规定计算。经计算,4×40m全刚构体系桥梁对应的动力系数为1.17。

3）横向摇摆力

列车产生横向摇摆力的原因很多,其中以列车蛇行运动为主要原因。欧盟通过大量计算和试验研究得出,列车横向摇摆力宜按相邻两节车4个轴轴重的15%计,以集中力形式作用于轨顶面处。B型车摇摆力取为84kN。

4）制动力、牵引力

制动力按竖向静活载重的一定百分比取值,是一种概率化的办法。铁路取列车竖向静活载的10%,地铁取列车竖向静活载的15%。制动力或牵引力最大值出现在停止的瞬间,停止以前只有50%～60%。因此,与离心力组合时,制动力或牵引力达不到最大值,铁路取7%,地铁取10%。

制动力或牵引力作用于轨顶以上车辆重心处,但计算全刚构桥梁的墩台移至横梁中线处,均不计移动作用点所产生的力矩。

2.2.2 主力

1）恒载

结构自重：混凝土重度为26kN/m³。

二期恒载：双线桥按90kN/m计。

2）混凝土收缩和徐变影响

混凝土的收缩、徐变影响按现行行业标准《公路钢筋混凝土及预应力混凝土桥涵设计规范》（JTG 3362—2018）的规定执行。

3）不均匀沉降

相邻桥墩不均匀沉降差按 5mm 考虑。

4）活载

（1）列车标准活载计算按所选用的机车类型确定，轴重 140kN，当轴重与影响线异号时取 80kN，共 6 节车厢，图示详见图 2-1。

广州地铁 14 号线设计速度为 120km/h，列车动力系数取为 $1+\mu = 1 + 12/(30+L)$；承受局部活载杆件，L 为影响线加载长度。

（2）离心力。

曲线位置处，离心力为列车竖向静活载乘以离心率 C。C 值按下式计算：

$$C = V^2/127R \tag{2-5}$$

式中：V——最高设计速度，120km/h；

R——曲线半径。

（3）横向摇摆力。

按相邻两节车四个轴轴重的 15% 计，以集中力形式作用于轨顶面处。

（4）无缝线路纵向水平力。

无缝线路纵向水平力主要有伸缩力、挠曲力和断轨力。广州地铁 14 号线 4 跨一联刚构桥无缝线路纵向力详见表 2-8。

4 跨一联刚构桥无缝线路纵向力　　　　表 2-8

无缝线路纵向水平力	固定区（kN/轨）	伸缩区（kN/轨）
伸缩力	82.3	825
挠曲力	8	0
断轨力（特殊荷载）	676.2	—

2.2.3 附加力

1）制动力或牵引力

按双线制动力或牵引力考虑，每线制动力或牵引力取列车竖向静活载的 10%。

2）风力

风荷载强度按下式计算：$W = K_1 K_2 K_3 W_0$。

基本风压：$W_0 = 0.8\text{kN/m}^2$。

风载体型系数：桥墩 K_1 按规范选用；其他部分 $K_1 = 1.3$。

风压高度变化系数：$K_2 = 1.0$（桥高 $\leqslant$ 20m）。

地形、地理条件系数：$K_3 = 1.0$。

3）温度影响力

（1）系统温度变化：按 ±20℃ 计。

（2）梯度温度变化如图 2-2 所示。

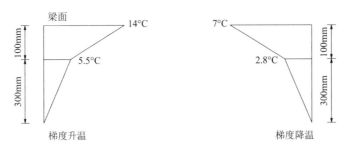

图 2-2　梯度温度变化图式

（3）横向框架温差如图 2-3 所示。

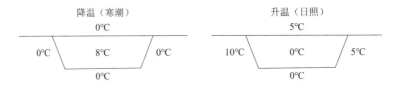

图 2-3　横向框架温差图式

2.2.4　特殊荷载

1）地震力

广州地铁 14 号线高架段地震基本烈度为 6 度。设计基本地震加速度值为 0.05g，设计地震分组为第一组，场地属Ⅱ类，特征周期为 0.35s。

2）无缝线路的断轨力

无缝线路的断轨力为 676.2kN/轨。

经比较，主力 + 特殊荷载组合中考虑断轨力的组合效应小于主力 + 附加力组合中考虑温度及制动力的组合效应，故本次可不考虑断轨力。

3）列车脱轨荷载

按地铁设计规范的列车脱轨荷载验算桥面板强度及结构横向稳定。

4）汽车撞击力

桥墩有可能受到汽车撞击时，应考虑汽车的撞击力。撞击力顺行车方向应采用 1000kN，横行车方向应采用 500kN，两个等效力不同时考虑，撞击力作用于行车道以上 1.20m 处。

2.3　总体布置

全刚构体系桥梁一般可布置为 2~5 跨的形式，桥墩可采用单薄壁墩或者双薄壁墩，其孔跨布置如图 2-4 所示。

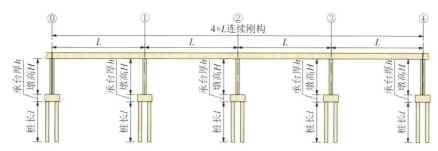

图 2-4 4 跨一联单薄壁墩全刚构体系桥梁总体布置示意图

L-桥梁跨径

与常规的连续刚构不同,全刚构体系桥梁全联不设置支座,所有桥墩按照刚度比共同承受上部结构传递的轴力、弯矩及由于预应力、混凝土徐变收缩和温度变化所引起的梁体纵向力。桥墩底部所承受的水平力(由上部结构梁体纵向位移所产生)随墩高的增加和墩身刚度的减小而减小。因此,桥跨总体布置时,应选择适当的墩柱高度和墩身尺寸。为避免产生过大的荷载效应,需要纵向抗推刚度较小的墩柱尺寸来适应。但是,城市轨道交通全刚构体系桥梁还需要考虑体系纵向线刚度的要求;考虑基础布置及桥墩尺寸时,需满足规范规定的体系纵向线刚度的最低要求。因此,墩柱尺寸及基础布置需要在二者之间取得平衡点,既要满足纵向线刚度的最低要求,也要避免设计的桥墩尺寸过大。

2.4 构造参数研究

全刚构体系桥梁作为城市轨道交通桥梁的一种新型桥梁结构,国内暂无时速 120km 的结构参数性能研究,因此本工程有必要开展参数优化研究,分析参数变化对结构受力的影响,从理论层次上了解此类桥梁的受力特点并得到合理的设计方案,以确保结构的安全性、适用性和耐久性。影响桥梁性能的结构参数主要包括跨径、联长、墩高、主梁尺寸、桥墩厚度、基础布置等。本节以一座墩高 13m 的 4×40m 全刚构体系桥为背景,依次改变某一参数,其他参数保持不变,考察该参数对桥梁结构力学性能的影响。

2.4.1 合理跨径分析

城市轨道交通桥梁标准跨径的选择主要考虑因素有景观、经济、工法、对沿线既有道路或规划道路的影响等因素。本节选择 4×35m、4×40m、4×45m 三种跨径进行研究。

1)研究原则

(1)根据合适的高跨比,研究不同跨径对桥梁景观的影响,选择一种给人以线条流畅、视野通透、舒适协调的跨径。

(2)在主梁的竖向刚度和整体纵向刚度基本相同的条件下,研究三种跨径桥梁的经济指标,得到投资造价较低的跨径。

(3)研究常见的道路下穿城市轨道交通桥梁(现存或规划)所需提供的净宽空间,尽量采用标准跨径，以减少节点桥的数量。

2）研究结果

（1）不同跨径对桥梁景观的影响。

人们在远眺高架桥时，合适的高跨比例给人以平衡、稳定、协调的美感。桥梁孔跨布置宜均衡、有韵律感，相邻孔跨差异不宜过大，跨径与墩柱高度之比宜控制在 3∶1～2.5∶1 之间。城市轨道交通桥梁标准段平均墩高在 13m 左右时，采用 40m 的桥跨，相应的跨高比约为 3∶1，给人以线条流畅、视野通透、舒适协调的感觉。

（2）不同跨径对工程经济性的影响。

在梁的竖向刚度、体系整体纵向刚度基本相同的条件下，针对 4×35m、4×40m、4×45m 三种不同跨径组合全刚构体系桥梁进行计算分析。桥墩高度为 13m，其构造尺寸见表 2-9，工程量与经济性比较见表 2-10。根据表中数据可知，4×35m 全刚构体系桥梁造价最高，4×40m 造价相对最低。

4×35m、4×40m、4×45m 全刚构体系桥主要构造尺寸　　　　表 2-9

跨径组合	梁高（m）	中墩尺寸 $b×h$（m）	边墩尺寸 $b×h$（m）	基础	活载挠跨比	体系纵向刚度（kN/cm）
4×35m	1.8	(3～3.6)×1.4	(3～3.6)×0.8	4ϕ1.5m 桩	1/3804	2036
4×40m	2.0	(3～3.6)×1.4	(3～3.6)×0.8	4ϕ1.5m 桩	1/3279	2100
4×45m	2.25	(3～3.6)×1.4	(3～3.6)×0.8	4ϕ1.5m 桩	1/3000	2100

注：1. b 为桥墩横向宽度；h 为桥墩纵向厚度。
　　2. 基础选择 4 根 1.5m 桩，表中记为 4ϕ1.5m。

4×35m、4×40m、4×45m 全刚构体系桥主要工程量及经济比较表　　表 2-10

项目	材料	计量单位	跨径组合/梁高		
			4×35m 梁高 1.8m	4×40m 梁高 2.0m	4×45m 梁高 2.25m
梁	C60 混凝土	m³	976.7	1001.7	1255.7
	钢筋	t	273.5	280.5	351.6
	钢绞线	t	68.4	70.6	87.9
墩（H=13m）	C50 混凝土	m³	196.6	196.6	196.6
	钢筋	t	83.2	83.2	83.2
承台	C40 混凝土	m³	338	338	338
	钢筋	t	33.8	33.8	33.8
桩基（l=40m）	C35 水下混凝土	m³	989.6	989.6	989.6
	钢筋	t	89.1	89.1	89.1

续上表

项目	材料	计量单位	跨径组合/梁高		
			4×35m 梁高1.8m	4×40m 梁高2.0m	4×45m 梁高2.25m
土石方	挖方	m³	867.0	867.0	867.0
	填方	m³	529.0	529.0	529.0
每延米造价		万元	6.875	6.110	6.245

注：本表未计入桥面系及其他措施费用。

（3）对沿线道路及规划道路的影响。

采用较大跨径能够为相交道路下穿轨道桥梁（现存或规划）提供更大的净宽空间，减少节点桥的数量。从这个角度看，跨径宜大不宜小。如一双向六车道的下穿隧道，隧道结构外轮廓宽约28m，考虑围护桩后约30m。桥桩桩径1.5m，围护桩距离桥桩最小净距2m，则桥梁最小跨径为40m。

3）研究结论

综合考虑景观协调性、工程投资、对沿线相交道路的影响，同时考虑工程规模及工程周边建设条件，针对与市政道路并行的轨道交通全刚构体系桥梁，选择40m为合适的标准跨径。

2.4.2 合理联长分析

在德国，埃尔福特—莱比锡高速铁路山谷桥（Viaduct Unstruttal），墩高50m，桥长2668m，分为4联，每联10×58m，联长580m，在每联的中部有拱形支撑作为纵向固定支撑点。而在埃尔福特—莱比锡高速铁路根舍巴赫山谷桥，墩高为9～19m，由于墩高较矮，为控制墩顶应力，限制每联桥长不超过112m，平均跨径24.5m，也避免使用轨道伸缩调节器。结合上述案例，可以更加清晰地知道，影响全刚构桥梁联长的主要因素有桥墩高度、无缝线路轨道受力。

1）研究原则

（1）全刚构桥梁联长或跨径组合的选用，应确保桥墩结构受力及体系刚度满足设计要求。通常矮墩桥梁一般受桥墩截面设计控制，不宜采用大的联长。对于高墩连续刚构桥梁，一般是体系刚度控制设计，可采用较大联长及通过增加桥墩截面厚度尺寸来调整体系刚度，详见2.4.5节。本节研究不同联长下桥墩的钢筋应力和混凝土压应力，保证二者不超限，选用对应的最小墩高。

（2）桥梁联长的确定还需要检算桥上无缝线路的受力性能，满足无缝线路的强度和稳定性需求，应保证无缝线路轨道尽量不设伸缩调节器，减少运维的工作量。

2）计算分析

（1）联长与最小墩高的适用性分析。

分析 2 跨一联、3 跨一联、4 跨一联等三种布置与最小墩高匹配性，不同墩高与联长的组合布置见表 2-11。针对 2×30m、3×40m、4×40m 三种布置，经计算比较，所得到的计算结果见表 2-11。

不同联长布置适用的最小墩高　　　　表 2-11

项目	跨径组合					
	2×30m		3×40m		4×40m	
适用最小桥墩高度（m）	4	5	8	9	11	12
中墩截面尺寸 $b×h$（m）	2.4×1.0	2.4×1.0	2.4×1.2	2.4×1.2	2.4×1.2	2.4×1.2
中墩受拉边缘钢筋根数	24ϕ32	24ϕ32	24ϕ32	24ϕ32	24ϕ32	24ϕ32
边墩截面尺寸 $b×h$（m）	2.4×0.6	2.4×0.6	2.4×0.7	2.4×0.7	2.4×0.7	2.4×0.7
边墩受拉边缘钢筋根数	24ϕ32	24ϕ32	24ϕ32	24ϕ32	24ϕ32	24ϕ32
控制截面	边墩顶	边墩顶	边墩底	边墩顶	次中墩顶	次中墩顶
最不利混凝土应力（MPa）	25.7（超标）	21.5	23.0（超标）	19.8	22.1（超标）	18.2
混凝土压应力容许值（MPa）	21.84	21.84	21.84	21.84	21.84	21.84
最不利钢筋应力（MPa）	308（超标）	234.7	198.1	151.3	252	163.7
钢筋应力容许值（MPa）	270	270	270	270	270	270
最大裂缝宽度（mm）	0.31（超标）	0.237	0.194	0.148	0.254（超标）	0.153
裂缝宽度容许值（mm）	0.24	0.24	0.24	0.24	0.24	0.24

由计算结果可知：在保证裂缝宽度小于 0.24mm、桥墩混凝土压应力不超标的情况下，当采用 2×30m 全刚构体系时，最小墩高宜取 5m；当采用 3×40m 全刚构体系时，最小墩高宜取 9m；当采用 4×40m 全刚构体系时，最小墩高宜取 12m。

经大量计算分析得到不同联长与最小墩高的匹配关系，详见表 2-12。

不同联长与最小墩高的匹配关系　　　　表 2-12

跨径组合	2×30m	3×30m、3×40m、2×40m	4×40m
最小桥墩高度 H	5m	9m	12m

（2）轨道强度检算。

在桥上铺设无缝线路，能减小列车对桥梁的振动冲击，改善桥梁运营条件，减少线路的养护维修工作量，有利于延长轨道部件及桥梁的使用寿命，同时也能大幅减少钢轨接头的数量，降低列车运行时的振动噪声。国内外轨道交通建设中都大力推广应用无缝线路。

桥墩纵向刚度作为铁路无缝线路和桥梁设计的关键技术参数，其取值很大程度上决定了桥上无缝线路的钢轨纵向附加力和梁轨相对位移，显著影响桥梁的安全性及经济性。若取值过小，必然使轨道承受过大的附加力和位移而导致破坏，从而影响乘车的舒适性和结构的安全性；若其取值过大，则会造成截面尺寸较大，增加工程投资且影响桥下净空和结构美观。因此，必须对桥墩纵向刚度的合理值作出限定，以确保桥上轨道与桥梁结构本身的安全，同时兼顾工程造价和桥梁美观。

桥上无缝线路纵向力计算采用基于梁-轨相互作用机理和有限元法建立的桥上无缝线路计算模型。以两联桥为例，如图 2-5 所示，其中钢轨采用弹性点支承梁模型，扣件纵向阻力采用非线性弹簧模拟，桥墩纵向线刚度采用线性弹簧模拟，上下翼缘等效刚臂用于模拟桥梁挠曲时上下翼缘产生的纵向位移，钢轨、梁体、刚臂均采用梁单元模拟。

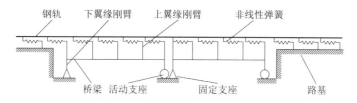

图 2-5 桥上无缝线路计算模型

① 桥上无缝线路基本计算参数。

a. 轨温参数。

广州地区最高轨温 59.1℃、最低轨温 0℃，桥上无缝线路设计锁定轨温（30±5）℃。断轨计算时最大温降 35℃。

b. 桥温参数。

计算伸缩力时，应符合梁轨相互作用原理的相关规定，温度变化为单方向的升温或降温，不考虑梁温度升降交替变化的影响。根据《铁路无缝线路设计规范》（TB 10015—2012）的相关规定，梁温度差取值为 30℃，加载方式为桥梁整体升温。

c. 列车参数。

采用地铁 B 型车，6 节编组，最大轴重 14t。牵引（制动）力是因列车在桥梁上起动或制动，引起桥梁与钢轨纵向相对位移而产生的纵向力。计算时考虑制动工况，轮轨制动力率取为 0.164。

d. 扣件间距。

扣件间距为 600mm。

e. 线路纵向阻力。

高架线常阻力扣件为 7kN/组，换算为 11.7kN/（m·轨）。

② 检算指标。

a. 无缝线路设计应进行钢轨强度检算，作用在钢轨上的应力应满足：

$$\sigma_d + \sigma_t + \sigma_f + \sigma_z \leqslant [\sigma] = \frac{\sigma_s}{K} \tag{2-6}$$

式中：σ_d——轨底边缘动弯曲应力（MPa）；

σ_t——钢轨最大温度应力（MPa）；

σ_f——钢轨最大附加应力（MPa）；

σ_z——钢轨牵引（制动）应力（MPa）；

σ_s——钢轨屈服强度标准值（MPa）；

K——安全系数，取 1.3；

$[\sigma]$——钢轨容许应力（MPa），钢轨选用 U75V 钢轨，屈服强度 σ_s 为 472MPa，钢轨容许应力 $[\sigma] = 363$MPa。

b. 桥上铺设无缝线路后，特殊情况下低温下长钢轨折断后断缝过大，将威胁行车安全。设计中桥上无缝线路钢轨断缝检算值必须小于允许值。钢轨断缝容许值一般情况取为 70mm。

③计算结果及分析。

全刚构结构左右对称，温度伸缩零点基本位于几何中点，对降低无缝线路附加力有利，桥墩最小刚度均由钢轨断缝值控制。通过无缝线路钢轨断缝值计算及轨道强度检算（表 2-13）得到，不同联长下，所需的连续刚构最小刚度为：3×40m，510kN/cm；4×40m，530kN/cm；5×40m，540kN/cm；6×40m，560kN/cm，均低于规范限值 960kN/cm。

轨道强度检算汇总　　　　　　表 2-13

跨径组合	最小纵向刚度需求值（kN/m）	断缝值（mm）	σ_f（MPa）	σ_d（MPa）	σ_t（MPa）	σ_z（MPa）	$\sigma_d + \sigma_t + \sigma_f + \sigma_z$（MPa）	$[\sigma]$（MPa）
3×40m	510	69.8	44.26	160	86.73	20.40	311.39	363
4×40m	530	69.6	58.72	160	86.73	21.05	326.50	363
5×40m	540	69.9	72.40	160	86.73	20.60	339.73	363
6×40m	560	69.5	85.10	160	86.73	21.84	353.67	363

在广州地铁 14 号线工程中，当墩高为 13m 时，3×40m、4×40m、5×40m、6×40m 体系的实际纵向刚度见表 2-14，可见实际设计桥梁纵向刚度高于规范限值，也比最小纵向刚度需求大，故各种联长实际纵向刚度均能满足轨道强度要求。

不同联长下结构参数　　　　　　表 2-14

跨径组合	墩高（m）	地基系数的比例系数 m（kPa/m²）	边墩 $b \times h$（m）	中墩 $b \times h$（m）	体系纵向刚度（kN/cm）
3×40m	13	20000	2.4×0.7	2.4×1.2	1150
4×40m	13		2.4×0.7	2.4×1.2	1580
5×40m	13		2.4×0.7	2.4×1.2	1970
6×40m	13		2.4×0.7	2.4×1.2	2335

3）研究结论

（1）在平均墩高为 13m 时，合理联长推荐采用 4 跨一联 4×40m；因线路纵断面起伏，桥墩高度的调整，联长根据桥墩混凝土压应力及钢筋应力进行合理调整，可以采用2~3跨。

（2）根据轨道强度和断缝检算结果，当轨道钢轨应力接近容许应力363MPa时，4×40m连续刚构的纵向刚度的最小需求值为540kN/cm，小于规范限值960kN/cm；考虑到预留一定的充裕量，全刚构体系桥梁的纵向刚度限值仍以规范规定的限值作为设计标准。当因特殊地质条件，纵向线刚度满足规范限值很困难的时候，可按轨道专业核算结果进行桥梁设计。

2.4.3 主梁梁高分析

主梁梁高对刚构桥的刚度、布束空间、抗弯强度等各项指标均有较大影响，同时梁高将很大程度上影响桥梁景观效果。针对城市轨道交通桥梁常用梁高跨径比，选择高跨比分别为1/16.7、1/18与1/20进行研究比选，跨径固定为40m，对应梁高分别为2.4m、2.2m与2.0m。

主梁截面类型均按单箱单室截面计算。以13m墩高、4根1.5m桩基础的4×40m全刚构体系桥为工程对象，研究不同梁高下结构的受力性能。三种梁高方案均维持桥宽10m、底板宽2.4m、翼缘板长度2.1m不变，通过变化腹板斜率达到变化梁高的目的，腹板斜率分别为1∶1.1、1∶0.97、1∶0.87，三种梁高的跨中横截面如图2-6所示。

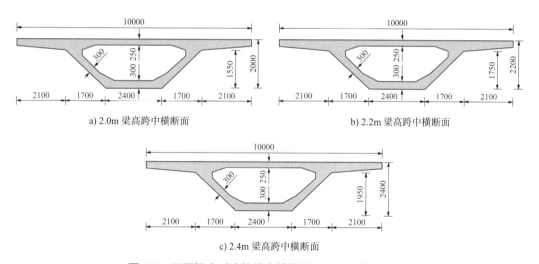

图2-6 不同梁高对应的跨中横截面（尺寸单位：mm）

1）研究原则

研究不同梁高下主梁的变形、整体纵向刚度、三类荷载（列车活载、地震荷载、恒载）分别作用下桥墩内力、沉降与温度分别作用下主梁内力。结合桥梁景观、结构长细比等因素进行综合评定，选择经济合理的梁高。

2）计算分析

（1）主梁变形。

在不同主梁高度的情况下，计算列车活载作用下主梁跨中横、竖向位移和梁端竖向转角最大值,见表 2-15。将主梁横、竖向位移和梁端竖向转角最大值随梁高的变化绘于图 2-7 与图 2-8 中。

列车活载作用下主梁横、竖向位移和梁端竖向转角最大值　　　表 2-15

梁高（m）	竖向位移（mm）	横向位移（mm）	梁端竖向转角（‰rad）
2.0	12.17	6.78	1.05
2.2	10.14	6.46	0.87
2.4	8.55	6.33	0.72

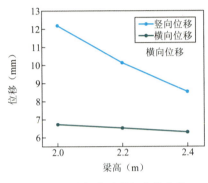

图 2-7　主梁位移随梁高的变化

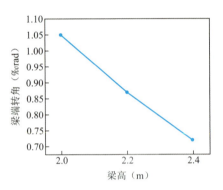

图 2-8　梁端转角随梁高的变化

从图表中可以看出,当梁高增大时,4×40m 连续刚构的主梁竖向位移和梁端竖向转角均有减小的趋势,横向位移仅略微减小;当梁高增大 20%(从 2.0m 增加到 2.4m),主梁最大竖向位移减小约 30%,横向位移减小约 7%,梁端竖向转角减小约 31%。

（2）整体纵向刚度。

在不同主梁高度的情况下,计算出桥梁整体纵向刚度,见表 2-16。

不同梁高对应的整体纵向刚度　　　表 2-16

梁高（m）	纵向刚度（kN/cm）
2.0	1629
2.2	1656
2.4	1678

由计算结果可以看出,当梁高增大时,4×40m 连续刚构的整体纵向刚度有增大的趋势。当梁高增大 20%,桥梁整体线刚度增大约 3%,故梁高变化对全刚构体系桥梁整体纵向刚度的影响较小。

（3）地震作用下桥墩内力。

在不同主梁高度的情况下,多遇地震作用下的桥墩内力最大值计算结果见表 2-17。

由计算结果可以看出,当梁高增大时,地震作用下 4×40m 全刚构体系桥的桥墩内力变化较小，仅有略微增大。当梁高增大 20%，桥墩的轴力增大约 5%，桥墩的剪力增大约 4%，桥墩的弯矩增大约 0.5%。

多遇地震下不同梁高下桥墩内力最大值　　　　表 2-17

梁高（m）	轴力（kN）	剪力（kN）	弯矩（kN·m）
2.0	44	267	3202
2.2	45	272	3206
2.4	47	277	3211

（4）恒载作用下桥墩内力。

在不同主梁高度的情况下，2m、2.2m、2.4m 主梁高度对应的全联主梁的重量为 3953t、4010t、4068t。当梁高增大 20%，主梁重量仅增加 2.9%，增加幅度较小。

在不同主梁高度的情况下，计算恒载作用下的桥墩内力及主梁内力的最大值，详细结果见表 2-18。

不同梁高下主梁内力及桥墩内力（恒载作用）　　　　表 2-18

梁高（m）	桥墩内力			主梁内力		
	轴力（kN）	剪力（kN）	弯矩（kN·m）	轴力（kN）	剪力（kN）	弯矩（kN·m）
2.0	−11631	−165	−1388	−46248	250	−3591
2.2	−11790	−138	−1157	−46243	255	−3617
2.4	−11950	−117	−972	−46242	259	−3631

由计算结果可以看出：①当梁高增大时，在恒载作用下 4×40m 全刚构体系桥的主梁弯矩增加，但是增加很少，仅 1%，占最不利组合下的总弯矩比例更低了，主梁轴力基本不变。②当梁高增大时，在恒载作用下，梁高增大对桥墩轴力影响较小，对桥墩剪力和弯矩影响较大，桥墩剪力和弯矩总体呈现减小的趋势；当梁高增大 20%，桥墩的轴力增大约 3%，桥墩的剪力减小约 30%，桥墩的弯矩减小约 30%。

（5）沉降作用下主梁内力。

在不同主梁高度的情况下，计算沉降作用下（不均匀沉降量为 10mm）的主梁内力最大值，计算结果见表 2-19。

不同梁高下主梁内力（沉降工况）　　　　表 2-19

梁高（m）	轴力（kN）	剪力（kN）	弯矩（kN·m）
2.0	51	80	1691
2.2	54	99.5	2090
2.4	56	120	2543

由计算结果可以看出，当梁高增大时，在沉降工况下，4×40m 全刚构体系桥的主梁内力均有增大的趋势；当梁高增大 20%，主梁的轴力增大约 9%，主梁的剪力增大约 50%，主梁的弯矩增大约 50%；梁高增大对沉降作用下主梁的内力影响较为明显，有明显的增大趋势，弯矩与剪力增幅尤其显著。

（6）温度作用下主梁内力。

在不同主梁高度的情况下，计算整体升降温工况下（温差取为 20°）的主梁内力最大值，结果汇总于表 2-20 中。

不同梁高下主梁内力（整体升降温工况） 表 2-20

梁高（m）	轴力（kN）	剪力（kN）	弯矩（kN·m）
2.0	620	96	2049
2.2	630	100	2125
2.4	638	103	2193

由计算结果可以看出，当梁高增大时，在均匀升降温作用下 4×40m 全刚构体系桥的主梁内力均有增大的趋势；当梁高增大 20%，主梁的轴力增大约 3%，主梁的剪力增大约 7%，主梁的弯矩增大约 7%；梁高增大对整体升降温作用下主梁的内力影响较小。

另外，在不同主梁高度的情况下，计算梯度升降温工况下的主梁内力最大值，见表2-21。由计算结果可以看出，当梁高增大时，在梯度升降温作用下 4×40m 全刚构体系桥的主梁内力均有增大的趋势；当梁高增大 20%，主梁的轴力增大约 2%，主梁的剪力增大约 23%，主梁的弯矩增大约 21%；在梯度温度作用下梁高增大对主梁的剪力与弯矩影响较大。

不同梁高下主梁内力（梯度升降温工况） 表 2-21

梁高（m）	轴力（kN）	剪力（kN）	弯矩（kN·m）
2.0	63	102	4237
2.2	64	114	4681
2.4	65	126	5129

3）分析结论

通过变化梁高，计算桥梁刚度及不同荷载工况下主梁与桥墩的内力变化规律，综合分析得到如下结论：

（1）梁高增加对主梁竖向刚度影响大，主梁变形明显下降，对体系纵向刚度影响不大。

（2）梁高、自重增大对主梁内力影响很小，仅增加 1%，但是对桥墩的影响较大，桥墩弯矩明显减少，这主要是由于梁自身刚度增加很大，影响到全刚构体系桥梁墩梁刚度比。

（3）在沉降工况、梯度温度工况下，梁高增加对主梁剪力与弯矩影响较为明显，而整体升降温工况下，增大梁高对梁部内力影响很小。梁高增大以后对沉降工况及梯度温度工况更为敏感。

（4）在地震力作用下，梁高增加对桥墩内力影响很小。

综上分析，梁高增大对结构体系的受力总体是有利的，但是工程上经常会从景观角度选择长细比更优的梁高。

2.4.4 主梁底宽分析

全刚构体系桥梁的主梁与桥墩固结，主梁底宽与墩顶宽保持一致，能够达到较好的景观效果，线条更加流畅。但是，过窄的底宽往往容易给主梁预应力空间布置带来困难，同时，桥梁横向刚度往往难以满足行车安全及乘坐舒适性的要求，结构在视觉上也给人过于纤细的感觉。

本节以 13m 墩高、4 根 1.5m 桩基础的 4×40m 全刚构体系桥为工程对象，选择 2.4m、2.6m、2.8m 三种不同主梁底宽进行研究。不同主梁底宽的跨中横断面如图 2-9 所示。

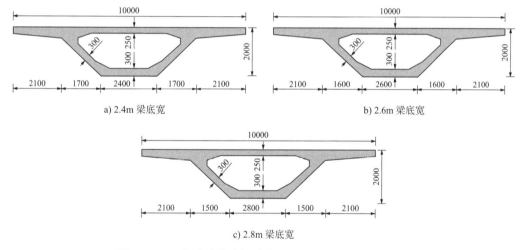

图 2-9 不同梁底宽的主梁跨中横断面（尺寸单位：mm）

1）研究原则

（1）主梁底板的横向宽度能否满足主梁抗弯强度以及预应力布置空间要求。

（2）不同主梁底板横向宽度下，主梁的刚度指标及风车桥耦合动力响应指标需满足要求。

（3）不同主梁底板横向宽度对主梁横向配筋的影响，结合主梁底板横向宽度与横向配筋关系来找到合适的主梁横向宽度。

2）计算分析

（1）强度与变形分析。

针对三种不同梁底宽情况，分别计算控制截面的最大弯矩、抗弯强度安全系数以及梁横向挠度等指标，主要计算结果见表 2-22。

不同梁底宽计算结果　　　　　　　　　　　　　　表 2-22

梁底宽（m）	边跨跨中最大弯矩（kN·m）	边跨底板布置钢束	抗弯安全系数	梁横向挠度（mm）
2.4	54739	13 束 21 根	2.01	15.82
2.6	54608	13 束 21 根	2.01	15.80
2.8	54495	13 束 21 根	2.02	15.77

由表可知：

①2.4m、2.6m 和 2.8m 底宽主梁横向刚度（限值为 $L/4000=40\text{mm}$）均满足要求。

②在满足抗弯强度要求的情况下，需要布置 13 束 21 根钢束。按照满足规范中关于波纹管净距要求的前提下，主梁底宽 2.4m 刚好满足（图 2-10）。若要进一步缩小底宽，则需要将预应力钢束放在腹板中，这样会提高预应力形心位置，降低预应力的作用效率。因此，从预应力布束的角度考虑，建议最小底宽采用 2.4m。梁底宽越大，同样配束条件下，梁部强度和刚度均越好，但是影响有限。

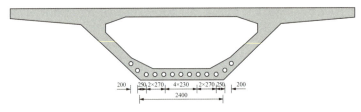

图 2-10　4m 梁底宽预应力束布置图（尺寸单位：mm）

③经风车桥耦合振动分析，主梁底宽大于或等于 2.4m 时，风车桥耦合动力响应指标均满足规范要求。

（2）不同主梁底板横向宽度对主梁横向配筋的影响。

针对 2.4m、2.6m 和 2.8m 梁底宽三种情况进行横框计算，主梁采用同样配筋进行研究，配筋信息见表 2-23，验算截面位置如图 2-11 所示。不同梁底宽各控制截面计算结果见表 2-24、表 2-25，其中轴力压为负，拉为正；弯矩截面下缘受拉为正，反之为负。

主梁配筋信息　　　　　　　　　　　　　　表 2-23

截面位置	箱梁顶板		箱梁底板		箱梁腹板
	上缘	下缘	上缘	下缘	箍筋
抗弯钢筋	直径 22 间距 0.15m	直径 20 间距 0.15m	直径 16 间距 0.15m	直径 20 间距 0.15m	直径 16 间距 0.15m

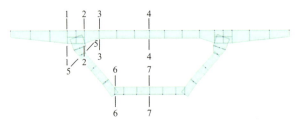

图 2-11　横框模型验算截面位置示意图

不同梁底宽横框计算控制截面内力计算结果

表 2-24

截面位置		2.4m 梁底宽			2.6m 梁底宽			2.8m 梁底宽		
		轴力（kN）	剪力（kN）	弯矩（kN·m）	轴力（kN）	剪力（kN）	弯矩（kN·m）	轴力（kN）	剪力（kN）	弯矩（kN·m）
顶板	1—1	0	128.4	−150.4	0	128.4	−150.4	0	128.4	−150.4
	2—2	211.6	−137.2	−151.4	197.1	−137.0	−150.5	182.5	−136.9	−149.7
	3—3	211.6	−105.7	−53.3	197.1	−105.5	−54.0	182.5	−105.4	−54.7
	4—4	211.6	−54.2	53.5	197.1	−54.0	52.4	182.5	−53.9	51.2
腹板	5—5	−357.8	78.4	118.0	−349.6	78.0	115.1	−341.8	77.7	112.0
底板	6—6	−211.6	−35.3	−72.0	−197.1	−32.6	−66.9	−182.5	−30.4	−62.2
	7—7	−211.6	−29.0	−45.9	−197.1	−25.7	−41.1	−182.5	−22.9	−36.6

不同梁底宽横框计算控制截面验算结果汇总表

表 2-25

梁底宽（m）	位置		构件类型	混凝土压应力（MPa）	钢筋最大压应力（MPa）	钢筋最大拉应力（MPa）	裂缝宽度（mm）	相应的容许值
2.4	顶板	1—1	大偏心受拉	5.9	35.5	154.5	0.141	
		2—2	大偏心受拉	5.6	27.8	196.3	0.166	
		3—3	大偏心受拉	6.5	14.8	162.5	0.151	
		4—4	大偏心受拉	6.9	11.2	193.7	0.180	
	腹板	5—5	大偏心受压	11.1	67.5	133.4	0.108	
	底板	6—6	大偏心受压	7.2	41.0	101.5	0.092	
		7—7	大偏心受压	4.9	27.6	72.4	0.070	
2.6	顶板	1—1	大偏心受拉	5.9	35.5	154.5	0.141	混凝土压应力容许值为26MPa，钢筋应力容许值为270MPa，裂缝宽度容许值为0.24mm
		2—2	大偏心受拉	5.6	28.2	192.6	0.163	
		3—3	大偏心受拉	6.6	16.0	160.8	0.150	
		4—4	大偏心受拉	6.7	11.6	186.8	0.174	
	腹板	5—5	大偏心受压	10.8	65.8	130.1	0.105	
	底板	6—6	大偏心受压	6.7	38.1	94.3	0.086	
		7—7	大偏心受压	4.4	25.0	62.5	0.061	
2.8	顶板	1—1	大偏心受拉	5.9	35.5	154.5	0.141	
		2—2	大偏心受拉	5.6	28.6	188.9	0.160	
		3—3	大偏心受拉	6.7	17.3	159.1	0.148	
		4—4	大偏心受拉	6.6	12.0	179.9	0.169	

续上表

梁底宽（m）	位置		构件类型	混凝土压应力（MPa）	钢筋最大压应力（MPa）	钢筋最大拉应力（MPa）	裂缝宽度（mm）	相应的容许值
2.8	腹板	5—5	大偏心受压	10.5	64.1	126.2	0.102	混凝土压应力容许值为26MPa，钢筋应力容许值为270MPa，裂缝宽度容许值为0.24mm
	底板	6—6	大偏心受压	6.2	35.4	87.9	0.081	
		7—7	大偏心受压	3.9	22.6	53.7	0.054	

根据不同主梁底宽的主梁横框计算结果，可以看出：

①当梁底宽增大17%（从2.4m增加到2.8m）时，顶板钢筋应力减小约7%，底板钢筋减小约26%。二者计算结果均满足规范限值要求。

②在研究的梁底宽2.4m、2.6m和2.8m中，2.8m对横框配筋最为经济。但是如果桥墩底宽与梁底宽保持一致，底宽的增加将会引起桥墩的混凝土量增加。

（3）分析结论。

当主梁底宽大于或等于2.4m时，主梁的横向刚度及风车桥耦合系统的动力响应指标均满足规范要求。在满足抗弯强度安全系数要求的情况下，主梁的横向宽度宜在2.4m以上。底宽的增加能够降低主梁的横向钢筋，但是却引起桥墩工程量的增加。结合广州地铁工程实际，14号线桥梁沿快速路路中绿化带走行，受道路征地及投资控制，尽可能减少中央绿化带的宽度。在中央绿化带宽度为4m的条件下，根据平均墩高及墩身的几何形态，梁底宽选为2.4m更加合适。

因此，从主梁刚度、底板布束空间、经济及景观角度考虑，建议采用2.4m的主梁底宽。

2.4.5 桥墩厚度分析

本节对不同墩厚的全刚构体系进行对比分析，其中，地基系数的比例系数m值取为10000kPa/m^2。中墩厚从1.1m增加至1.7m，对应边墩厚从0.65m增加至0.95m，具体厚度搭配方案见表2-26。

边墩与中墩厚度搭配方案　　表2-26

墩厚方案编号	1	2	3	4	5	6	7
边墩墩厚（m）	0.65	0.7	0.75	0.8	0.85	0.9	0.95
中墩墩厚（m）	1.1	1.2	1.3	1.4	1.5	1.6	1.7

1）研究原则

从结构整体纵向刚度、桥墩受力、桥墩综合造价三个方面对桥墩厚度进行综合比选。为了对桥墩受力和桥墩造价计算有一个明确的计算对比方法，研究中以最不利荷载下桥墩裂缝宽度为0.2mm进行控制配筋，对此时的桥墩受力状态和工程量进行评估。

2）研究分析

（1）桥梁纵向刚度分析。

不同桥墩厚度下，桥梁的整体纵向刚度见表2-27。由表可知，桥墩厚度对全刚构体系桥的纵向刚度影响很大，在所选择的墩厚参数范围内，桥梁纵向刚度均高于960kN/cm，满足规范要求。

不同墩厚度下桥梁纵向刚度　　　　　　　　表2-27

墩厚方案编号	1	2	3	4	5	6	7
纵向刚度（kN/cm）	1316	1555	1789	2016	2232	2433	2625

（2）桥墩受力和材料用量综合分析。

全刚构体系桥墩厚度增大会使桥墩受到的力变大，但截面尺寸变大，截面承载力也变大。合理的墩厚度应做到材料总用量少且受力合理。这里以裂缝宽度0.2mm为限值探讨不同桥墩厚度下截面的最少配筋，综合对比各墩厚度下的材料总用量（见表2-28与表2-29以及图2-12与图2-13），同时分析了最少配筋下桥墩的受力情况，具体见表2-30。

边墩材料用量表　　　　　　　　表2-28

墩厚方案编号	钢筋面积（m²）	截面面积（m²）	截面配筋率	配筋含量（kg/m³）	单墩混凝土量（m³）	单墩造价（元）
1	0.053	1.56	3.40%	237.4	22.8	51509
2	0.056	1.68	3.35%	233.8	24.6	54972
3	0.058	1.8	3.22%	224.5	26.3	57510
4	0.060	1.92	3.10%	216.3	28.1	60047
5	0.060	2.04	2.92%	203.6	29.8	61657
6	0.061	2.16	2.83%	197.5	31.6	64194
7	0.063	2.28	2.75%	192.0	33.3	66732

中墩材料用量表　　　　　　　　表2-29

墩厚方案编号	钢筋面积（m²）	截面面积（m²）	截面配筋率	配筋含量（kg/m³）	单墩混凝土量（m³）	单墩造价（元）
1	0.047	2.64	1.77%	123.3	38.6	62300
2	0.051	2.88	1.79%	124.7	42.1	68301
3	0.053	3.12	1.70%	118.7	45.6	72449
4	0.055	3.36	1.63%	113.6	49.1	76596
5	0.053	3.6	1.47%	102.9	52.7	78892

续上表

墩厚方案编号	钢筋面积（m²）	截面面积（m²）	截面配筋率	配筋含量（kg/m³）	单墩混凝土量（m³）	单墩造价（元）
6	0.055	3.84	1.42%	99.4	56.2	83039
7	0.055	4.08	1.34%	93.5	59.7	86261

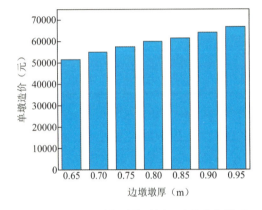

图 2-12 边墩单墩造价随其厚度的变化关系

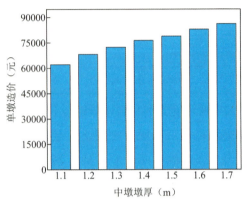

图 2-13 中墩单墩造价随其厚度的变化关系

不同厚度桥墩受力分析表   表 2-30

墩厚方案编号	边墩			次中墩		
	混凝土应力（MPa）	钢筋应力（MPa）	裂缝宽度（mm）	混凝土应力（MPa）	钢筋应力（MPa）	裂缝宽度（mm）
1	17.9	179.5	0.197	19.8	194.8	0.199
2	17.0	176.9	0.198	18.6	190.1	0.196
3	16.6	181.4	0.197	18.0	195.5	0.196
4	16.3	186.7	0.196	17.4	198.6	0.194
5	16.2	197.0	0.195	17.2	211.0	0.198
6	16.0	201.6	0.195	16.5	209.3	0.194
7	15.7	205.4	0.195	16.0	211.7	0.195

由这些图表可知：

①在满足整体线刚度的前提下，墩越厚，桥墩钢筋配置更多，即内力增加比尺寸增加幅度更大，单墩钢筋用量和混凝土用量均更大，中墩和边墩的单墩造价更高。

②在边墩与中墩厚度分别取为 0.65m 与 1.1m 时（对应方案编号 1），次中墩混凝土压应力为 19.8MPa；若桥墩尺寸继续减小，混凝土压应力将超过 20MPa，不推荐采用。综合桥墩受力和单墩造价，建议 13m 高的中墩厚度应大于 1.1m，边墩厚度应大于 0.65m。

3）分析结论

（1）纵向刚度对所选的研究对象（m 取值 10000kPa/m²，墩高 13m，4 根 1.5 桩，4×40m

全刚构体系）不起控制作用。

（2）桥墩过薄会导致混凝土压应力过大。

（3）综合桥梁整体纵向刚度、材料用量、造价和桥墩受力，墩高13m的4×40m全刚构体系桥，中墩厚度应大于1.1m，边墩厚度应大于0.65m。

（4）本次研究中，在地基系数的比例系数m为10000kPa/m²的前提下，纵向线刚度不控制桥墩尺寸。但是具体工程中桥墩厚度的拟定还需要综合考虑地质情况、桥墩分级、体系其他构件受力等方面，综合权衡后再拟定出桥墩厚度。

2.4.6 基础布置分析

全刚构体系桥梁，墩梁一体化，体系对基础的敏感性很高。为满足纵横向桥梁刚度要求，城市轨道交通桥梁的基础布置一般采用4桩以上群桩基础。本节研究不同地质条件下、不同桩径、不同桩基承台类型对体系纵向刚度的影响。

1）研究原则

（1）地质条件对基础布置的影响主要体现在地基系数的比例系数m上，选取不同的m值对体系纵向刚度及桥墩受力进行研究。

（2）采用常见的桩基直径进行基础布置，研究桥梁的纵向刚度及墩顶位移，保证桥墩的纵向刚度和墩顶位移满足规范要求；选择直径1m、1.2m、1.5m三种常用桩径的桩基布置分别进行桥梁刚度验算，并比较不同基础的经济性指标。

2）计算分析

（1）不同地质条件基础刚度的影响。

对于覆盖层为深厚淤泥、砂性土、黏土等，m值分别取1000kPa/m²、5000kPa/m²、10000kPa/m²、20000kPa/m²时，4×40m全刚构体系桥纵向刚度见表2-31。计算时采用4根1.5m桩基础，桩长均为35m。m取值20000kPa/m²时，计算所得体系纵向刚度为2101kN/cm，以此为基准值，计算出不同m取值下的刚度比值。体系纵向刚度比值随m值变化关系如图2-14所示。其中，水平温度力为最不利温度工况产生的纵向水平力；桥墩应力均为主力＋附加力工况下墩顶截面的边缘应力计算结果；跨中挠度和梁端竖向转角为静活载工况计算结果。

不同地质条件下结构响应　　　　表2-31

m值（kPa/m²）	1000	5000	10000	20000
体系纵向刚度（kN/cm）	1592	1916	2016	2101
刚度比值	0.76	0.91	0.96	1.00
梁端竖向转角（‰rad）	0.92	0.91	0.90	0.89
梁跨中挠度（mm）	11.6	11.5	11.4	11.4

续上表

水平温度力（kN）	2861	3436	3616	3762
边墩应力（MPa）	13.0/134.3	13.7/144.5	13.8/147.2	13.9/149.3
次中墩应力（MPa）	14.7/146.1	16.6/187.6	17.2/200.2	17.6/210.3
中墩应力（MPa）	6.2/58.6	6.5/61.2	6.5/62.0	6.6/62.7

注：混凝土应力/钢筋应力。

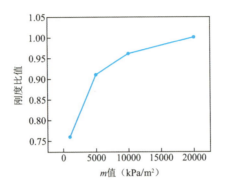

图2-14 体系纵向刚度比值随m值变化情况

由上述图表可知：

①m值在从1000kPa/m²变化到20000kPa/m²的过程中，体系纵向刚度增长约32%。

②m值在从1000kPa/m²变化到5000kPa/m²的过程中，纵向刚度增长较快，m值继续变大后，纵向刚度后续增长速度逐渐放缓。这种变化规律同样体现在温度力产生的墩顶内力和桥墩墩顶应力上。因此，在地质条件较差时，m值的准确选取对基础的选择极为重要。

（2）不同桩径的基础布置的影响。

①基础布置对工程量的影响。

桩基比选宜选取具有普遍性、代表性的墩高进行比较，本节选择4×40m全刚构体系桥梁，墩高13m≤H≤16m，进行桩基比选。按照刚度差异不宜过大、经济合理，并结合地质条件考虑施工及运营需求进行桩基比选。

桩基布置选择6根1m桩（图表中记为6φ1m，其他同此）+承台、5根1.2m桩+承台、4根1.5m桩+承台的基础类型，桩基采用嵌岩桩，桩长统一为35m。基础尺寸见表2-32，基础布置形式如图2-15~图2-17所示。

基础构造尺寸　　　　　　　　　　　　　表2-32

基础类型	承台尺寸 （横×纵×高）（m）	桩基根数 （根）	桩基尺寸 （m）	桩基横向间距 （m）	桩基纵向间距 （m）	基础布置 （横向×纵向）
6φ1m桩	7.2×5×2	6	1	2.5	3	3×2
5φ1.2m桩	7.2×5.8×2	5	1.2	2.5	1.8	2+1+2
4φ1.5m桩	6.5×6.5×2	4	1.5	4	4	2×2

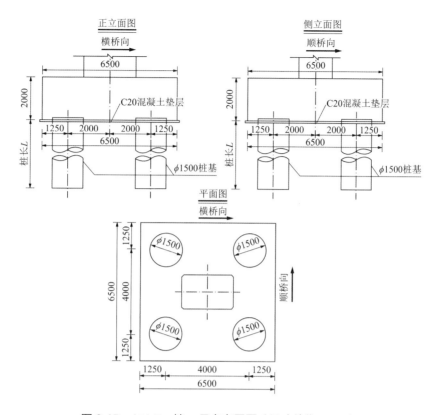

图 2-15　4φ1.5m 桩 + 承台布置图（尺寸单位：mm）

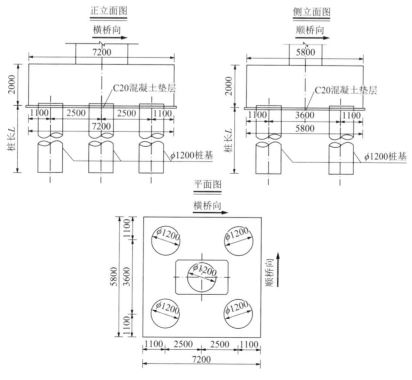

图 2-16　5φ1.2m 桩 + 承台布置图（尺寸单位：mm）

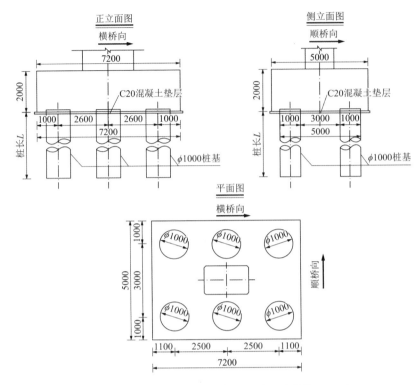

图 2-17 6φ1.0m 桩 + 承台布置图（尺寸单位：mm）

三种基础工程量见表 2-33。由表可知，三种基础类型中 6φ1m 桩基础工程量最小。与 5φ1.2m 相比，4φ1.5m 的桩基工程量大一些，其他工程量均比较接近。小直径桩对于减少基础工程量有一定优势。

基础工程量 表 2-33

基础类型	承台混凝土 (m³)	桩基混凝土 (m³)	声测管 (m)	土方开挖 (m³)	土方回填 (m³)	道路破除 (m²)	钢板桩 (t)
6φ1m 桩	72.0	164.9	648.0	264.0	152.2	64.4	55.5
5φ1.2m 桩	83.5	197.9	540.0	294.2	167.3	71.8	58.2
4φ1.5m 桩	84.5	247.4	432.0	296.2	168.1	72.3	58.2

注：本工程量为单个基础工程量，桩基采用嵌岩桩，平均桩长取为 35m。

② 基础布置对桥梁刚度的影响。

墩高分别取 13m、16m，m 值从 1000kPa/m^2 增大到 20000kPa/m^2，针对不同 m 值，计算桥梁纵向刚度、墩顶横向与纵向位移，并进行对比分析，结果见表 2-34~表 2-39。4×40m 全刚构体系桥梁纵向刚度限值为 960kN/cm，墩顶纵向位移限值为 31.6mm，墩顶横向位移限值为 25.3mm。3 种基础类型桥梁主要刚度指标对比以及随 m 值的变化规律如图 2-18~图 2-20 所示。

桥梁刚度计算表（6φ1m 桩基础，13m 墩高） 表 2-34

m 值（kPa/m²）	纵向刚度（kN/cm）	墩顶纵向位移（mm）	墩顶横向位移（mm）
1000	1078	23.7	17.3
5000	1306	23.0	15.1
10000	1383	22.8	14.5
20000	1450	22.6	14.0

桥梁刚度计算表（5φ1.2m 桩基础，13m 墩高） 表 2-35

m 值（kPa/m²）	纵向刚度（kN/cm）	墩顶纵向位移（mm）	墩顶横向位移（mm）
1000	1134	23.4	14.9
5000	1394	22.7	13.0
10000	1482	22.5	12.5
20000	1557	22.4	12.1

桥梁刚度计算表（4φ1.5m 桩基础，13m 墩高） 表 2-36

m 值（kPa/m²）	纵向刚度（kN/cm）	墩顶纵向位移（mm）	墩顶横向位移（mm）
1000	1426	22.6	14.3
5000	1686	22.1	12.6
10000	1768	22.0	12.1
20000	1835	21.9	11.7

桥梁刚度计算表（6φ1m 桩基础，16m 墩高） 表 2-37

m 值（kPa/m²）	纵向刚度（kN/cm）	墩顶纵向位移（mm）	墩顶横向位移（mm）
1000	746	26.3	24.9
5000	859	25.4	22.7
10000	896	25.2	22.1
20000	928	25.0	21.6

桥梁刚度计算表（5φ1.2m 桩基础，16m 墩高） 表 2-38

m 值（kPa/m²）	纵向刚度（kN/cm）	墩顶纵向位移（mm）	墩顶横向位移（mm）
1000	785	26.0	22.0
5000	915	25.0	20.2
10000	956	24.8	19.7
20000	991	24.6	19.3

桥梁刚度计算表（4φ1.5m 桩基础，16m 墩高）　　　　　　表 2-39

m 值（kPa/m²）	纵向刚度（kN/cm）	墩顶纵向位移（mm）	墩顶横向位移（mm）
1000	969	24.8	21.4
5000	1071	24.3	19.8
10000	1106	24.1	19.3
20000	1135	24.0	18.9

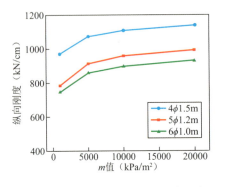 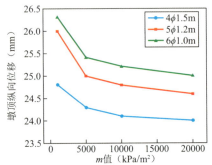

图 2-18　不同桩基础的纵向刚度对比（16m 墩高）　　　图 2-19　不同桩基础的墩顶纵向位移对比（16m 墩高）

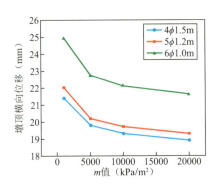

图 2-20　不同桩基础的墩顶横向位移对比（16m 墩高）

根据图表数据分析可知：

a. 在 13m ≤ H ≤ 16m 墩高范围内，当墩高等于 16m 时，6φ1m 桩基础在 $m = 1000 \sim 20000$ kPa/m² 范围内桥梁纵向刚度不能满足规范要求；当墩高等于 16m 时，5φ1.2m 桩基础在 $m = 1000 \sim 10000$ kPa/m² 范围内桥梁纵向刚度不能满足规范要求；4φ1.5m 桩基础在 $m = 1000 \sim 20000$ kPa/m² 范围内桥梁纵向刚度能满足规范要求，墩顶纵向与横向位移也都满足规范要求。可见，只有 4φ1.5m 桩基础在 13m ≤ H ≤ 16m 墩高范围对于各种地质情况是完全适用的。

b. m 值对全刚构体系整体刚度有较大影响。同一基础类型下，m 值越大，桥梁结构刚度越大。而在同一 m 值下，采用 4φ1.5m 桩基础布置下纵向与横向刚度最大，对无缝线路结构更为有利。

③工程条件的适应性。

结合广州地铁 14 号线工程情况，高架段沿线地质情况从上往下依次是素杂填土层、粉细砂层、强风化泥质粉砂岩、中风化泥质粉砂岩、微风化泥质粉砂岩。高架段全线桩基采用嵌岩桩设计，桩端嵌入中风化岩层 8~10m，微风化岩层 1.5~3m。在白云区部分地段分布有溶洞，当嵌岩深度较大时容易遇到溶洞。一般来说，桩基数量越少，施工难度相对较小，在提供相同承载力的前提下，采用大直径桩可以减小桩基根数。

当桥梁沿着既有道路路中布置时，需要考虑基础施工期间对道路交通疏解的影响、运营期间有承台路段与非承台路段道路结构刚度不一致对车辆行驶平顺性的影响，以及车道荷载单侧偏载对基础的影响。

在三种承台方案中，6ϕ1m 桩承台与 5ϕ1.2m 桩承台的横向宽为 7.2m，承台基坑开挖占用道路宽度范围较大；4ϕ1.5m 桩承台横向宽 6.5m，承台基坑开挖占用道路宽度范围最小，对道路影响最小。同时，建议承台埋深不宜小于 1.5m，减少道路交通与承台的相互影响。

3）分析结论

（1）m 值在从 $1000kPa/m^2$ 变化到 $5000kPa/m^2$ 时，纵向刚度增长较快，m 值继续变大后，纵向刚度后续增长速度逐渐放缓。这种变化规律同样体现在温度力产生的墩顶内力和桥墩墩顶应力上。因此，在地质条件较差时，m 值的准确选取对基础的选择极为重要。

（2）不同的基础布置形式对工程量、桥梁自身刚度及变形、既有道路有一定影响。基础选型应因地制宜，合理选型。当墩高较矮时，从减少基础工程量节省造价的角度，小直径桩有一定的优势；但当墩高较高时，由于基础刚度控制，采用小直径桩会进一步增加桩基根数及承台尺寸。从工程实施的角度，建议优先采用大直径桩，减少桩基根数及承台尺寸，减少基础工程实施难度。

2.4.7 主要构造设计

全刚构体系桥梁应合理设计、精细化设计，控制箱梁及桥墩的结构尺寸，以减轻结构自重。经过前面对总体布置及结构构造参数研究，本节对主要构造尺寸进行梳理，箱梁主要构造参数示意图如图 2-21 所示，主要成果如下。

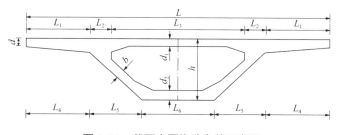

图 2-21 截面主要构造参数示意图

（1）合理跨径。

考虑轨道交通桥梁景观、经济、工法、对沿线相交道路的影响，兼顾工程规模及工程周边建设条件，与市政道路并行的轨道交通全刚构体系桥梁建议选择 40m 为合适的标准跨径。

（2）合理联长。

在城市轨道交通线路轨面高程及梁高已定的情况下，墩高就已经确定。联长选用应确保不同墩高下桥墩结构受力及体系刚度满足设计要求，同时还应保证无缝线路轨道尽量不设伸缩调节器，减小运维的工作量。

（3）主梁高度 h。

城市轨道交通刚构体系的主梁高跨比可采用 1/20。

（4）主梁底宽 L_6。

城市轨道交通桥梁沿城市道路路中绿化带走行，受道路征地及投资控制，应尽可能减小中央绿化带的宽度；而为满足景观效果，全刚构体系桥梁的主梁底宽宜与桥墩等宽，因此主梁底宽的选择应结合预应力钢束布束空间、风车桥耦合动力分析及景观要求等方面综合选择。

（5）翼缘板悬臂长度 L_1。

翼缘板悬臂长度是影响桥面板横向受力的重要参数，可以用于调节顶板所承受的弯矩，L_1/L_3 在 0.4～0.5 之间。合理地调整悬臂板长度可以使列车活载的轮轴刚好作用在腹板上方，降低主梁横向配筋，也有利于降低结构振动噪声。

（6）主梁顶板厚度 d_1。

箱梁顶板除了参与结构整体受力外，还承受二期恒载、列车活载、梯度温度等荷载。顶板厚度既要满足桥面板横向受力要求，又要满足布置纵横向预应力钢束的要求。根据铁路设计规范规定，顶板的厚度不应小于 20cm。通常情况下，顶板厚度在 25～35cm 之间变化。墩顶梁段和端部梁段的顶板应加厚，同时采用逐跨节段拼装工法的全刚构体系主梁还需要考虑端节段顶板承受整孔梁的重量。

（7）底板厚度 d_2。

箱梁支点处的底板厚度需要承受整体受力的抗压要求，跨中处的底板厚度主要需满足底板预应钢束的管道保护层厚度的要求。根据铁路设计规范，底板的厚度不应小于 20cm；预应力管道表面与结构表面之间的保护层厚度在结构顶面不应小于管道外径，且不小于 50mm，在结构底面不应小于 60mm。因此，底板厚度应为 $2d+60$ mm，d 为波纹管的管道外径。

（8）腹板厚度 b。

箱梁的腹板厚度的主要功能是抵抗扭矩、剪力作用以及布置预应力钢束。腹板厚度设计需要考虑：①应满足受剪承载力的要求；②满足混凝土的浇筑空间，尤其是在腹板内设置有下弯钢束的地方；③若钢束锚固在腹板内，则必须能够适应在锚固位置上张拉预应力，满足局部承压要求；④若有竖向预应力，则需要考虑竖向预应力筋布置的空间。

根据铁路设计规范，预应力管道表面与结构表面之间的保护层在结构侧面不应小于 1 倍管道外径，且不小于 50m。因此，跨中附近的腹板厚度应为 3d，d 为波纹管的管道外径；支点处的腹板厚度按照受力需要设置。

（9）主梁悬臂板端部厚度。

箱梁悬臂一般采用变厚度设计。当布置横向预应时，由于锚固需要，悬臂端部厚度一般不小于 18cm；悬臂根部厚度根据箱梁横向受力计算，一般为 40~70cm，由悬臂板受力及箱梁预应力布置空间需要综合考虑。

（10）桥墩厚度。

全刚构体系桥梁的墩身与主梁的刚度分配决定了各自的内力，墩身的刚度直接影响主梁在温度、收缩徐变等荷载作用下的应力。桥墩刚度对结构的变形和内力影响较大，采用适当刚度的桥墩使内力分配合理，在满足结构强度、刚度和稳定性的同时，可保证结构的经济性。对于全刚构体系，桥墩采用简洁的矩形截面的薄壁墩，桥墩厚度的拟定需要综合考虑工程地质情况、桥墩分级、主梁受力等方面，综合权衡后再拟定出桥墩厚度。

（11）基础布置。

基础选型应因地制宜，合理选型。当墩高较矮时，从减少基础工程量节省造价的角度，小直径桩有一定的优势；但当墩高较高时，由于基础刚度控制，采用小直径桩会进一步增加桩基根数及承台尺寸。从工程实施的角度，建议优先采用大直径桩，减少桩基根数及承台尺寸，减少基础实施工程难度。

2.5 工程常遇问题敏感性研究

全刚构体系桥梁为多次超静定结构，在工程设计中对常遇工况要比静定结构更加敏感，很大程度上也会影响到工程经济性。本节以墩高 13m、基础为 4φ1.5m 的 4×40m 全刚构体系桥梁为实例，对设计中常遇的基础沉降、温度场、预应力二次效应、收缩徐变及经济性分析等问题进行系统研究。

2.5.1 基础沉降影响研究

考虑不同的基础沉降量（由 5mm 增大到 20mm），计算桥墩弯矩与应力，以及主梁的最不利弯矩，计算结果见表 2-40。

由计算结果可知：成桥以后，结构刚度不变，沉降产生的内力随沉降量按线性规律变化；在考察的沉降量范围（5~20mm），沉降工况对桥墩总弯矩影响增幅在 5.5%~19% 之间，对主梁总弯矩影响增幅在7.7%～25%之间；沉降量每增加1mm，桥墩弯矩占总弯矩的比例增加约1%。因此，周边环境变化造成沉降设计工况的变化，对结构安全的影响不容忽视。全刚构体系桥梁的基础宜采用嵌岩桩设计，避免运营阶段环境变化产生超出设计的沉降值。

不同沉降值下主梁与桥墩的内力与应力比较　　　　表2-40

沉降量（mm）	5	10	15	20
沉降引起次中墩弯矩/总弯矩（kN·m）	316/8892（3.5%）	632/9208（6.9%）	948/9523（10%）	1264/9839（13%）
次中墩混凝土压应力（MPa）	18.4	19.04	19.68	20.32
次中墩钢筋拉应力（MPa）	169.55	180.63	191.82	203.11
沉降引起边墩弯矩/总弯矩（kN·m）	160/2912（5.5%）	320/3072（10.4%）	480/3232（15%）	640/3392（19%）
边墩混凝土压应力（MPa）	15.66	16.52	17.39	18.27
边墩钢筋拉应力（MPa）	132.05	144.76	157.66	170.75
主梁最不利弯矩/总弯矩（kN·m）	1677/21610（7.7%）	3353/23286（14.4%）	5030/24962（20%）	6706/26638（25%）

注：次中墩沉降弯矩和边墩沉降弯矩均为沉降工况墩顶弯矩，总弯矩取主力+附加力包络中绝对值较大值，主梁最不利弯矩为中墩墩顶对应梁节点沉降工况弯矩值；表中括号内的数值为沉降所致弯矩在总弯矩中的占比。

2.5.2　温度场影响研究

为探究温度场对全刚构体系桥梁受力的影响，本节分别考虑整体升降温±25℃和±20℃对主梁弯矩及桥墩内力影响。

1）整体升降温对主梁弯矩的影响

不同整体升降温工况下，主梁弯矩结果如图2-22、图2-23所示。

由图可知：

（1）整体升降温工况在次中墩和边墩处主梁产生较大弯矩，在中墩处主梁产生弯矩较小。

（2）整体升降温取±20℃时，次中墩墩顶主梁的弯矩为1643.8kN·m，边墩墩顶主梁的弯矩为1509.1kN·m；整体升降温取±25℃时，次中墩墩顶主梁的弯矩为2054.8kN·m，边墩墩顶主梁的弯矩为1886.4kN·m；整体升降温取±25℃时，相对于整体升降温取±20℃，主梁弯矩增加25%。

（3）整体升降温取±20℃时，最不利组合下，次中墩墩顶主梁的弯矩为25197.9kN·m，边墩墩顶主梁的弯矩为6427.8kN·m；整体升降温取±25℃时，最不利组合下，次中墩墩顶主梁的弯矩为25608.9kN·m，边墩墩顶主梁的弯矩为6792.8 kN·m；整体升降温取±25℃

时，相对于整体升降温取±20℃，主梁弯矩增加1.6%。

（4）整体升降温1℃，主梁总弯矩增加0.32%。

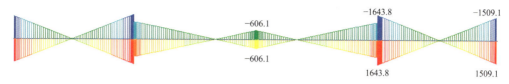

a) 单一温度工况下主梁弯矩包络图

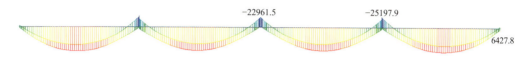

b) 最不利组合作用下主梁弯矩包络图

图2-22 整体升降温±20℃不同工况下的主梁弯矩包络图（弯矩单位：kN·m）

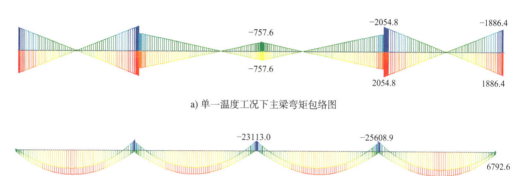

a) 单一温度工况下主梁弯矩包络图

b) 最不利组合作用下主梁弯矩包络图

图2-23 整体升降温±25℃不同工况下的主梁弯矩包络图（弯矩单位：kN·m）

2）整体升降温对桥墩内力的影响

不同整体升降温工况下，桥墩内力计算结果见表2-41。在主力＋附加力组合工况作用下，考虑不同整体升降温（±25℃与±20℃），对比计算桥墩内力、主梁竖向位移、桥墩顺桥向位移，具体计算结果列于表2-42～表2-44中。

不同整体升降温工况下桥墩最大内力　　　　表2-41

位置	整体升降温±25℃			整体升降温±20℃		
	轴力（kN）	剪力（kN）	弯矩（kN·m）	轴力（kN）	剪力（kN）	弯矩（kN·m）
边墩	270.6	625.5	4563.9	216.5	500.4	3651.2
次中墩	161.0	775.3	6634.4	128.8	620.2	5307.5
中墩	219.2	0	0	175.4	0	0

主力 + 附加力组合工况下桥墩最大内力（不同整体升降温） 表 2-42

位置	整体升降温±25℃			整体升降温±20℃		
	轴力（kN）	剪力（kN）	弯矩（kN·m）	轴力（kN）	剪力（kN）	弯矩（kN·m）
边墩	10097.8	1212.9	9072.0	10043.6	1087.8	8159.2
次中墩	20410.0	2512.1	22588.4	20377.8	2357.0	21261.5
中墩	20783.8	507.4	6683.0	20739.9	507.4	6683.0

主力 + 附加力组合工况下主梁竖向位移（不同整体升降温） 表 2-43

位置	整体升降温±25℃		整体升降温±20℃	
	边跨跨中	中跨跨中	边跨跨中	中跨跨中
主梁竖向位移（mm）	37.605	17.438	36.778	16.547

主力 + 附加力组合工况下桥墩顺桥向位移（不同整体升降温） 表 2-44

位置	整体升降温±25℃			整体升降温±20℃		
	边跨	次中墩	中墩	边墩	次中墩	中墩
桥墩顺桥向位移（mm）	46.530	33.498	1.386	42.700	31.586	1.386

3）分析结论

（1）整体升降温±20℃，相对于±25℃，主梁弯矩和桥墩的内力均有减小。主梁内力与桥墩内力随着温度变化均呈线性关系。

（2）单一整体升降温±20℃，相对于±25℃，主梁最大弯矩减小 25%，桥墩内力减小 20%。

（3）在主力 + 附加力工况下，整体升降温±20℃，相对于±25℃，主梁弯矩减小 1.6%，边墩弯矩减小 10%，次中墩弯矩减小 5.9%。

（4）在主力 + 附加力工况下，整体升降温±20℃，相对于±25℃，主梁最大竖向位移减小约 5.1%，桥墩最大顺桥向位移减小约 8.2%。

根据上述结论，可以看出整体升降温对全刚构体系桥梁的主梁总弯矩变化影响较小，整体升降温 1℃，主梁总弯矩增加 0.32%；整体升降温对桥墩总弯矩影响较大，整体升降温 1℃，边墩总弯矩变化 2%，次中墩弯矩变化 1.2%。因此，全刚构体系桥梁设计过程对温度场应慎重选取。

2.5.3 预应力二次效应研究

考虑预应力二次效应，计算得到主梁与桥墩的弯矩分布，如图 2-24～图 2-26 所示。

其中，钢束一次效应引起主梁弯矩最大值为48936kN·m，发生在边跨跨中位置，为负弯矩；钢束二次效应导致主梁弯矩最大值为9872kN·m，发生在次中墩墩顶处，为正弯矩。因钢束二次效应影响，次中墩墩底的最大弯矩可达1996kN·m，相应的轴向拉力为395kN。

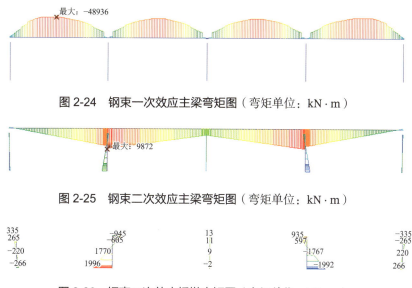

图2-24 钢束一次效应主梁弯矩图（弯矩单位：kN·m）

图2-25 钢束二次效应主梁弯矩图（弯矩单位：kN·m）

图2-26 钢束二次效应桥墩弯矩图（弯矩单位：kN·m）

从计算结果可知，钢束二次效应对主梁支点附近的截面抗弯性能是有利的，对主梁各跨中截面抗弯性能是不利的，会削弱钢束一次效应所产生的正弯矩；钢束二次效应对次中墩影响最为不利，并将与收缩徐变弯矩同向叠加。

2.5.4 结构收缩徐变效应研究

计算得到整体结构成桥10年后收缩徐变产生的梁端纵向水平位移为2.8cm，边墩、次中墩纵向水平位移分别为2.6cm、1.4cm。主梁10年徐变上拱值取为5mm。

收缩徐变引起的弯矩如图2-27所示。由计算结果可以看出：

（1）收缩二次效应引起的主梁最大弯矩为1402kN·m（墩顶负弯矩），位于次中墩墩顶处；徐变二次效应引起的梁部最大弯矩为7067kN·m（墩顶正弯矩），位于次中墩墩顶处。

（2）收缩二次效应在边墩墩底产生弯矩值为1244kN·m，最不利组合作用下桥墩的总弯矩为8892kN·m，收缩二次效应产生的边墩墩底弯矩占总弯矩的比例为14%；收缩二次效应在中墩墩底产生弯矩1999kN·m，最不利组合作用下桥墩的总弯矩为9208kN·m，收缩二次效应产生的中墩墩底弯矩占总弯矩的比例为21.7%。

（3）徐变二次效应在边墩墩底产生弯矩值为1577kN·m，最不利组合作用下桥墩的总弯矩为8892kN·m，徐变二次效应产生的边墩墩底弯矩占总弯矩的比例为17.7%；徐变二次效应在中墩墩底产生弯矩1158kN·m，最不利组合作用下桥墩的总弯矩为9208kN·m，徐变二次效应产生的中墩墩底弯矩占总弯矩的比例为12.6%。

综上所述，成桥后的收缩徐变对桥墩的影响大，设计时需予以关注。

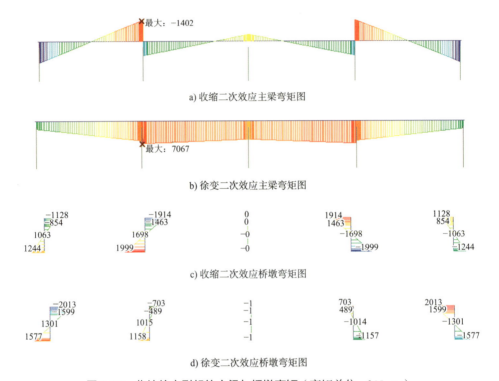

图2-27 收缩徐变引起的主梁与桥墩弯矩（弯矩单位：kN·m）

2.5.5 经济性

在广州地铁14号线桥梁方案确定初期，将40m全刚构连续箱梁与传统30m简支梁主要从景观、施工、造价等进行比选，详细内容见表2-45。从比选分析可以看出，相较于传统30m简支梁，采用40m全刚构箱梁，加大了主梁跨径，增加的投资很少。

桥型变化对投资的影响　　　　　　　　　表2-45

项目	梁型	
	推荐方案 40m全刚构连续箱梁	比较方案 30m简支箱梁
跨径	40m	30m
景观	墩梁固结，无支座使得墩顶尺寸小，墩身纤细，跨径较大，建筑景观通透、简洁、优美，体现了现代经典设计风格	墩顶厚度已经从4号线的2.2m优化到与墩身等厚的1.8m，花瓣形墩、圆形墩景观较好
施工方法	节段预制拼装，先简支后连续	整孔预制架设/节段预制架设

续上表

项目	梁型	
	推荐方案 40m 全刚构连续箱梁	比较方案 30m 简支箱梁
施工难度	施工相对简支梁较复杂	小
施工进度	1 孔/4d	1 孔/1d
架设设备	9 台节段架桥机	2 台整孔架桥机
运营维养	无支座维护任务	有支座维护任务
经济比较	5.96 万元/m	5.57 万元/m（整孔）；5.82 万元/m（节段）

注：架设设备是指将总工期控制在 18 个月所需的架桥设备；桩基长度按照 35m 计算；经济指标比选为 2013 年的概算指标价格。

2.6 全刚构体系桥梁整体受力性能研究

以广州地铁 14 号线墩高 13m 的 4×40m 全刚构体系桥为工程对象，按照 2.2 节的拟定技术标准及 2.3 节的拟定桥梁荷载，研究城市轨道交通 4×40m 全刚构体系桥梁的整体受力性能。

2.6.1 推荐方案设计

1）总体布置

4×40m 全刚构体系桥总体布置如图 2-28 所示。

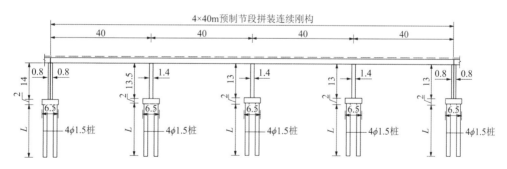

图 2-28 4×40m 全刚构桥总体布置图（尺寸单位：m）

节段类型：端节段、过渡节段、标准节段块分别如图 2-29～图 2-32 所示。

节段长度和重量：次中墩处墩顶现浇段长 3.2m，中墩处墩顶现浇段长 3.6m；标准节段长 2.6m；湿接缝长 0.2m；标准节段重量最小为 36.5t，最大预制节段为过渡节段，重约 46.5t。

节段划分原则：综合考虑节段吊装重量、墩顶现浇段长度、节段个数和节段类型，选取合适且经济的节段划分。

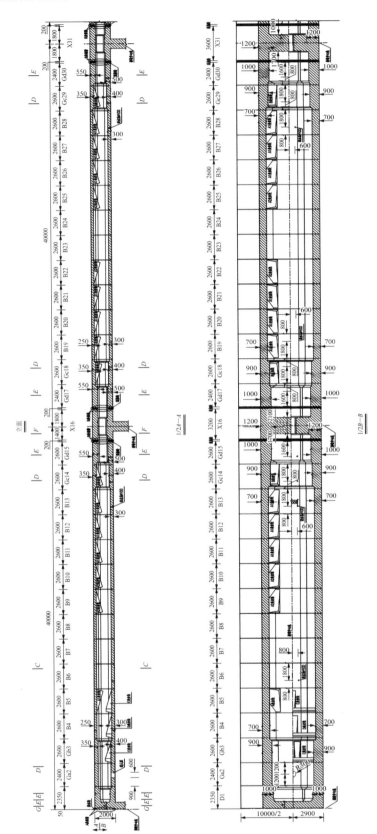

图 2-29 4×40m 预制全刚构体系桥主梁一般构造图（尺寸单位：mm）

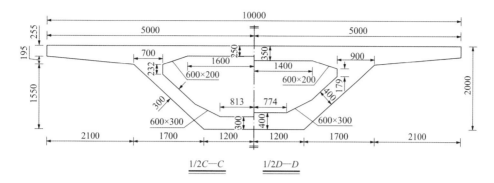

图 2-30 标准节段及过渡段主梁一般构造图（尺寸单位：mm）

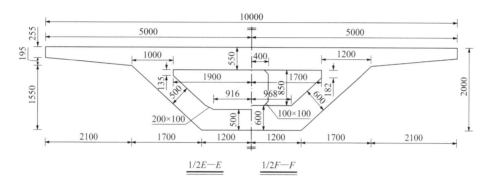

图 2-31 过渡段及 Gd 端节段主梁一般构造图（尺寸单位：mm）

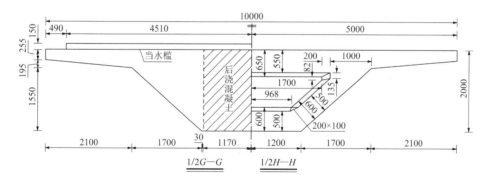

图 2-32 D 类节段及过渡节段主梁一般构造图（尺寸单位：mm）

2）主梁设计

材料等级：C60 混凝土。

截面形式：单箱单室等高度箱梁。

截面尺寸：梁高 2.0m，梁顶宽 10.0m，梁底宽 2.4m，翼缘长 2.1m，顶板厚 0.25m、0.55m，底板厚 0.3m、0.5m，腹板厚 0.3m、0.5m。

节段长度：标准节段长 2.6m；湿接缝长 0.2m。

3）预应力设计

预应力采用纵横向双向配束，具体布置如图 2-33 所示。

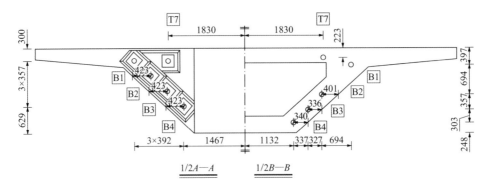

a) 边支点位置预应力钢束图

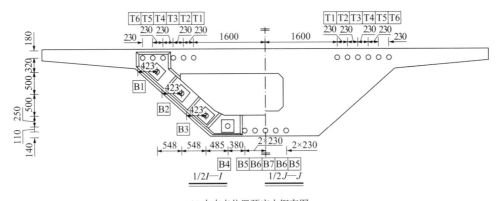

b) 中支点位置预应力钢束图

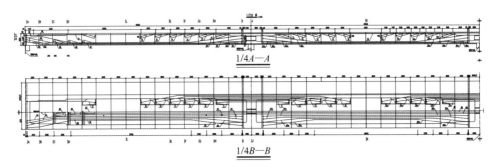

c) 纵向预应力钢束立面布置图

图 2-33 纵向预应力钢束布置图（尺寸单位：mm）

简支束：8 束简支束，均为 21 根一束。

底板通长束：5 束底板通长钢束，均为 21 根一束。

顶板负弯矩短束：10 束，19 根一束。

顶板通长束：2 束，19 根一束。

边跨顶板短束：2 束，19 根一束。

横向钢束：横向间距 1m、0.95m、1.2m，3 根一束。

4）剪力键设计

采用复合剪力键设计，剪力键位置应根据波纹管位置进行相应调整。

5）下部结构设计

桥墩采用C50混凝土，承台采用C40混凝土，桩基采用C35混凝土。

桥墩采用矩形断面，墩顶横向宽度为2.4m。当墩高H小于8.5m，桥墩采用等截面，墩宽墩厚均不变；当$H \geqslant 8.5$m时，桥墩横向采用加宽设计，按1∶30比例向外加宽，墩底横向底宽最大为3.2m。下部结构尺寸及分级详见表2-46。$H = 13$m的桥墩构造如图2-34所示。

下部结构设计汇总表　　　　表2-46

跨径组合	墩高H（m）	边墩尺寸（横×纵）（m）	中墩尺寸（横×纵）（m）	承台尺寸（横×纵×高）（m）	桩基类型	桩间距（m）
2×30m	$H \leqslant 8.5$	2.4×0.6	2.4×1.0	6.5×6.5×2	4d1.5m	4×4
3×40m	$9.0 \leqslant H \leqslant 12.5$	(2.4~2.8)×0.7	(2.4~2.8)×1.2	6.5×6.5×2	4d1.5m	4×4
	$13.0 \leqslant H \leqslant 14.5$	(2.4~3.0)×0.8	(2.4~3.0)×1.4	6.5×6.5×2	4d1.5m	4×4
4×40m	$12.0 \leqslant H \leqslant 12.5$	(2.4~2.8)×0.7	(2.4~2.8)×1.2	6.5×6.5×2	4d1.5m	4×4
	$13.0 \leqslant H \leqslant 16.0$	(2.4~3.0)×0.8	(2.4~3.0)×1.4	6.5×6.5×2	4d1.5m	4×4
	$16.5 \leqslant H \leqslant 18.0$	(2.4~3.2)×0.9	(2.4~3.2)×1.6	8.2×6.2×2.5	6d1.2m	3×3
	$H = 18.5$	(2.4~3.2)×1.0	(2.4~3.2)×1.8	8.2×6.2×2.5	6d1.2m	3×3
	$19.0 \leqslant H \leqslant 21.5$	(2.4~3.4)×1.1	(2.4~3.4)×2.0	10.5×6.5×2.5	6d1.5m	4×4

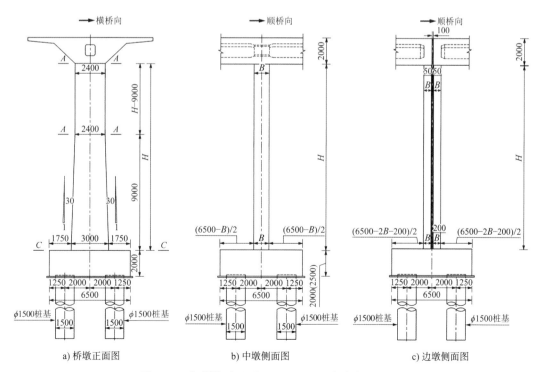

a）桥墩正面图　　b）中墩侧面图　　c）边墩侧面图

图2-34　桥墩构造图（$H = 13$m，尺寸单位：mm）

桩基采用ϕ1.2m及ϕ1.5m嵌岩桩。

6)施工步骤

广州地铁14号线全刚构体系桥梁采用节段拼装工法施工。首先施工基础、桥墩及墩顶现浇段,剩余梁体采用架桥机进行节段拼装,各跨节段梁就位后先张拉简支束,简支束张拉完成后梁体下落至临时支墩上,然后浇筑中墩顶湿接缝混凝土,待湿接缝混凝土达到设计强度后再张拉连续束。连续束张拉、灌浆及封锚完成后浇筑边墩顶后浇混凝土。成桥后再进行二期施工,包括挡板、道床板、防水层施工以及其他桥面附属安装施工。具体施工步骤如图2-35所示。

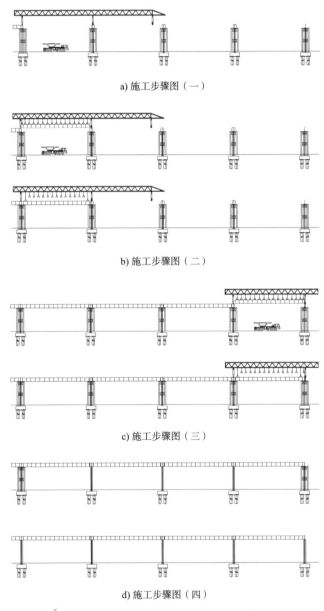

图2-35 4×40m全刚构体系桥施工步骤图

施工步骤一：下部结构施工＋中墩顶现浇段施工。

施工步骤二：第一跨架梁，高位张拉第一跨简支钢束，落梁；架桥机前移，分别架设第二、三跨梁并高位张拉简支钢束，落梁。

施工步骤三：架桥机前移，第四跨架梁，高位张拉第四跨简支钢束，落梁。

施工步骤四：施工预制节段与主梁间湿接缝，张拉底板通长束及顶板短束，浇筑墩顶后浇段，完成边墩与主梁固结。

2.6.2 有限元模型的建立

对墩高 13m 的 4×40m 预制节段拼装全刚构体系进行静力分析，采用 midas Civil 进行三维整体建模计算。主梁与桥墩采用空间梁单元模拟，群桩基础简化为承台底 6 自由度弹簧约束，计算模型如图 2-36 所示。

图 2-36　结构计算模型

2.6.3 主梁受力分析

1）施工阶段应力验算

在传力锚固阶段，计入构件自重作用后，混凝土的压应力σ_c应符合$\sigma_c \leqslant 0.75 f_c$（抗压强度）；节段缝处不允许出现拉应力；现浇主梁的拉应力σ_{ct}应符合$\sigma_{ct} \leqslant 0.7 f_{ct}$（抗拉强度）。

从简支束张拉到连续成桥、边跨固结、二期恒载铺装到徐变 10 年完成依次计算不同阶段主梁应力，如图 2-37～图 2-41 所示。由计算结果可知：施工过程中，节段缝处上翼缘应力均为压应力，现浇部分上缘最大拉应力 0.1MPa，下缘无拉应力；上缘最大压应力为 11.8MPa，下缘最大压应力为 22.9MPa，均满足规范要求。

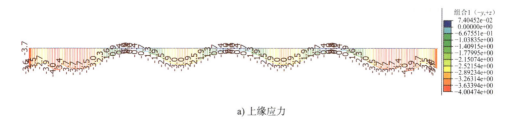

a）上缘应力

图　2-37

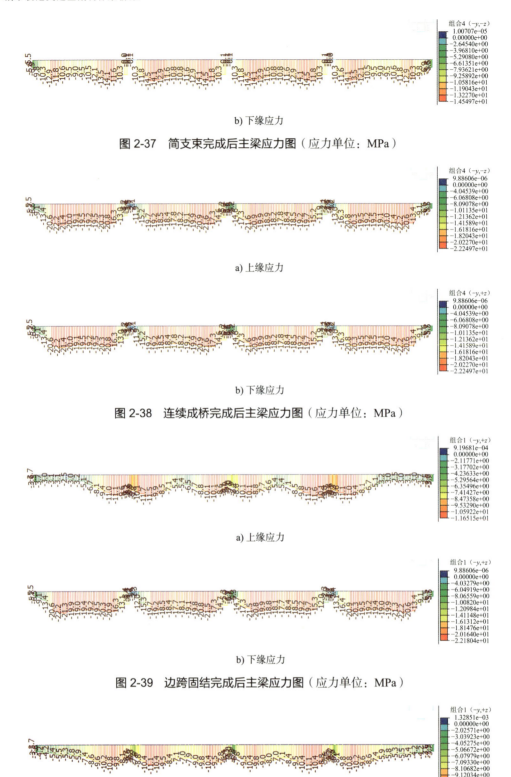

b) 下缘应力

图 2-37　简支束完成后主梁应力图（应力单位：MPa）

a) 上缘应力

b) 下缘应力

图 2-38　连续成桥完成后主梁应力图（应力单位：MPa）

a) 上缘应力

b) 下缘应力

图 2-39　边跨固结完成后主梁应力图（应力单位：MPa）

a) 上缘应力

图　2-40

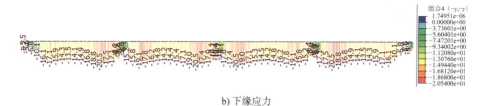

b）下缘应力

图 2-40　二期恒载铺装完成后主梁应力图（应力单位：MPa）

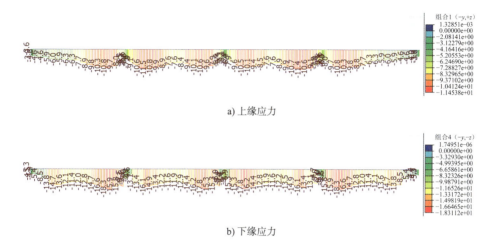

a）上缘应力

b）下缘应力

图 2-41　徐变 10 年完成后主梁应力图（应力单位：MPa）

2）运营阶段强度验算

（1）正截面抗弯强度验算。

分别计算主力组合（不含钢束一次）与主力＋附加力组合（不含钢束一次）作用下主梁弯矩，具体如图 2-42、图 2-43 所示。按照铁路设计规范进行使用阶段正截面抗弯强度验算，并考虑节段缝抗弯折减系数。

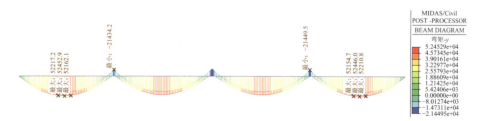

图 2-42　主力组合（不含钢束一次）作用下弯矩包络图（弯矩单位：kN·m）

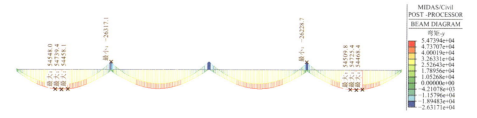

图 2-43　主力＋附加力组合（不含钢束一次）作用下弯矩包络图（弯矩单位：kN·m）

通过计算，主力组合作用下，最大弯矩为 52217kN·m，发生在边跨跨中处，最小抗弯强度安全系数为 $K = 2.01$，满足规范要求 $K \geqslant 2.0$；主力 + 附加力组合作用下，最大弯矩为 54548kN·m，发生在边跨跨中处，最小抗弯强度安全系数为 $K = 1.92$，满足规范要求 $K \geqslant 1.8$。

（2）斜截面抗剪强度验算。

分别计算主力组合与主力 + 附加力组合作用下（不含钢束一次）主梁剪力，具体如图 2-44、图 2-45 所示。按照铁路设计规范进行斜截面抗剪强度验算，并考虑节段缝的抗剪折减系数。

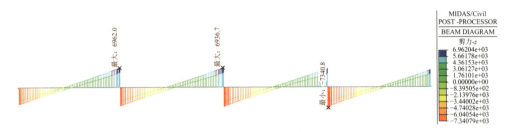

图 2-44　主力组合（不含钢束一次）作用下剪力包络图（剪力单位：kN）

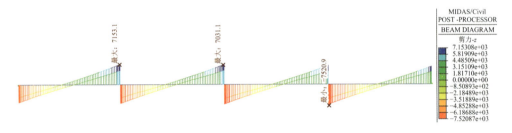

图 2-45　主力 + 附加力组合（不含钢束一次）作用下剪力包络图（剪力单位：kN）

通过计算，主力组合作用下，最大剪力为 7341kN，最小抗剪强度安全系数为 $K = 2.03$，满足规范要求 $K \geqslant 2.0$；主力 + 附加力组合作用下，最大剪力为 7521kN，最小抗剪强度安全系数为 $K = 1.85$，满足规范要求 $K \geqslant 1.8$。

3）运营阶段主梁应力验算

（1）正截面混凝土压应力验算。

计算得到主力组合作用下截面上缘与下缘正应力，具体如图 2-46、图 2-47 所示。主力 + 附加力组合作用下截面上缘与下缘正应力分别如图 2-48、图 2-49 所示。

图 2-46　主力组合作用下截面上缘正应力图（应力单位：MPa）

图 2-47 主力组合作用下截面下缘正应力图（应力单位：MPa）

图 2-48 主力+附加力组合作用下截面上缘正应力图（应力单位：MPa）

图 2-49 主力+附加力作用下截面下缘正应力图（应力单位：MPa）

运营荷载作用下，正截面混凝土压应力 σ_c（扣除全部预应力损失后）应符合下列规定：

主力组合作用时，$\sigma_c \leqslant 0.5 f_c'$（抗压强度）= 20.00MPa。

主力加附加力组合作用时，$\sigma_c \leqslant 0.55 f_c' = 22.00$MPa。

根据计算应力分布图可知：

在主力组合下，主梁上缘最大压应力为 $\sigma_c = 12.4$MPa，主梁下缘最大压应力为 $\sigma_c = 19.9$MPa，均满足规范要求。

在主力+附加力组合下，主梁上缘最大压应力为 $\sigma_c = 16.9$MPa，主梁下缘最大压应力为 $\sigma_c = 21.5$MPa，同样满足规范要求。

（2）主梁正截面抗裂验算。

运营荷载作用下，正截面混凝土受拉区应力（扣除全部预应力损失后）应符合下列规定：对不允许出现拉应力的构件，主梁节段缝位置最小压应力应大于 1MPa，现浇主梁不允许出现拉应力。由图 2-46～图 2-49 可知，节段缝处最小压应力均大于 1MPa。

采用节段拼装施工的桥梁结构，对不允许出现拉应力的构件，其正截面抗裂性应按下式计算：$K_f \sigma \leqslant \sigma_{pc}$。

通过计算，主力组合作用下，主梁最小正截面抗裂系数为 $K_f = 1.26$，满足规范要求的 $K_f \geqslant 1.2$；主力+附加力组合作用下，主梁上缘最小正截面抗裂系数为 $K_f = 1.23$，满足规范要求的 $K_f \geqslant 1.2$。

（3）主梁斜截面抗裂验算。

主力组合以及主力+附加力组合作用下主梁的主拉应力与主压应力包络图分别如图 2-50、图 2-51 所示。

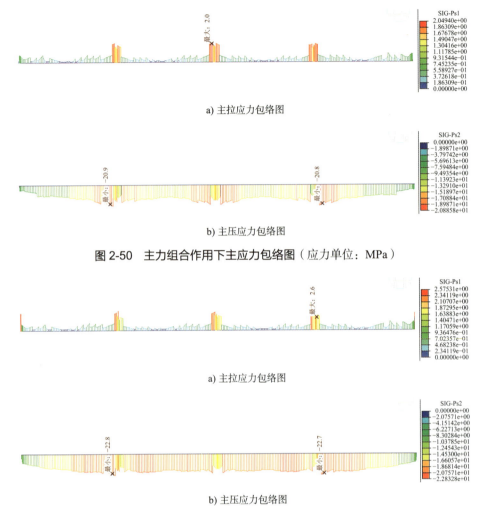

a) 主拉应力包络图

b) 主压应力包络图

图 2-50 主力组合作用下主应力包络图（应力单位：MPa）

a) 主拉应力包络图

b) 主压应力包络图

图 2-51 主力 + 附加力组合作用下主应力包络图（应力单位：MPa）

运营荷载作用下，斜截面最大主拉应力 $\sigma_{tp} \leqslant f_{ct} = 3.5$MPa；主力组合最大主压应力 $\sigma_{cp} \leqslant 0.6f_c = 24.00$MPa；主力 + 附加力组合最大主压应力 $\sigma_{cp} \leqslant 0.66f_c = 26.4$MPa。

由上述应力包络图可知，主力组合作用下，最大主拉应力 $\sigma_{ct} = 2.0$MPa，最大主压应力 $\sigma_{cp} = -20.9$MPa，满足规范要求；主力 + 附加力组合作用下，最大主拉应力 $\sigma_{tp} = 2.6$MPa，最大主压应力 $\sigma_{cp} = -22.8$MPa，也满足规范要求。

（4）主梁剪应力验算。

在运营荷载作用下，混凝土的最大剪应力 τ_c 应符合下式要求：$\tau_c = \tau - \tau_p \leqslant 0.17f_c = 6.80$MPa。

主力组合以及主力 + 附加力组合作用下主梁的剪应力计算结果分别如图 2-52、图 2-53 所示。

通过计算，主力组合作用下，主梁混凝土最大剪应力 $\tau_c = \tau - \tau_p = 3.1$MPa；主力 + 附加力组合作用下，主梁混凝土最大剪应力 $\tau_c = \tau - \tau_p = 3.2$MPa，均满足规范要求。

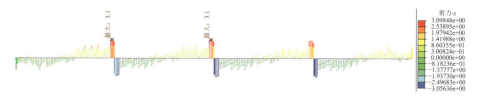

图 2-52　主力组合作用下剪应力图（应力单位：MPa）

图 2-53　主力 + 附加力组合作用下剪应力图（应力单位：MPa）

4）刚度验算

按照铁路设计规范规定进行梁体竖向变形验算。

（1）列车静活载下竖向挠度验算。

最大列车静活载作用下的位移为 11.435mm（图 2-54），挠跨比为 1/3498，小于规范限值 $L/1500$。

图 2-54　列车静活载作用下主梁变形包络图（位移单位：mm）

（2）10 年收缩徐变上拱（下挠）值验算。

10 年收缩徐变变形为 3.775mm（图 2-55），小于徐变允许值 10mm，计算结果满足规范要求。

图 2-55　10 年收缩徐变阶段位移曲线（位移单位：mm）

（3）梁端转角。

在列车静活载作用下，最大梁端竖向转角为 1.0‰rad，小于规范要求的 3‰rad。

5）主梁受力性能研究结果汇总

主梁强度及应力计算结果汇总表见表 2-47。运营阶段主梁刚度指标见表 2-48。如上文所述，主梁强度、抗裂性以及刚度指标均满足规范要求。

主梁强度及应力计算结果汇总表 表2-47

项目	检算条件		控制条件	计算结果
破坏阶段设计安全系数	正截面抗弯强度安全系数	主力组合	$0.95K \geqslant 2$	2.01
		主力+附加力组合	$0.95K \geqslant 1.8$	1.92
	斜截面抗剪强度安全系数	主力组合	$0.9K \geqslant 2$	2.03
		主力+附加力组合	$0.9K \geqslant 1.8$	1.85
运营阶段抗裂性	正截面抗裂安全系数	主力组合	$K_f \geqslant 1.2$	1.26
		主力+附加力组合		1.23
	混凝土斜截面主压应力（MPa）	主力组合	$\sigma_{cp} \leqslant 0.6 f_c = 24$	20.9
		主力+附加力组合	$\sigma_{cp} \leqslant 0.66 f_c = 26.4$	22.8
	混凝土斜截面主拉应力（MPa）	主力组合	$\sigma_{tp} \leqslant f_{ct} = 3.5$	2.0
		主力+附加力组合		2.6
运营阶段混凝土应力	运营荷载下混凝土压应力（MPa）	主力组合	$\sigma_c \leqslant 0.5 f_c = 20$	19.9
		主力+附加力组合	$\sigma_c \leqslant 0.55 f_c = 22$	21.5
	运营荷载下混凝土拉应力（MPa）	主力组合	$\sigma_{ct} \leqslant -1$（预制部分）	无
		主力+附加力组合	$\sigma_{ct} \leqslant 0$（现浇部分）	无
	运营荷载下混凝土最大剪应力（MPa）	主力组合	$\tau_c \leqslant 0.17 f_c = 6.8$	3.1
		主力+附加力组合		3.2

运营阶段主梁刚度指标 表2-48

项目	荷载工况	位移（mm）	限值
跨中竖向残余徐变变形（mm）	10年收缩徐变	3.775	10mm
跨中竖向挠度（mm）	最大列车静活载	11.435	L/1500
跨中横向位移（mm）	摇摆力、风荷载及温度	12.1	L/4000
梁端竖向转角（rad）	列车静活载	1.0‰	3‰

2.6.4 桥墩受力分析

1）桥墩强度计算

桥墩构造尺寸及配筋表见表2-49，计算出桥墩主要部位的弯矩、轴力与剪力见表2-50。对桥墩的应力与裂缝宽度进行计算，具体结果见表2-51。

桥墩构造尺寸及配筋表 表2-49

桥墩尺寸（宽度×厚度）（m）		墩高（m）	纵向				横向		
			墩顶		墩底		单侧钢筋根数	单侧配筋率（墩顶）	单侧配筋率（墩底）
			单侧钢筋根数	单侧配筋率	单侧钢筋根数	单侧配筋率			
中墩	2.4~3.0×1.4	13.0	32	0.77%	40	0.77%	18	0.43%	0.35%
次中墩	2.4~3.0×1.4		50	1.20%	40	0.77%	20	0.43%	0.35%
边墩	2.4~3.0×0.8		46	1.87%	58	1.87%	10	0.41%	0.32%

注：所有桥墩类型的主筋均采用直径32mm的钢筋；表中横向钢筋仅计入最外面一排的受拉钢筋。

桥墩主要部位内力表 表 2-50

部位	纵桥向			横桥向		
	轴力（kN）	剪力（kN）	弯矩（kN·m）	轴力（kN）	剪力（kN）	弯矩（kN·m）
边墩墩顶	−4646	−637	−4022	−4708	−76	2028
边墩墩底	−5196	−626	4328	−5419	−76	4986
中墩墩顶	−11491	−1696	−11320	−9939	−191	3210
中墩墩底	−12932	−1718	10776	−11195	−191	6752
中墩墩顶	−11574	430	3648	−10260	−200	2933
中墩墩底	−13172	−428	1943	−11516	−200	6873
中墩墩顶	−11652	1702	11401	−9940	−144	3064
中墩墩底	−12746	1685	−10670	−11195	−144	6456
边墩墩顶	−4651	642	4062	−4707	−56	2023
边墩墩底	−5212	625	−4318	−5419	−56	3761

桥墩纵向计算结果汇总表 表 2-51

部位	混凝土最大压应力（MPa）	钢筋最大应力（MPa）	混凝土最大剪应力（MPa）	裂缝宽度（mm）
边墩墩顶	15.02	138.89	0.58	0.11
边墩墩底	12.70	113.73	0.47	0.09
中墩墩顶	15.49	129.03	1.02	0.10
中墩墩底	14.30	125.80	0.92	0.11
中墩墩顶	6.84	51.96	0.20	0.00
中墩墩底	4.31	33.41	0.14	0.00
中墩墩顶	15.62	129.45	1.03	0.10
中墩墩底	14.15	124.99	0.90	0.10
边墩墩顶	15.16	140.88	0.59	0.11
边墩墩底	12.68	113.25	0.47	0.09

桥墩按偏压构件验算满足规范要求。控制性组合为主力 + 附加力组合，混凝土压应力容许值 21.84MPa，钢筋应力容许值 270MPa，混凝土剪应力容许值 2.79MPa，裂缝宽度容许值 0.24mm。检算结果表明：桥墩的混凝土应力、钢筋应力以及裂缝均满足规范要求。

2）桥梁整体纵向线刚度

桥梁整体纵向线刚度 $K = 2100\text{kN/cm} > 960\text{kN/cm}$，满足要求。

3）桥墩顶横向水平位移

计算桥墩顶横向水平位移的荷载最不利组合为：列车荷载 + 墩及梁部横向风荷载 + 列车横向风荷载 + 离心力 + 横向摇摆力。计算得到横向水平位移 $\Delta_y = 10.6\text{mm} < 4\sqrt{L} =$

25.2mm，满足规范要求。

4）桥墩顶纵向水平位移

桥墩纵向水平位移计算的最不利荷载组合为：水平制动力 + 列车荷载 + 整体降温。计算得到纵向水平位移 $\Delta_x = 20.1\text{mm} < 5\sqrt{L} = 31.6\text{mm}$，满足规范要求。

5）边墩横向水平折角

本桥相邻联未设置横向限位装置，静力计算得到边墩横向水平折角为 3.6‰rad，小于 4‰rad，满足技术标准要求。经风-车-桥系统耦合振动分析，桥上列车走行安全性及乘坐舒适性也满足规范要求，详见第 3 章。

6）桥墩受力性能研究的主要结论

（1）在正常运营工况下，桥墩的混凝土应力、钢筋应力、裂缝及稳定性均满足规范要求。

（2）全刚构体系桥梁的整体纵向线刚度满足技术标准要求。

（3）桥墩顶横向水平位移及纵向水平位移满足技术标准要求。

2.7 关键部位受力性能研究

根据广州地铁 14 号线全刚构体系桥梁施工工序，每跨预制节段高位张拉完简支束后，除墩顶节段外的整个主梁的重量由两端的端节段承担。另外，简支跨落梁后，需要通过浇筑边墩的墩顶横隔梁范围内的现浇混凝土，实现墩梁固结，完成体系转换，形成全刚构体系桥梁，以共同受力。因此，两端端节段的受力是十分复杂的，尤其要引起设计师的重视。

2.7.1 节段布置情况

预制节段划分为标准节段块、过渡节段块及端头块三种类型，现浇段有湿接缝及中墩现浇段，中墩现浇段与桥墩一同浇筑，如图 2-56、图 2-57 所示。简支状态下，一孔 40m 预制节段标准梁混凝土为 232m³，重 603t。

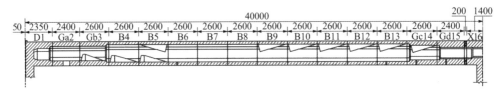

图 2-56 边跨节段梁布置图（尺寸单位：mm）

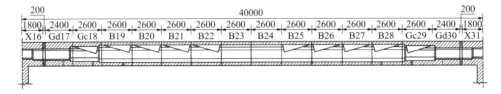

图 2-57 中跨节段梁布置图（尺寸单位：mm）

2.7.2 吊装工况端节段受力性能研究

节段梁张拉预应力钢束后主梁起拱，此时两端端节段（D 与 Gd 节段）承受整跨节段梁重量。本节通过建立精细有限元模型，研究端节段的受力性能，保证结构的安全性。

1）实体有限元分析模型的建立

吊孔局部模型采用通用空间有限元软件 ANSYS 14.5 建立。考虑到计算机的计算速度，仅建出一半模型，如图 2-58～图 2-61 所示。ANSYS 14.5 中坐标轴顺桥向为 z 轴，竖向为 y 轴，横向为 x 轴。混凝土及钢垫板采用 Solid 92 单元模拟。Solid 92 是 10 节点四面体实体元，相对容易适应模拟不规则网格。

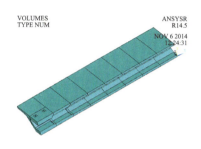 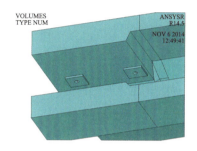

图 2-58　Gd 类节段 1/2 有限元模型　　图 2-59　Gd 类节段吊孔处有限元模型

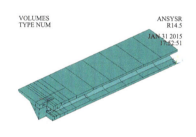 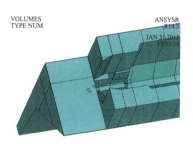

图 2-60　D 类节段 1/2 有限元模型　　图 2-61　D 类节段吊孔处有限元模型

由于吊孔局部模型仅关心 Gd 类节段、D 类节段的横向受力，因此不需要考虑纵向预应力，在跨中处将箱梁断面固结处理。根据圣维南原理，不会影响到 Gd 类节段、D 类节段的受力状况。

一孔 40m 预制节段标准梁混凝土为 $232m^3$（含齿块），不考虑安全系数、临时施工荷载及临时张拉台座的重量，每个吊点所承受的力为 $232 \times 26/8 = 754kN$，将吊孔力以均布力的形式施加于钢垫板底面。

2）Gd 类端节段受力性能研究

在主梁自重作用下，Gd 类节段的横桥向与竖向应力云图如图 2-62 所示。由应力云图可知：①在主梁自重作用下，Gd 类节段横桥向最大应力为 7.83MPa，发生在顶板底与腹板内侧相交的腋角处；②在主梁自重作用下，Gd 类节段竖向最大应力为 14.4MPa，发生在顶板与腹板内侧相交的腋角处,靠近梁端侧。

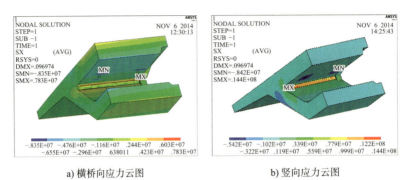

a) 横桥向应力云图　　　　　　　b) 竖向应力云图

图 2-62　自重作用下 Gd 类节段应力云图（应力单位：Pa）

为了完成横向配筋,在 Gd 类节段上剖切出剖面 1 与剖面 2,如图 2-63 所示。基于弹性有限元模型的计算结果,利用 ANSYS 面操作功能,通过二次开发,直接积分得出剖面 1 与剖面 2 的拉力,计算结果见表 2-52。

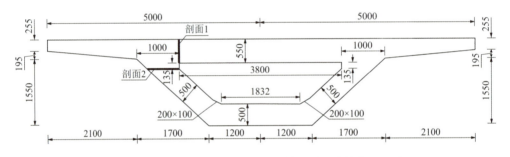

图 2-63　Gd 类节段横断面图与剖面位置（尺寸单位：mm）

自重作用下 Gd 类节段所需钢筋面积　　　　　　　　表 2-52

项目	剖面 1	剖面 2
拉力（kN）	756.5	2022.3
应力控制 160MPa 所需钢筋面积（mm²）	4728	12639
原方案配筋面积（mm²）	14784（24φ28mm）	11784（24φ25mm）
原方案钢筋应力（MPa）	51	172
实际配筋面积（mm²）	7541（24φ20mm）	11784（24φ25mm）
实际钢筋应力（MPa）	100	172

考虑到端节段的重要性及安全性,钢筋应力按照 160～180MPa 控制。Gd 类节段需要钢筋面积计算结果见表 2-52。由表 2-52 可知:①原配筋方案中,主梁顶板横向钢筋（24φ28mm）的钢筋应力为 51MPa,应力较小,钢筋富余较多,故改采用 24φ20mm;②原配筋方案中,主梁腹板箍筋（24φ25mm）的钢筋应力为 172MPa,比较适合。

3）D 类节段受力分析

在主梁自重作用下，D 类节段的横桥向应力云图与竖向应力云图如图 2-64 所示。由应力云图可知：①主梁自重作用下，最大横桥向应力为 10.0MPa，发生在底板腋角与横隔梁交界处；②主梁自重作用下，在腹板与顶板底交界处的应力为 7.74MPa 左右；最大竖向应力为 21.6MPa，发生在底板腋角与横隔梁交界处。

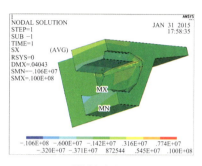 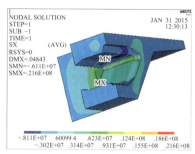

a) 横桥向应力云图　　　　　　　　　b) 竖向应力云图

图 2-64　自重作用下 D 类节段应力云图（应力单位：Pa）

D 类节段由于受到横隔梁的约束及两侧倒角，造成腹板与顶板底交接处的应力不均匀，靠近横隔梁较小，而远离横隔梁应力集中较为明显，因此将剖面应力集中最大处切割出来进行积分。在 D 类节段上的两个剖面如图 2-65 所示。

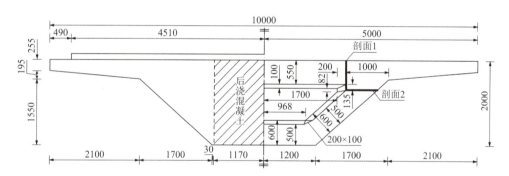

图 2-65　D 类节段横断面图与剖面位置（尺寸单位：mm）

与 Gd 类节段相同，按照 160MPa 控制钢筋应力，D 类节段所需钢筋面积与初步配筋见表 2-53。

D 类节段所需钢筋面积与初步配筋　　表 2-53

项目	剖面 1			剖面 2		
	全断面	不含横隔梁	应力集中最大处（60cm 长）	全断面	不含横隔梁	应力集中最大处（60cm 长）
拉力（kN）	231.903	208.854	151.886	530.031	523.073	336.001
应力控制 160MPa 所需钢筋面积（mm²）	1449	1305	949	3313	3269	2001

续上表

项目	剖面 1			剖面 2		
	全断面	不含横隔梁	应力集中最大处（60cm 长）	全断面	不含横隔梁	应力集中最大处（60cm 长）
初步配筋面积（mm²）	1884（60cm 范围内配置 6ϕ20mm）			2952（60cm 范围内配置 6ϕ25mm）		
初步配筋对应的钢筋应力（MPa）	81			114		

为了研究横隔梁对 D 类节段受力的影响，建立无横隔梁的有限元局部模型，计算出底板腋角与横隔梁交界处的最大横桥向应力为 12.0MPa，比有横隔梁的结果偏大 2MPa；发生在腹板与顶板底交接处的最大竖向应力为 15.0MPa，比有横隔梁的结果偏大 7.26MPa。由此可知，落梁过程中，横隔梁对 D 类节段的受力状况有很大的改善。虽然因横隔梁部分后浇削弱了顶板的有效宽度，但是因剩余横隔梁三角区对顶底板的约束作用，顶板应力有了较大改善，实际施工过程也验证了该结果。

2.7.3 梁端后浇段混凝土受力性能研究

考虑到边墩和主梁端节段是分开制作，再在现场进行落梁拼装，最后在墩顶节段横隔梁范围内的混凝土采用后浇，形成全刚构体系。本节采用两种计算方法分析计算梁端后浇混凝土受力。方法一为杆系分析方法，采用材料力学的计算公式进行计算得到横隔梁横向钢筋应力及顶底板纵向钢筋应力；方法二为有限元法，是采用 ANSYS 14.5 通用有限元软件建立实体精细有限元模型，通过积分得到受拉区的拉力进行普通钢筋配筋。经研究分析得到以下主要结论：

（1）横向钢筋竖向剪应力。

根据 4×40m 全桥模型得出边墩墩顶最不利的竖向力为 7016kN，后浇混凝土两侧受到的最不利剪力为 7016kN，则后浇混凝土单侧的剪力为 0.5×7016 = 3508（kN）。

假如受剪面纯混凝土承担全部剪力，则混凝土剪应力为：

$$\tau_{\max} = \frac{F}{A} = \frac{3508 \times 1000}{2000 \times 850} = 2.06(\text{MPa}) > [\tau] = 1.75\text{MPa}$$

单独只考虑受剪混凝土承担全部剪力，不满足规范要求。

假如受剪面横向钢筋承担全部剪力，并考虑 1.4 的不均匀系数，则钢筋平均剪应力为：

$$\tau = \frac{\varphi F}{A} = \frac{1.4 \times 3508}{5 \times 15 \times 491} = 133(\text{MPa}) < [\tau] = 170\text{MPa}$$

受剪面横向钢筋承担全部剪力，满足规范要求。

（2）顶底板纵向钢筋应力。

通过建立精细有限元模型，对主梁受拉区进行积分，得出受拉区拉力为 3831kN。若按照 160MPa 控制钢筋应力，则所需钢筋面积为 3831/160×1000 = 23943（mm²）。如果全部

布置 $\phi 25$mm 钢筋，根数应为 $23943/491 = 48.8 \approx 49$。

（3）广州地铁 14 号线全线高架吊装均未出现开裂现象，验证了计算方法的可靠性。

2.8 全刚构体系桥梁工程拓展

全刚构体系桥梁除了在标准段中应用外，还可以在大跨径节点桥及车站前后的喇叭口桥梁中应用，本节对节点桥作简单的介绍。

2.8.1 主跨 150m 连续刚构拱桥简介

1）工程概况

广州地铁 14 号线高架区间斜跨路节点共三个，分别在新和站前、新和站后及邓村站前斜跨广从公路。三座桥结构尺寸及跨径布置相同，故选择曲线半径最小（$R = 500$m）的神岗—邓村区间的大跨径节点桥介绍相关的设计要点。

本桥采用大跨径连续刚构拱的全刚构体系，跨径布置为（80 + 150 + 80）m，全长 310m，线间距为 4.2~5.0m，如图 2-66 所示。跨径位于半径 500m 的圆曲线及缓和曲线上，设计高程至地面的平均高度为 16.98m，拱的矢跨比 1/18.75，三角区顶部内缘镂空长度 43m，三角区墩顶至梁顶的高度为 9.05m。主墩 SD123 位于既有广从路中，主墩 SD124 位于路侧地段。主孔斜跨广从路进入道路东侧，边孔斜跨邓村既有旧桥，如图 2-67 所示。

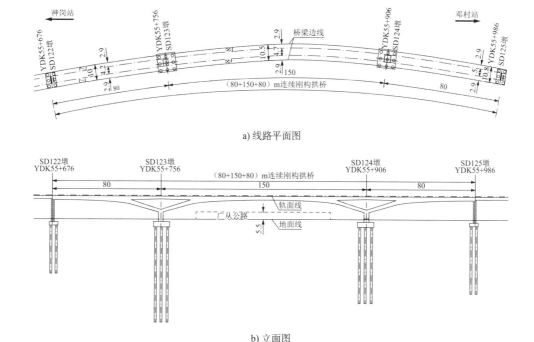

图 2-66　神岗—邓村区间（80 + 150 + 80）m 大跨径连续刚构拱桥布置图（尺寸单位：m）

a) 效果图

b) 实景图

图 2-67 （80＋150＋80）m 大跨径连续刚构拱桥实物图

2）结构设计

（1）梁部结构。

本桥上部结构采用单箱单室斜腹板箱梁截面，腹板斜率保持不变，如图 2-68 所示。中跨跨中梁高为 2.5m，梁高沿纵向按 2.5 次抛物线变化，在中墩主梁与拱肋交接处梁高为 5.68m。中墩顶梁段梁高为 2.0m，梁高沿纵向按 2.5 次抛物线变化，至拱梁交接横隔处梁高为 2.5m。

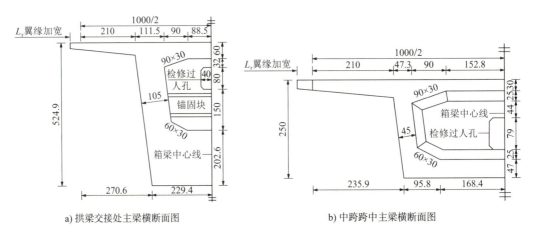

图 2-68 主梁横截面（尺寸单位：cm）

箱梁顶板宽度为 10.0m，翼缘悬臂长 2.1m。底板宽度由跨中 5.284m 渐变为拱梁相接处横隔边缘的 4.588m。顶板厚度为 30cm，除横隔位置及墩顶处均为 30cm。悬臂浇筑段底板厚度从跨中截面的 47cm 变化至中墩拱梁交接截面的 150cm。箱梁腹板厚度从跨中截面的 45cm 按折线变化到拱梁交接处的 105cm。

在边墩顶、中跨跨中、拱梁交接处设置横隔梁，边跨端部横隔梁厚 1.50m，中跨跨中横隔梁厚 0.4m，拱梁交接处横隔梁厚 3.0m。

为满足施工和管理需要，在中跨跨中及拱梁交接处横隔梁均设置了过人孔。整联梁从中墩拱肋上缘检修爬梯上桥，通过中墩顶箱梁底板进人洞进入箱内。为保持箱内通风干燥，在箱梁腹板和底板上均留有通风孔和排水孔。

（2）桥墩、拱肋结构。

(80＋150＋80)m 连续刚构拱桥桥墩采用单墩设计，由小里程到大里程方向桥墩高度分别为 16.0m、6.5m、6.5m、16.0m，如图 2-69、图 2-70 所示。

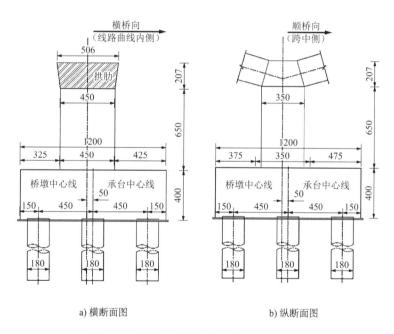

图 2-69 中墩一般构造图（尺寸单位：cm）

中墩截面尺寸为 4.5m×3.5m（横桥向宽度×顺桥向厚度，后同）。边墩墩顶段截面横向宽度变化按与主梁腹板等斜率变化，渐变段高度 3.1m，墩顶尺寸为 5.28m×0.8m。墩底截面尺寸为 4.5m×0.8m。

中墩拱肋采用上宽下窄梯形截面，与主梁端相接处截面尺寸高 2.8m，截面上缘宽度 5.2m，截面下缘宽度 4.5m；与桥墩相接处截面尺寸高 2.15m，截面上缘宽度 5.06m，截面下缘宽度 4.5m。

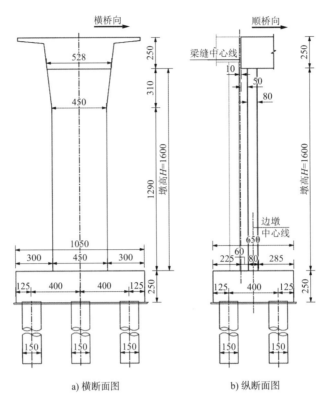

a) 横断面图　　　b) 纵断面图

图 2-70　边墩一般构造图（尺寸单位：cm）

（3）基础结构。

主墩承台尺寸为 12.0m×12.0m×4.0m（横桥向宽度×纵桥向宽度×厚度，后同），下设 9 根直径 1.8m 钻孔灌注桩，按行列式排布，桩间距纵、横向均为 4.5m。

边墩承台尺寸为 12.5m×6.5m×2.5m，下设 6 根直径 1.5m 钻孔灌注桩，按行列式排布，桩间距纵、横向均为 4.0m。

承台基顶埋深宜控制大于路面基层以下深 0.9m，以保证道路恢复的路面摊铺与压实厚度。

2.8.2　快慢线车站前后喇叭口桥梁简介

1）工程概况

为满足行车组织中快慢线越行需求，广州地铁 14 号线高架区间共设置了三个越行车站，分别是钟落潭站、太平站及赤草站（原邓村站），其中钟落潭站与太平站为路中站，赤草站为路侧站。为了降低工程规模，在越行站前后区间设置了双线过渡到四线的喇叭口桥梁区域。经过比选，最终整幅变宽全刚构采用 Y 形桥墩方案，分幅单线、双线全刚构采用门式墩（或板式墩）方案。

广州地铁 14 号线全线在钟落潭站、太平站及赤草站前后，共 6 个工点采用了

(31＋32＋31)m整幅变宽全刚构桥与喇叭口(35＋35＋35)m分幅单线、双线全刚构桥的设计。其中，赤草站前后喇叭口位于路侧，从景观角度出发，分幅单线、双线全刚构桥下部结构采用了完全分离的板式墩。而钟落潭站、太平站前后喇叭口位于路中，受桥下道路限制，分幅单线、双线全刚构桥采用了门式墩。由于门式墩横梁与上部结构纵梁嵌固，分幅单线、双线全刚构桥在受力上存在关联，结构计算复杂，故本节以钟落潭站前后喇叭口桥梁为例，简要介绍喇叭口全刚构体系桥梁设计要点。该桥跨径布置见表2-54、图2-71～图2-73。

钟落潭站前后喇叭口桥梁跨径布置情况　　　　　　　　　　　表2-54

位置	所属区间	桥位中心里程	跨径组合	桥跨类型	设计高程至地面距离
工点1	竹料—钟落潭	K33＋159	(31＋32＋31)m	整幅连续刚构桥（Y形墩）	约17.0m
		K33＋258.5	(35＋35＋35)m	分幅单线、双线刚构连续梁（门式墩）	约17.0m
工点2	钟落潭—黎家塘	K33＋483.5	(35＋35＋35)m	分幅单线、双线刚构连续梁（门式墩）	约17.0m
		K33＋583	(31＋32＋31)m	整幅连续刚构桥（Y形墩）	约17.0m

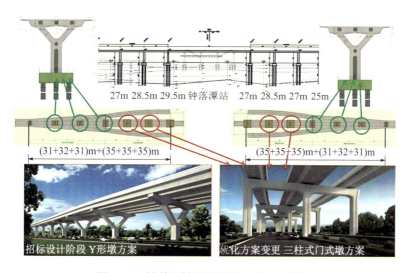

图2-71　钟落潭站前后喇叭口桥梁布置图

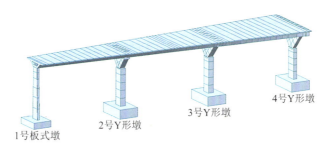

图2-72　(31＋32＋31)m整幅全刚构桥总体模型图

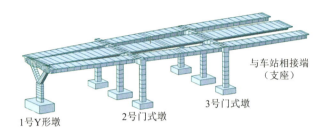

图 2-73 （35+35+35）m 分幅单线、双线全刚构桥梁总体模型图

2）整幅变宽全刚构桥设计

（1）上部结构设计。

（31+32+31）m 整幅变宽全刚构桥，全长 94m，整幅桥采用墩梁固结刚构体系。主梁采用单箱三室斜腹板箱梁截面，梁顶宽 10.00～22.34m，箱梁翼缘悬臂长 1.564～2.100m，梁高为 2.0m；箱梁顶板、底板厚度 30cm，除设横隔位置及墩顶处沿全桥一致。腹板厚度 30～55cm。箱梁悬臂板端部厚度为 25.5cm，根部厚度为 45cm，如图 2-74 所示。

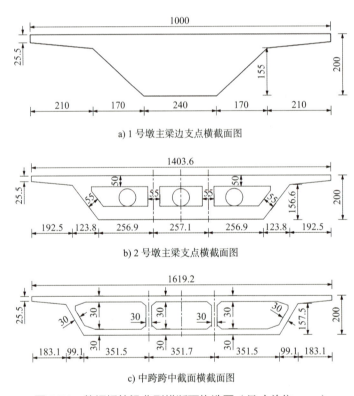

a) 1号墩主梁边支点横截面图

b) 2号墩主梁支点横截面图

c) 中跨跨中截面横截面图

图 2-74 整幅桥箱梁典型横断面构造图（尺寸单位：cm）

（2）下部结构设计。

① 桥墩结构设计。

在钟落潭站前后，共两个工点采用了喇叭口（31+32+31）m 整幅变宽全刚构桥的设计。各工点墩高信息见表 2-55。

钟落潭站整幅变宽连续刚构桥墩信息 表 2-55

工点	里程	桥墩编号	墩高（m）	墩柱类型
工点 1	YDK33+112	ZZ108	13.0	板式墩
	YDK33+143	ZZ109	13.0	Y 形墩
	YDK33+175	ZZ110	13.0	Y 形墩
	YDK33+206	ZZ111	12.5	Y 形墩
工点 2	YDK33+536	ZL3	12.5	Y 形墩
	YDK33+567	ZL4	13.0	Y 形墩
	YDK33+599	ZL5	13.0	Y 形墩
	YDK33+630	ZL6	13.0	板式墩

整幅桥 1 号边墩（工点 1 的 ZZ108，工点 2 的 ZL6）采用板式墩，墩厚为 0.85m。桥墩轮廓外形尺寸如图 2-75 所示。

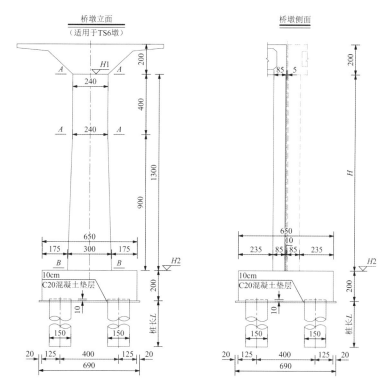

图 2-75　1 号板式墩柱构造图（尺寸单位：cm）

整幅桥 2 号、3 号中墩（工点 1 的 ZZ109 与 ZZ110，工点 2 的 ZL4 与 ZL5）采用 Y 形墩，墩柱截面尺寸为 3.0m×1.8m，Y 撑截面尺寸为 1.2m/1.4m×1.8m。桥墩构造如图 2-76、图 2-77 所示。

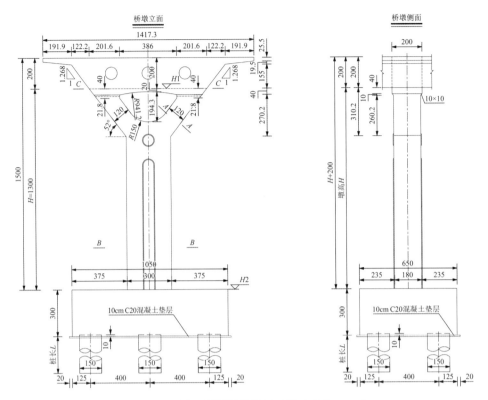

图 2-76　2 号 Y 形墩柱构造图（尺寸单位：cm）

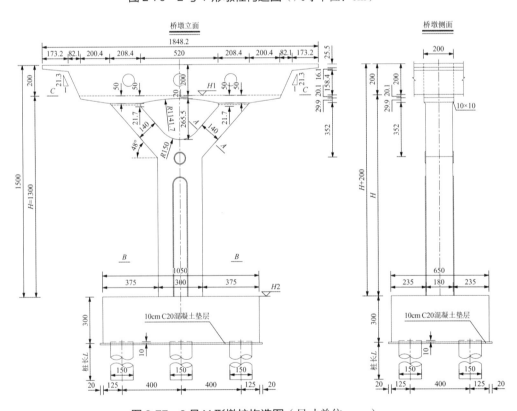

图 2-77　3 号 Y 形墩柱构造图（尺寸单位：cm）

整幅桥 4 号边墩（工点 1 的 ZZ111，工点 2 的 ZL3）采用 Y 形墩，4 号 Y 形墩墩柱截面尺寸为 3.4m×1.15m，Y 撑截面尺寸为 1.6m×1.15m。桥墩构造如图 2-78 所示。

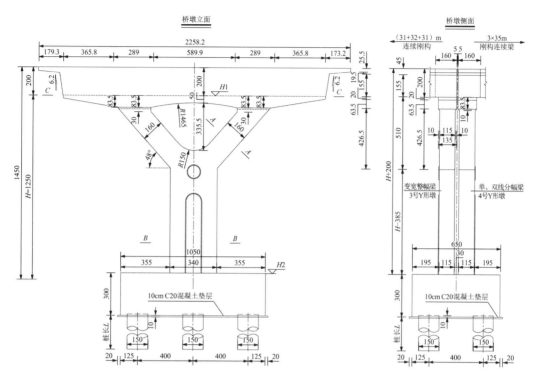

图 2-78　4 号 Y 形墩柱构造图（尺寸单位：cm）

②承台、桩基础设计。

整幅桥基础类型分为 A1、B1、B2，桩基均采用钻孔灌注桩。整幅桥基础尺寸见表 2-56。

整幅桥基础尺寸　　　　　　　　　　　　　　　表 2-56

类型	示意图	尺寸描述	适用墩位
A1	（纵桥向→，下同）	承台尺寸为 6.5m×6.5m×2m，纵横向桩间距均为 4.0m，桩径为 1.5m	适用于三柱式门式墩两侧边柱基础
B1		承台尺寸为 8.2m×6.2m×2m，纵向桩间距为 4.0m，横向间距为 3m，桩径为 1.2m	适用于分幅桥与整幅桥相接的桥墩基础
B2		承台尺寸为 10.5m×6.5m×3m，纵、横向桩间距均为 4.0m，桩径为 1.5m	适用于三柱式门式墩中墩桩基础

3）分幅单线、双线刚构连续梁桥设计

（1）分幅单线、双线刚构连续梁桥上部结构设计。

（35＋35＋35）m 分幅单线、双线刚构连续梁，全长 105m。分幅桥小端 1 号、2 号、3 号墩位采用墩梁固结刚构体系；4 号墩位为车站交接端，梁端设置支座支承于车站横梁上。

双线梁采用单箱单室斜腹板箱梁截面，梁高 2m，箱梁截面顶宽 10.0m。跨中标准断面顶板厚 0.3m，底板厚 0.3m，腹板厚 0.3m；梁端及墩梁固结处箱梁截面顶板厚 0.5m，底板厚 0.6m，腹板厚 0.6m。横断面构造如图 2-79 所示。

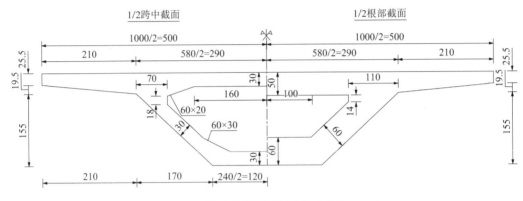

图 2-79 双线梁典型截面图（尺寸单位：cm）

单线梁采用单箱单室斜腹板箱梁截面，梁高 2m，箱梁截面顶宽 6.0m。跨中标准断面顶板厚 0.3m，底板厚 0.3m，腹板厚 0.3m；梁端及墩梁固结处箱梁截面顶板厚 0.5m，底板厚 0.6m，腹板厚 0.6m。横断面构造如图 2-80 所示。

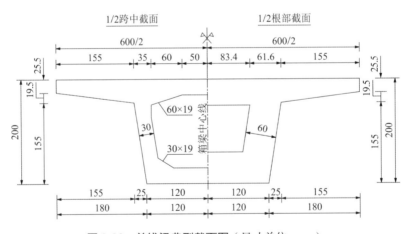

图 2-80 单线梁典型截面图（尺寸单位：cm）

（2）分幅单线、双线刚构连续梁桥下部结构设计。

①桥墩结构设计。

钟落潭站前后共两个工点采用了喇叭口（35＋35＋35）m 分幅单线、双线刚构连续梁的设计，各工点墩高信息见表 2-57。

钟落潭站分幅单线、双线刚构连续梁桥墩信息 表 2-57

工点	里程	桥墩编号	墩高（m）	墩柱类型
工点 1（竹料—钟落潭）	YDK33+206	ZZ111	13.0	Y 形墩
	YDK33+241	ZZ112	12.0	门式墩
	YDK33+276	ZZ113	12.0	门式墩
工点 2（钟落潭—黎家塘）	YDK33+466	ZL1	12.0	门式墩
	YDK33+501	ZL2	12.0	门式墩
	YDK33+536	ZL3	13.0	Y 形墩

分幅桥 1 号边墩（工点 1 的 ZZ111 与工点 2 的 ZL3）采用 Y 形独柱墩，1 号 Y 形墩墩柱截面尺寸为 3.4m×1.15m（横桥向宽度×纵桥向厚度，后同），Y 撑截面尺寸为 1.4m×1.15m。桥墩构造如图 2-81 所示。

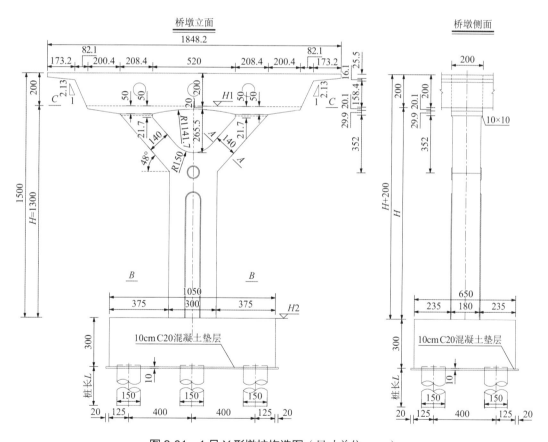

图 2-81　1 号 Y 形墩柱构造图（尺寸单位：cm）

分幅桥中墩采用三柱门式墩，墩柱截面尺寸为 1.6m×1.8m，横梁截面尺寸为 2.5m×1.8m（高度×纵向厚度），在钟落潭工点门式墩横梁跨径为 15.95m，桥墩构造如图 2-82 所示。

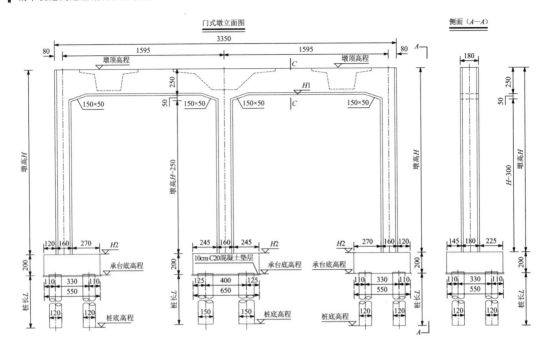

图 2-82 门式墩构造图（尺寸单位：cm）

②承台、桩基础设计。

分幅桥基础类型分为 A1、A2、B1，桩基均采用钻孔灌注桩，具体描述以及适用墩位见表 2-58。

分幅桥基础尺寸描述　　　　　　　　　　　　　　　　　表 2-58

类型	示意图	尺寸描述	适用墩位
A1	（纵桥向→，下同）	承台尺寸为 5.5m×5.5m×2.0m，纵横向桩间距均为 3.3m，桩径为 1.2m	适用于三柱式门式墩两侧边柱基础
A2		承台尺寸为 6.5m×6.5m×2m，纵横向桩间距均为 4.0m，桩径为 1.5m	适用于三柱式门式墩中墩桩基础
B1		承台尺寸为 10.5×6.5m×3m，纵横向桩间距均为 4.0m，桩径为 1.5m	适用于分幅桥与整幅桥相接的桥墩基础

第 3 章

风-车-桥系统振动分析

列车通过桥梁时，移动列车通过轮轨接触作用引起桥梁动力响应，桥梁产生的响应又会反过来影响列车的走行安全性与舒适性，列车与桥梁构成了一个相互耦合的动力系统。当桥位处风速较大时，列车与桥梁还要承受不同角度不同强度的横风作用，使得车桥振动更为复杂。横风作用下列车脱轨事故时有发生。2007年2月，因遭遇瞬间大风袭击，由乌鲁木齐开往阿克苏的5807次列车后9~19位车辆在行驶途中发生脱轨，造成41人重伤、32人轻伤。日本铁路从1872年开始投入运营到2006年10月，发生了30多起由于强风引起的列车脱轨或倾覆事故。

目前，全刚构体系桥梁在国内应用不多，横风作用下列车走行安全性与舒适性需要特别关注。本章以广州地铁14号线标准段4×40m全刚构体系桥（考虑不同墩高）为研究对象，分析不同桥梁方案的列车走行性与风速的关系，为桥梁设计与运营管理提供理论支撑。

3.1 风-车-桥系统振动分析模型

3.1.1 车辆空间振动分析模型

一般来说，要对机车车辆进行动力学分析，必须先根据车辆系统的构造特点对车辆进行必要的简化。因为对于单节车辆模型，模拟得越精确，所需自由度越多，最后计算得到的车辆响应就越真实，但这会使得车辆动力矩阵的阶数增加，导致计算效率变低。目前，比较经典的基于多刚体动力学的车辆空间振动分析模型如图3-1所示，分析中采用以下假定：

（1）车体、转向架和轮对均假设为刚体；
（2）不考虑车辆纵向振动，车辆沿桥跨方向做匀速运动；
（3）轮对、转向架和车体均做微振动；
（4）所有弹簧均为线性，所有阻尼按黏滞阻尼计算，蠕滑力按线性计算；
（5）沿铅垂方向，轮对与钢轨密贴，即车轮竖向位移等于钢轨竖向位移加轨道竖向不平顺；
（6）忽略轮对侧滚和点头运动。

基于上述假定，对典型的二系悬挂客车车辆而言，将车辆模拟为由1个车体、2个转向架、4对轮对和悬挂装置等构件组成的多刚体模型，如图3-1所示。图中各参数的意义如下：M_c、M_g、M_s分别代表单个车体、单个构架、单个轮对的质量；$J_{c\psi}$、$J_{g\psi}$、$J_{s\psi}$分别代表单个车体、单个构架、单个轮对的摇头转动惯量；$J_{c\varphi}$、$J_{g\varphi}$分别代表单个车体、单个构架的侧滚转动惯量；$J_{c\theta}$、$J_{g\theta}$分别代表单个车体、单个构架的点头转动惯量；K_{ux}、K_{uy}、K_{uz}分别代表连接车体与构架间的横向、竖向、纵向弹簧的刚度系数；K_{dx}、K_{dy}、K_{dz}分别代表连接构架与轮对间的横向、竖向、纵向弹簧的刚度系数；C_{ux}、C_{uy}、C_{uz}分别代表连接车体与构架间的横向、竖向、纵向阻尼的阻尼系数；C_{dx}、C_{dy}、C_{dz}分别代表连接构架与轮对间的横向、竖向、纵向阻尼的阻尼系数；L代表在同一车体下的两个构架的中心距的一半；L_1代表在同一构架下的两个轮对的轴距的一半；b_0代表在同一轮对下的两个车轮的间距的一半；

b_1代表连接车体和构架的两个竖向弹簧之间横向距离的一半;b_2代表连接构架和轮对的两个竖向弹簧之间横向距离的一半;b_3代表连接车体和构架的两个纵向弹簧之间横向距离的一半;b_4代表连接构架和轮对的两个纵向弹簧之间横向距离的一半;e代表从轨道中心线到桥梁中心线的横向距离;h_1代表从车体重心到连接车体和构架的横向弹簧的竖向距离;h_2代表从构架重心到连接车体和构架的横向弹簧的竖向距离;h_3代表从构架重心到连接构架和轮对的横向弹簧的竖向距离;h_4代表从轮对重心到连接构架和轮对的横向弹簧的竖向距离;h_5代表从轮对重心到行车桥面中心的竖向距离。

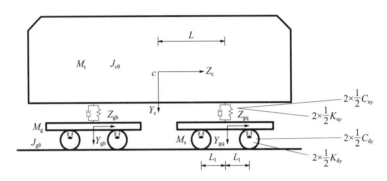

a) 车辆模型立面示意图

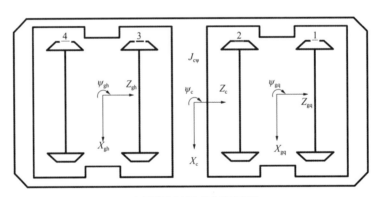

b) 车辆模型的摇头角位移示意图

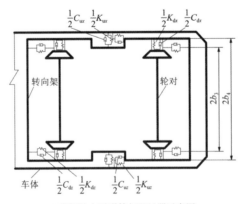

c) 车辆的水平弹簧与阻尼器示意图

图 3-1

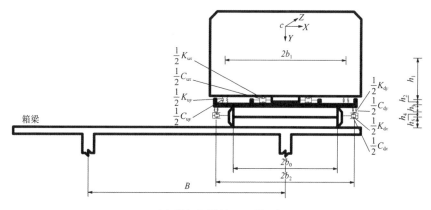

d) 车辆的竖向弹簧与阻尼器示意图

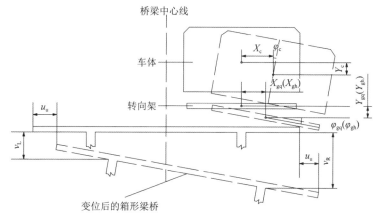

e) 车桥横截面振动位移示意图

图 3-1　车桥横截面振动位移示意图

注：1～4 表示轮对编号。

上述车辆模型中，每个车体和每个构架可简化为拥有侧摆、沉浮、摇头、点头和侧滚 5 个自由度；每个轮对可简化为拥有侧摆和摇头 2 个自由度。由此可得，对典型的二系悬挂客车车辆而言，每辆四轴车辆共有 23 个自由度。车辆模型的位移参数可表示为：

$$\boldsymbol{\delta}_v^e = \{X_{s1}\ \ X_{s2}\ \ X_{s3}\ \ X_{s4}\ \ \psi_{s1}\ \ \psi_{s2}\ \ \psi_{s3}\ \ \psi_{s4}\ \ X_{gq}\ \ X_{gh}\ \ Y_{gq}\ \ Y_{gh}$$
$$\psi_{gq}\ \ \psi_{gh}\ \ \theta_{gq}\ \ \theta_{gh}\ \ \varphi_{gq}\ \ \varphi_{gh}\ \ X_c\ \ Y_c\ \ \psi_c\ \ \theta_c\ \ \varphi_c\}^T$$

式中：X_{si}（$i=1,2,3,4$）——沿侧摆方向第 i 个轮对的位移；

ψ_{si}（$i=1,2,3,4$）——绕沉浮方向第 i 个轮对的摇头位移；

X_{gq}、Y_{gq}、ψ_{gq}、θ_{gq}、φ_{gq}——前转向架沿 X_{gq} 轴的侧摆位移、沿 Y_{gq} 轴的浮沉位移、绕 Y_{gq} 轴的摇头位移、绕 X_{gq} 轴的点头位移、绕 Z_{gq} 轴的侧滚位移；

X_{gh}、Y_{gh}、ψ_{gh}、θ_{gh}、φ_{gh}——后转向架沿 X_{gh} 轴的侧摆位移、沿 Y_{gh} 轴的浮沉位移、绕 Y_{gh} 轴的摇头位移、绕 X_{gh} 轴的点头位移、绕 Z_{gh} 轴的侧滚位移；

X_c、Y_c、ψ_c、θ_c、φ_c——车体沿 X_c 轴的侧摆位移、沿 Y_c 轴的浮沉位移、绕 Y_c 轴的摇头位移、绕 X_c 轴的点头位移、绕 Z_c 轴的侧滚位移。

3.1.2 桥梁空间振动分析模型

1)标准段 4×40m 全刚构体系桥(4 个方案)概况

方案一:4×40m+4×40m 两联墩高为 14.5m 的直线桥(简称"4×40-14"方案)。

桥墩高 14.5m,顺桥向墩身等厚度,边墩与中墩顺桥向厚度分别为 0.8m 与 1.4m。横桥向顶部 5.5m 墩身采用等截面,宽 2.4m,以下墩身采用变截面,宽度由 2.4m 逐步增加至 3.0m。桥墩均采用矩形截面,基础采用桩基础。桥墩结构尺寸如图 3-2 所示。上部结构采用单箱单室斜腹板箱梁截面,顶宽 10m,翼缘悬臂长 2.1m,底宽 2.4m,高 2m,跨中顶板厚 0.25m,底板厚 0.3m,截面布置如图 3-3 所示。桥梁前四跨和后四跨均为全刚构结构体系,两联之间的梁缝宽 10cm。

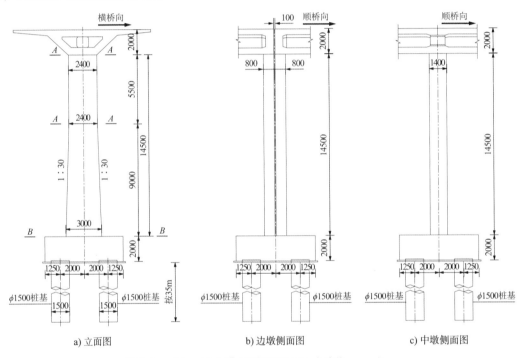

图 3-2 "4×40-14"方案桥墩(尺寸单位:mm)

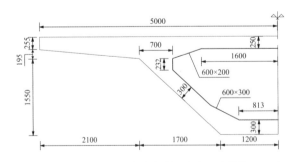

图 3-3 主梁截面图(跨中半截面)(尺寸单位:cm)

方案二:4×40m+4×40m 两联墩高为 18.5m 的直线桥(简称"4×40-18"方案)。

桥墩高 18.5m，顺桥向墩身等厚度，边墩与中墩顺桥向厚度分别为 0.9m 与 1.6m。横桥向顶部 5.5m 墩身采用等截面，宽 2.4m，以下墩身采用变截面，宽度由 2.4m 逐步增加至 3.2m。桥墩均采用矩形截面，基础采用桩基础。上部结构与方案一相同。桥梁前四跨和后四跨均为全刚构结构体系，两联之间的梁缝为 10cm。

方案三：4×40m + 4×40m 两联墩高为 20.5m 的直线桥（简称"4×40-20"方案）。

桥墩高 20.5m，顺桥向墩身等厚度，边墩与中墩顺桥向厚度分别为 1.0m 与 1.8m。横桥向顶部 5.5m 墩身采用等截面，宽 2.4m，以下墩身采用变截面，宽度由 2.4m 逐步增加至 3.4m。桥墩均采用矩形截面，基础采用桩基础。上部结构与方案一相同。桥梁前四跨和后四跨均为全刚构结构体系，两联之间的梁缝为 10cm。

方案四：4×40m + 3×40m 两联曲线桥（简称"4×40 + 3×40"方案）。

桥墩高度依次取为 13.5m、13m、13m、12.5m、12.5m、12.5m、12.5m、12m、12m。顺桥向墩身等厚度，边墩与中墩顺桥向厚度分别为 0.7m 与 1.2m。横桥向墩身等宽度，宽度为 2.4m。桥墩采用矩形截面，基础采用桩基础。上部结构与方案一相同。桥梁前四跨和后三跨均为全刚构结构体系，两联之间的梁缝为 10cm。该桥是曲线桥，位于曲线半径为 650m 的圆曲线和相应的缓和曲线上。

2）空间振动分析模型。

桥墩、箱梁与桩基础均采用空间梁单元建模，采用 m 法考虑桩土共同作用。运用弹性系统动力学总势能不变值原理与形成系统矩阵的"对号入座"法则，建立桥梁刚度、质量、阻尼等动力矩阵。"4×40-14"方案的有限元分析模型如图 3-4 所示。

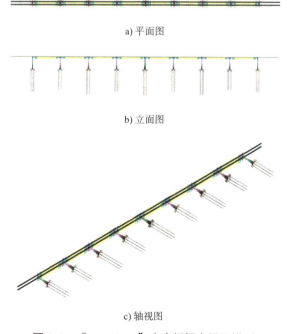

a) 平面图

b) 立面图

c) 轴视图

图 3-4 "4×40-14"方案桥梁有限元模型

3.1.3 风荷载模拟

1）脉动风场模拟

自然风可以看作由平均风和脉动风两部分组成。平均风周期较长，在此周期内可将平均风对结构的作用视为静力作用；脉动风周期较短，在几秒内其值就会发生变化，当缺少桥址处的风场实测数据时，通常利用脉动风功率谱模拟桥位处风场的脉动风成分。

工程结构计算中常用的脉动风谱有 Davenport 谱、Kaimal 谱、Simiu 谱等。由于自然风在横桥向、顺桥向以及竖桥向上的相关性较弱，故可将三维的脉动风场等效为三个方向上的一维且独立的风速场。本书分析仅考虑研究沿横桥向的一维脉动风场，将该随机风场看作是一个多维多变量的平稳高斯随机过程，使用基于三角级数叠加的谐波合成法，模拟沿桥梁顺桥向若干点处的脉动风时程曲线，目标谱为 Kaimal 谱。Kaimal 水平方向的脉动风谱表达式为：

$$\begin{cases} \dfrac{nS_u(n)}{U_*^2} = \dfrac{200f}{(1+50f)^{5/3}} \\ f = \dfrac{nz}{U(z)} \\ U_* = \dfrac{KU(z)}{\ln(z/z_0)} \end{cases} \tag{3-1}$$

式中：$S_u(n)$——脉动风速的功率谱密度函数；

n——风的脉动频率（Hz）；

z——主梁离地或距离水面的高度；

$U(z)$——主梁处平均风速；

z_0——地面特征高度，一般取为 10m；

K——常数，一般取 0.4。

在风-车-桥系统振动计算中，采用 15m/s、18m/s、20m/s、21m/s、22m/s、23m/s、24m/s、25m/s 八种风速。在风速模拟时，考虑了桥址各点之间的空间相关性，模拟出一系列典型风速时程，其中，平均风速 15m/s 对应的脉动风时程曲线如图 3-5 所示。

2）列车风荷载

（1）列车静风荷载。

运行在桥上的列车不仅受到自然风的作用，而且会受到因列车与空气的相对运动而产生的风荷载，列车在运行过程中的合成风速如图 3-6 所示。其中 $\overline{V}_W$ 为横风风速，V_T 为由于列车前进而产生的列车风速，$\overline{V}_R$ 为合成风风速，ϕ 为合成风速与列车前进方向的夹角，称为风向摇头角。但多篇文献已经证实，当风向角（来流方向与列车行进方向的夹角）为 90°时，横风作用下的列车安全性最差，故计算时仅考虑列车受到横向风荷载的作用。

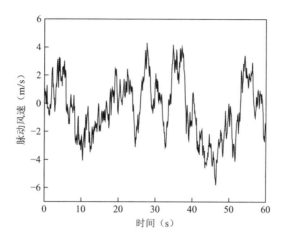

图 3-5　20m 处脉动风时程曲线（平均风速 $U = 15\text{m/s}$）

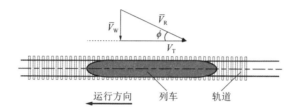

图 3-6　运行列车风速示意图

图 3-6 中，合成风速 $\overline{V}_R$ 与风向摇头角 ϕ 的表达式如式(3-2)与式(3-3)所示：

$$\overline{V}_R = \sqrt{V_T^2 + \overline{V}_W^2} \tag{3-2}$$

$$\phi = \arctan\left(\frac{\overline{V}_W}{V_T}\right) \tag{3-3}$$

作用在列车车体形心处的静风荷载表达式如下：

$$F_{vH}^{st} = 0.5\rho A \overline{V}_R^2 C_H(\phi) \tag{3-4}$$

$$F_{vV}^{st} = 0.5\rho A \overline{V}_R^2 C_V(\phi) \tag{3-5}$$

$$F_{vM}^{st} = 0.5\rho A H \overline{V}_R^2 C_M(\phi) \tag{3-6}$$

式中：F_{vH}^{st}、F_{vV}^{st}、F_{vM}^{st}——列车因静风力引起的阻力、升力与力矩；

　　　A——列车有效迎风面积；

　　　ρ——空气密度；

　　　H——列车有效高度；

$C_H(\phi)$、$C_V(\phi)$、$C_M(\phi)$——列车阻力系数、升力系数与力矩系数，是三个无量纲系数。

（2）列车抖振风荷载。

列车在桥上运行所处的风环境中不仅有静风荷载，也会因风的非平稳性而受到抖振风力的作用。在缺少桥址处实测风数据时，通常根据模拟的脉动风速施加给列车以抖振力，将式(3-4)~式(3-6)中合成风的平均风替换为脉动风速可得到相应的抖振力。

3）桥梁风荷载

（1）桥梁静风荷载。

与列车静风荷载相似，桥梁在静风作用下会受到气动阻力、升力与力矩的作用，同样引入桥梁气动三分力系数，利用该系数可以计算出桥梁体轴坐标系下的静风力，即：

$$F_{bH}^{st} = 0.5\rho U^2 HLC_H \tag{3-7}$$

$$F_{bV}^{st} = 0.5\rho U^2 BLC_V \tag{3-8}$$

$$F_{bM}^{st} = 0.5\rho U^2 B^2 LC_M \tag{3-9}$$

式中：F_{bH}^{st}、F_{bV}^{st}、F_{bM}^{st}——桥梁受到的阻力、升力与力矩；

ρ——空气密度；

H——桥梁有效高度；

B——桥梁有效宽度；

L——桥梁长度，对于二维模型L取为1；

U——桥梁桥面处瞬时风速，$U = u_t + U_0$，其中u_t表示脉动风速，U_0表示平均风速；

C_H、C_V、C_M——桥梁阻力系数、升力系数与力矩系数。

（2）桥梁抖振风荷载。

桥梁受到抖振风荷载的计算是在脉动风场模拟的基础上进行的，这里不考虑沿桥梁竖向与顺桥向的脉动风与气动导纳的影响。设桥梁桥面处在某时刻t的风速为$U = u_t + U_0$，若桥梁此时的振动速度为v，则此时桥梁受到的风压为：

$$\begin{aligned}W &= 0.5\rho(u_t + U_0 - v)^2 \\ &= 0.5\rho U_0^2 + \rho U_0 u_t - \rho U_0 v + 0.5\rho v^2 + 0.5\rho u_t^2 - u_t v\end{aligned} \tag{3-10}$$

若将式(3-10)中与平均风速U_0无关的高阶微量部分忽略，则式(3-10)可近似写为：

$$W = \rho U_0 u_t + 0.5\rho U_0^2 - \rho U_0 v \tag{3-11}$$

式中：$\rho U_0 u_t$——桥梁受到的脉动风荷载；

$0.5\rho U_0^2$——桥梁受到的静风荷载；

$\rho U_0 v$——空气动力阻尼项，该项在计算中一般可以忽略。

3.1.4 风-车-桥系统振动方程的建立与求解

1）振动方程的建立

建立强风作用下的车桥耦合振动方程时，将桥梁与列车视为整体系统，轨道不平顺和风荷载分别作为该系统的自激激励源和外部激励源，桥梁结构的边界条件视为该系统的边界条件，使复杂的轮轨接触关系变为系统内部的接触，以确保方程有唯一解。具体过程如下：首先计算t时刻运行于桥上的列车车辆的总势能$\Pi_v(t)$和桥梁的总势能$\Pi_b(t)$，得到t时刻车桥系统的总势能$\Pi_d(t)$，然后运用弹性系统动力学总势能不变原理对总势能进行位移变分，并依据形成系统矩阵的"对号入座"法则，可以得到t时刻的风-车-桥系统振动方程，即：

$$\begin{bmatrix} M_b & 0 \\ 0 & M_v \end{bmatrix} \begin{Bmatrix} \ddot{\delta}_b \\ \ddot{\delta}_v \end{Bmatrix} + \begin{bmatrix} C_b + C_{bvb} + C_{bw} & C_{bv} \\ C_{vb} & C_v + C_{vv} \end{bmatrix} \begin{Bmatrix} \dot{\delta}_b \\ \dot{\delta}_v \end{Bmatrix} + \begin{bmatrix} K_b + K_{bvb} + K_{bw} & K_{bv} \\ K_{vb} & K_v + K_{vv} \end{bmatrix} \begin{Bmatrix} \delta_b \\ \delta_v \end{Bmatrix}$$
$$= \begin{Bmatrix} F_{bg} + F_{bw} \\ F_{vw} \end{Bmatrix}$$

式中：$\ddot{\delta}_b$、$\dot{\delta}_b$、δ_b——桥梁的加速度、速度与位移向量；

$\ddot{\delta}_v$、$\dot{\delta}_v$、δ_v——列车的加速度、速度与位移向量；

M_b、C_b、K_b——桥梁的质量矩阵、阻尼矩阵和刚度矩阵；

M_v、C_v、K_v——列车的质量矩阵、阻尼矩阵和刚度矩阵；

C_{bvb}、C_{vb}、K_{bvb}、K_{vb}——车桥系统中由桥梁振动引起的阻尼矩阵和刚度矩阵；

C_{bv}、C_{vv}、K_{bv}、K_{vv}——车桥系统中由列车振动引起的阻尼矩阵和刚度矩阵；

C_{bw}、K_{bw}——桥梁空气动力阻尼与刚度矩阵；

F_{bg}、F_{bw}——作用于桥梁的列车自重荷载与风荷载；

F_{vw}——作用于列车的风荷载。

2）振动方程的求解

在分析风-车-桥空间耦合系统振动响应时，由于系统参数具有较强的非线性特征，通常会采用时域逐步积分法对风-车-桥系统非线性振动方程进行求解。逐步积分法是假设振动系统的刚度矩阵K、质量矩阵M、阻尼矩阵C等在一个微小的时间步长Δt内不变，将系统的整个振动过程划分为多个微小的时间步长Δt。假设加速度在每个微小时间步长Δt内按一定规律变化。将每个时间步长Δt起点的系统动力响应作为振动初始条件，根据该时间步长Δt内不变的系统参数和微小的加速度增量求得结构在该步长Δt终点时刻的响应，并将其作为下一时段起始振动条件。如此重复计算系统在各个时间步长的振动响应，便可得到非线性系统的整个振动响应时程。

3.2 车桥系统振动响应评估标准

1）列车运行安全性与舒适性评价指标

采用脱轨系数、轮重减载率判断列车运行安全性，用Sperling指标判断乘坐舒适性（或运行平稳性）。根据《地铁设计规范》（GB 50157—2013）、《铁路桥涵设计规范》（GB/T 51234—2017），并参考历次提速试验所采用的评判标准，在车桥动力仿真分析中，选取列车运行安全性与舒适性（平稳性）的评定指标如下：

（1）安全性指标。

脱轨系数$Q/P \leqslant 0.8$；轮重减载率$\Delta P/\overline{P} \leqslant 0.6$。

（2）乘坐舒适性。

车体振动加速度：$a_z \leqslant 0.13g$（竖向，半峰值）；$a_y \leqslant 0.10g$（横向，半峰值），$g = 9.8\text{m/s}^2$。

舒适性评价指标：$W \leqslant 2.5$（优秀）；$2.5 < W \leqslant 2.75$（良好）；$2.75 < W \leqslant 3.0$（合格），W为Sperling指标。

2）桥梁动力响应限值

（1）桥梁竖向振动加速度限值：$a \leqslant 0.35g$（半幅、有砟轨道）；$a \leqslant 0.50g$（半幅、无砟轨道）。

（2）桥梁横向振动加速度限值：$a \leqslant 0.14g$（半幅）。

3.3 气动三分力系数计算

风-车-桥系统振动计算所需的气动三分力系数通常可以采用风洞试验与计算流体动力学（CFD）数值模拟的方法获得。风洞试验方法需要制作一定缩尺比的节段模型，通过风洞试验测定静力三分力系数，然后通过相应的公式，计算得到实桥的静风荷载。但是风洞试验研究一般都有周期长、费用高、测试设备复杂等困难。

由于计算机普遍应用于工程计算，因此，CFD方法的发展给风工程研究提供了一种可能替代物理风洞试验的手段。本章风-车-桥系统振动计算所需的气动三分力系数是采用CFD数值模拟方法确定的。通过对选定物体表面的压力积分，可得到对物体的气动三分力值。处于风场中的桥梁断面所受到的风荷载包含三个分量：升力荷载F_L、阻力荷载F_D、扭矩荷载F_M。C_L、C_D、C_M分别表示升力系数、阻力系数和力矩系数，纵向取单位长度（三维模型取节段长度D），定义体轴系下的气动三分力系数：

$$\text{升力系数：} C_L = \frac{F_L}{1/2\rho U^2 B} \tag{3-12}$$

$$\text{阻力系数：} C_D = \frac{F_D}{1/2\rho U^2 H} \tag{3-13}$$

$$\text{力矩系数：} C_M = \frac{F_M}{1/2\rho U^2 B^2} \tag{3-14}$$

式中：ρ——空气密度，取为1.225kg/m^3；

U——横向来流风速；

H、B——物体沿体轴的侧向投影高度和水平投影宽度。

采用标准$\kappa\text{-}\varepsilon$湍流模型，湍流强度取10%，湍流积分尺度取10m。数值区域的外部是矩形，上下边界到绕流物体中心的距离为 10 倍流场特征长度，速度入口距模型断面迎风面的长度为断面的 5 倍，出口距模型断面背风面的长度为断面的 10 倍。二维断面模型单元采用三角形单元划分，以便更好地处理复杂的边界。数值模拟时，右边边界给定速度条件，左边出口指定自由流出边界条件，物体表面为无滑移不穿透边界条件。来流风速取为 20m/s，来流风速攻角均为 0°。

列车模型：广州地铁 14 号线为 B 型车双线桥梁，B 型车模型具体尺寸为高 3.8m，宽 2.8m。

风-车-桥耦合模型：主梁截面的单向行车模型（列车处于迎风面）、单向行车模型（列车处于背风面）、双向行车模型。

本节采用压力等值云图和速度等值云图给出了攻角为 0°的风作用下桥梁主要断面周围的压力场及速度场分布情况。流场数值模拟的等值线图如图 3-7～图 3-14 所示。根据计算得到梁体气动三分力值，由式(3-12)～式(3-14)可得到气动三分力系数，见表 3-1。

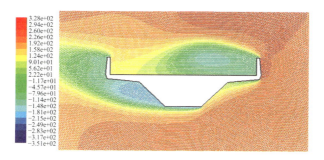

图 3-7　主梁截面无车情况下的压力等值云图（压力单位：Pa）

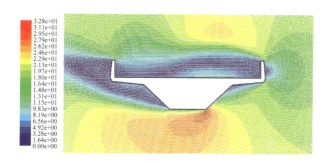

图 3-8　主梁截面无车情况下的速度等值云图（速度单位：m/s）

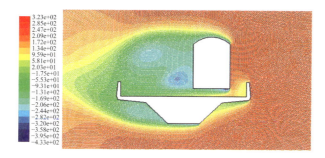

图 3-9　主梁截面单向行车（列车处于迎风面）的压力等值云图（压力单位：Pa）

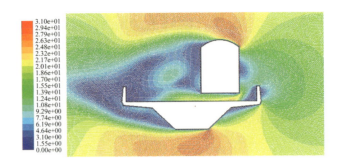

图 3-10　主梁截面单向行车（列车处于迎风面）的速度等值云图（速度单位：m/s）

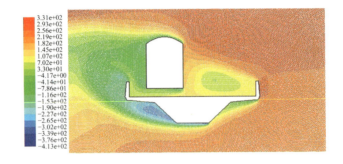

图 3-11　主梁截面单向行车（列车处于背风面）的压力等值云图（压力单位：Pa）

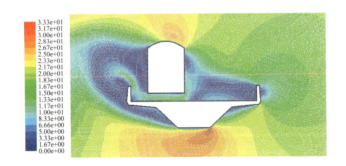

图 3-12　主梁截面单向行车（列车处于背风面）的速度等值云图（速度单位：m/s）

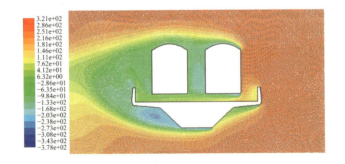

图 3-13　主梁截面双向行车的压力等值云图（压力单位：Pa）

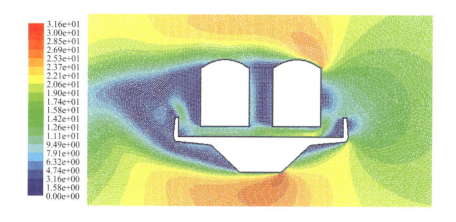

图 3-14 主梁截面双向行车的速度等值云图（速度单位：m/s）

气动三分力系数　　　　　　　表 3-1

项目		阻力系数	升力系数	力矩系数
无车	主梁	2.0380	−0.5973	0.1828
单向行车（列车处于迎风面）	车	1.2732	0.4860	−0.1846
	主梁	1.0293	−0.1523	0.0224
单向行车（列车处于背风面）	车	0.7065	0.9123	−0.0080
	主梁	1.5815	−1.0795	0.0178
双向行车	车（迎风）	1.0830	0.6306	−0.1322
	车（背风）	−0.1214	0.3757	−0.0062
	主梁	1.2554	−0.6486	0.0211

3.4　标准段 4×40m 全刚构体系桥风-车-桥系统振动分析

3.4.1　标准段 4×40m 全刚构体系桥动力特性计算分析

根据前述桥梁计算模型，对标准段 4×40m 全刚构体系桥的 4 种方案的自振特性进行计算。4 种方案的桥梁自振频率与振型列于表 3-2～表 3-5 中。前三个方案的主要区别是桥墩的高度，比较计算结果可见，随着墩高增加，主梁横弯振型对应的自振频率呈下降趋势，即桥墩越高，横向刚度下降；主梁竖向弯曲与纵飘振型对应的频率变化不大。方案四与方案一的第一阶主梁横弯与纵飘的频率接近，因为方案四的墩高在 12～13.5m 之间，与方案一接近。

"4×40-14"方案前5阶自振频率与振型　　　　　　　　表3-2

序号	自振频率（Hz）	振型主要特点
1	0.9586	主梁横弯
2	1.5009	主梁纵飘
3	2.1144	主梁纵飘
4	2.3154	主梁竖弯
5	2.3468	主梁竖弯

"4×40-18"方案前5阶自振频率与振型　　　　　　　　表3-3

序号	自振频率（Hz）	振型主要特点
1	0.7985	主梁横弯
2	1.3843	主梁纵飘
3	2.0344	主梁纵飘
4	2.3436	主梁竖弯
5	2.3624	主梁竖弯

"4×40-20"方案前5阶自振频率与振型　　　　　　　　表3-4

序号	自振频率（Hz）	振型主要特点
1	0.7760	主梁横弯
2	1.3935	主梁纵飘
3	2.0337	主梁纵飘
4	2.4274	主梁竖弯
5	2.4444	主梁竖弯

"4×40＋3×40"方案前5阶自振频率与振型　　　　　　　　表3-5

序号	自振频率（Hz）	振型主要特点
1	0.9522	主梁横弯
2	1.0805	主梁横弯
3	1.4224	主梁横弯
4	1.5281	主梁纵飘
5	1.9549	主梁横弯

3.4.2 列车编组与计算工况

根据前述计算模型与计算原理，对 B 型车通过标准段 4×40m 全刚构体系桥（4 个方案）的风-车-桥系统空间耦合振动响应进行了仿真计算。其中，"4×40-14""4×40-18""4×40-20"三个方案的设计速度为 120km/h，计算速度选为 80~140km/h；"4×40+3×40"设计速度为 100km/h，计算速度选为 90~110km/h。列车编组及计算工况见表 3-6。

4 个方案的列车编组及计算工况　　　　表 3-6

桥梁方案	列车	列车编组	轨道不平顺	计算速度（km/h）
"4×40-14"方案、"4×40-18"方案、"4×40-20"方案	B 型车	6 辆编组 动+拖+动+动+拖+动	美国六级谱模拟轨道不平顺	80, 100, 120, 140
"4×40+3×40"方案	B 型车	6 辆编组 动+拖+动+动+拖+动	美国六级谱模拟轨道不平顺	90, 95, 100, 105, 110

3.4.3 标准段 4×40m 全刚构体系桥风-车-桥振动响应分析

1）"4×40-14"方案车桥振动分析

针对"4×40-14"方案，风-车-桥系统振动响应计算结果见表 3-7，系统振动响应评估结果见表 3-8。分析计算与评估结果可知：

（1）在无风条件下，当单线或双线 B 型车分别以 80~120km/h 的速度通过该桥时，在所有计算工况下，桥梁的动力响应均在容许值以内，列车竖、横向振动加速度满足限值要求，列车乘坐舒适性均能够达到"良好"标准以上；以 140km/h（检算速度）通过该桥时，列车乘坐舒适性也能够达到"良好"标准以上。

（2）当桥面平均风速等于或低于 23m/s 时，单线或双线 B 型车分别以 80~120km/h 的速度通过该桥，桥梁的动力响应均在容许值以内，列车行车安全性满足要求，列车的车体竖、横向振动加速度满足限值要求，列车乘坐舒适性除极少数工况为合格，其余均达到"良好"标准以上，故可安全舒适运行。

（3）当桥面平均风速达到 24m/s 时，单线或双线 B 型车通过该桥时，桥梁的动力响应均在容许值以内，列车的车体竖、横向振动加速度满足限值要求，140km/h（检算速度）的双线 B 型车通过该桥时，列车行车安全性不满足要求，故不能通行。

（4）当桥面平均风速达到 25m/s，单线或双线 B 型车分别以 80~120km/h 的速度通过该桥时，桥梁的动力响应均在容许值以内，但列车行车安全性不满足要求，故不能通行。

综上所述，"4×40-14"方案在无风条件下具有良好的动力特性及列车走行性，能满足安全性和舒适性的各项要求。列车在有风条件下通过桥梁时，当桥面平均风速等于或低于 23m/s 时，可安全舒适运行；当桥面平均风速达到 24m/s 时，限单线通行；当桥面平均风速达到 25m/s，禁止通行。

"4×40-14"方案风-车-桥系统振动响应最大值 表3-7

风速(m/s)		车速(km/h)	桥梁横向加速度(m/s²)	桥梁竖向加速度(m/s²)	行车安全性				乘坐舒适性							
					动车		拖车		动车				拖车			
					脱轨系数	轮重减载率	脱轨系数	轮重减载率	车体加速度(m/s²)		Sperling指标		车体加速度(m/s²)		Sperling指标	
									竖向	横向	竖向	横向	竖向	横向	竖向	横向
单线	无风	80~120	0.21	0.52	0.33	0.26	0.31	0.26	0.66	0.57	2.62	2.61	0.68	0.56	2.62	2.60
		140	0.22	0.43	0.30	0.28	0.30	0.28	0.78	0.61	2.66	2.65	0.73	0.61	2.66	2.66
	15	80~120	0.21	0.50	0.33	0.25	0.35	0.25	0.69	0.55	2.62	2.63	0.72	0.55	2.66	2.64
		140	0.23	0.41	0.42	0.33	0.41	0.31	0.83	0.67	2.69	2.66	0.84	0.66	2.67	2.68
	18	80~120	0.21	0.50	0.35	0.30	0.36	0.31	0.73	0.58	2.67	2.65	0.77	0.61	2.69	2.68
		140	0.24	0.41	0.42	0.36	0.45	0.37	0.79	0.67	2.72	2.70	0.82	0.67	2.69	2.72
	20	80~120	0.22	0.51	0.46	0.35	0.46	0.35	0.77	0.64	2.70	2.71	0.75	0.62	2.72	2.72
		140	0.24	0.41	0.47	0.38	0.50	0.40	0.88	0.70	2.73	2.73	0.92	0.68	2.70	2.71
	21	80~120	0.22	0.51	0.48	0.49	0.50	0.44	0.83	0.66	2.72	2.70	0.76	0.65	2.69	2.71
		140	0.24	0.41	0.53	0.48	0.56	0.51	0.94	0.76	2.74	2.74	0.88	0.71	2.74	2.70
	22	80~120	0.22	0.51	0.52	0.47	0.52	0.49	0.87	0.74	2.75	2.71	0.90	0.70	2.71	2.73
		140	0.24	0.41	0.54	0.47	0.55	0.50	0.95	0.76	2.76	2.77	1.00	0.76	2.74	2.76
	23	80~120	0.22	0.51	0.55	0.52	0.54	0.50	0.84	0.72	2.77	2.75	0.85	0.71	2.73	2.74
		140	0.25	0.41	0.55	0.54	0.57	0.53	1.03	0.81	2.77	2.74	1.01	0.78	2.75	2.79
	24	80~120	0.23	0.51	0.65	0.57	0.64	0.53	0.94	0.77	2.73	2.74	0.98	0.77	2.73	2.73
		140	0.25	0.41	0.62	0.59	0.67	0.52	1.04	0.85	2.81	2.76	1.13	0.83	2.80	2.78
	25	80~120	0.23	0.51	0.67	0.60	0.67	0.56	0.96	0.75	2.76	2.78	0.95	0.78	2.76	2.77
		140	0.25	0.41	0.66	0.63	0.66	0.53	1.16	0.96	2.79	2.84	1.14	0.92	2.80	2.78
双线	无风	80~120	0.20	0.43	0.35	0.28	0.33	0.28	0.71	0.61	2.64	2.63	0.73	0.60	2.64	2.62
		140	0.22	0.40	0.32	0.30	0.32	0.30	0.84	0.65	2.68	2.67	0.78	0.65	2.68	2.68
	15	80~120	0.21	0.42	0.35	0.27	0.38	0.27	0.74	0.59	2.64	2.65	0.77	0.59	2.68	2.66
		140	0.22	0.40	0.45	0.35	0.44	0.33	0.89	0.72	2.71	2.68	0.90	0.71	2.69	2.70
	18	80~120	0.22	0.42	0.38	0.32	0.39	0.33	0.78	0.62	2.69	2.67	0.83	0.65	2.71	2.70
		140	0.22	0.40	0.45	0.39	0.48	0.40	0.85	0.72	2.74	2.72	0.88	0.72	2.71	2.74
	20	80~120	0.22	0.42	0.49	0.38	0.49	0.38	0.83	0.69	2.72	2.73	0.81	0.67	2.74	2.74
		140	0.23	0.40	0.50	0.41	0.54	0.43	0.94	0.75	2.75	2.75	0.99	0.73	2.72	2.73

续上表

风速(m/s)	车速(km/h)	桥梁横向加速度(m/s²)	桥梁竖向加速度(m/s²)	行车安全性				乘坐舒适性							
				动车		拖车		动车				拖车			
				脱轨系数	轮重减载率	脱轨系数	轮重减载率	车体加速度(m/s²)		Sperling指标		车体加速度(m/s²)		Sperling指标	
								竖向	横向	竖向	横向	竖向	横向	竖向	横向
双线	21	0.22	0.42	0.52	0.53	0.54	0.49	0.89	0.71	2.74	2.72	0.82	0.70	2.71	2.73
		0.23	0.40	0.57	0.52	0.60	0.55	1.01	0.82	2.76	2.76	0.94	0.76	2.76	2.72
	22	0.22	0.42	0.56	0.50	0.56	0.53	0.93	0.79	2.77	2.73	0.97	0.75	2.73	2.75
		0.23	0.40	0.58	0.50	0.59	0.54	1.02	0.82	2.78	2.79	1.07	0.82	2.76	2.78
	23	0.23	0.42	0.59	0.56	0.58	0.54	0.90	0.77	2.79	2.77	0.91	0.76	2.75	2.76
		0.23	0.40	0.59	0.58	0.61	0.57	1.11	0.87	2.79	2.76	1.08	0.84	2.77	2.81
	24	0.23	0.42	0.70	0.60	0.69	0.57	1.01	0.83	2.75	2.76	1.05	0.83	2.75	2.75
		0.24	0.40	0.67	0.62	0.72	0.56	1.12	0.91	2.83	2.78	1.21	0.89	2.82	2.80
	25	0.23	0.42	0.72	0.61	0.72	0.60	1.03	0.81	2.78	2.80	1.02	0.84	2.78	2.79
		0.24	0.40	0.71	0.64	0.71	0.57	1.25	0.98	2.81	2.86	1.22	0.99	2.82	2.80

车速一栏中 80~120 对应第一行，140 对应第二行。

"4×40-14"方案风-车-桥系统振动评估 表3-8

风速(m/s)	车速(km/h)	桥梁横向加速度	桥梁竖向加速度	行车安全性				乘坐舒适性							
				动车		拖车		动车				拖车			
				脱轨系数	轮重减载率	脱轨系数	轮重减载率	车体加速度		Sperling指标		车体加速度		Sperling指标	
								竖向	横向	竖向	横向	竖向	横向	竖向	横向
单线	无风	满足	满足	满足	满足	满足	满足	满足	满足	良好	良好	满足	满足	良好	良好
		满足	满足	满足	满足	满足	满足	满足	满足	良好	良好	满足	满足	良好	良好
	15	满足	满足	满足	满足	满足	满足	满足	满足	良好	良好	满足	满足	良好	良好
		满足	满足	满足	满足	满足	满足	满足	满足	良好	良好	满足	满足	良好	良好
	18	满足	满足	满足	满足	满足	满足	满足	满足	良好	良好	满足	满足	良好	良好
		满足	满足	满足	满足	满足	满足	满足	满足	良好	良好	满足	满足	良好	良好
	20	满足	满足	满足	满足	满足	满足	满足	满足	良好	良好	满足	满足	良好	良好
		满足	满足	满足	满足	满足	满足	满足	满足	良好	良好	满足	满足	良好	良好
	21	满足	满足	满足	满足	满足	满足	满足	满足	良好	良好	满足	满足	良好	良好
		满足	满足	满足	满足	满足	满足	满足	满足	良好	良好	满足	满足	良好	良好

（车速每组两行分别对应 80~120 km/h 和 140 km/h；桥梁加速度单位 m/s²，车体加速度单位 m/s²）

续上表

风速(m/s)		车速(km/h)	桥梁横向加速度	桥梁竖向加速度	行车安全性				乘坐舒适性							
					动车		拖车		动车				拖车			
					脱轨系数	轮重减载率	脱轨系数	轮重减载率	车体加速度		Sperling指标		车体加速度		Sperling指标	
									竖向	横向	竖向	横向	竖向	横向	竖向	横向
单线	22	80~120	满足	满足	满足	满足	满足	满足	满足	满足	良好	良好	满足	满足	良好	良好
		140	满足	满足	满足	满足	满足	满足	满足	满足	合格	合格	满足	满足	良好	合格
	23	80~120	满足	满足	满足	满足	满足	满足	满足	满足	合格	良好	满足	满足	良好	良好
		140	满足	满足	满足	满足	满足	满足	满足	满足	合格	良好	满足	满足	合格	合格
	24	80~120	满足	满足	满足	满足	满足	满足	满足	满足	良好	良好	满足	满足	满足	良好
		140	满足	满足	满足	满足	满足	满足	满足	满足	合格	合格	满足	满足	合格	合格
	25	80~120	满足	满足	满足	满足	满足	满足	满足	满足	合格	合格	满足	满足	合格	合格
		140	满足	满足	满足	超标	满足	满足	满足	满足	合格	合格	满足	满足	合格	合格
双线	无风	80~120	满足	满足	满足	满足	满足	满足	满足	满足	良好	良好	满足	满足	良好	良好
		140	满足	满足	满足	满足	满足	满足	满足	满足	良好	良好	满足	满足	良好	良好
	15	80~120	满足	满足	满足	满足	满足	满足	满足	满足	良好	良好	满足	满足	良好	良好
		140	满足	满足	满足	满足	满足	满足	满足	满足	良好	良好	满足	满足	良好	良好
	18	80~120	满足	满足	满足	满足	满足	满足	满足	满足	良好	良好	满足	满足	良好	良好
		140	满足	满足	满足	满足	满足	满足	满足	满足	良好	良好	满足	满足	良好	良好
	20	80~120	满足	满足	满足	满足	满足	满足	满足	满足	良好	良好	满足	满足	良好	良好
		140	满足	满足	满足	满足	满足	满足	满足	满足	良好	良好	满足	满足	良好	良好
	21	80~120	满足	满足	满足	满足	满足	满足	满足	满足	良好	良好	满足	满足	良好	良好
		140	满足	满足	满足	满足	满足	满足	满足	满足	合格	合格	满足	满足	合格	良好
	22	80~120	满足	满足	满足	满足	满足	满足	满足	满足	合格	合格	满足	满足	良好	合格
		140	满足	满足	满足	满足	满足	满足	满足	满足	合格	合格	满足	满足	合格	合格
	23	80~120	满足	满足	满足	满足	满足	满足	满足	满足	合格	合格	满足	满足	良好	合格
		140	满足	满足	满足	满足	满足	满足	满足	满足	合格	合格	满足	满足	合格	合格
	24	80~120	满足	满足	满足	满足	满足	满足	满足	满足	良好	合格	满足	满足	良好	良好
		140	满足	满足	满足	超标	满足	满足	满足	满足	合格	合格	满足	满足	合格	合格
	25	80~120	满足	满足	满足	超标	满足	满足	满足	满足	合格	合格	满足	满足	合格	合格
		140	满足	满足	满足	超标	满足	满足	满足	满足	合格	合格	满足	满足	合格	合格

2)"4×40-18"方案车桥振动分析

针对"4×40-18"方案,风-车-桥系统振动响应计算结果见表3-9,系统振动响应评估结果见表3-10。分析计算与评估结果可知:

(1)在无风条件下,当单线或双线B型车分别以80~120km/h的速度通过该桥时,在所有计算工况下,桥梁的动力响应均在容许值以内,列车竖、横向振动加速度满足限值要求,列车乘坐舒适性均能够达到"良好"标准以上;以140km/h(检算速度)通过该桥时,列车乘坐舒适性也能够达到"良好"标准以上。

(2)当桥面平均风速等于或低于22m/s时,单线或双线B型车分别以80~120km/h的速度通过该桥,桥梁的动力响应均在容许值以内,列车行车安全性满足要求,列车的车体竖、横向振动加速度满足限值要求,列车运行舒适性仅在极少数工况为合格,其他均达到"良好"标准以上,故可安全舒适运行。

(3)当桥面平均风速达到23m/s时,单线或双线B型车通过该桥时,桥梁的动力响应均在容许值以内,列车的车体竖、横向振动加速度满足限值要求。车速在80~120km/h(桥梁设计速度)之间通过该桥时,列车行车安全性满足要求;以140km/h(检算速度)的速度通过该桥时,列车行车安全性不满足要求,故应限速通行。

(4)当桥面平均风速达到24m/s,单线或双线B型车分别以80~120km/h的速度和140km/h的速度通过该桥时,桥梁的动力响应均在容许值以内,但列车行车安全性不满足要求,故不能通行。

综上所述,"4×40-18"方案在无风条件下具有良好的动力特性及列车走行性,能满足安全性和舒适性的各项要求。列车在有风条件下通过桥梁时,当桥面平均风速等于或低于22m/s时,可安全舒适运行;当桥面平均风速达到23m/s时,限速120km/h通行;当桥面平均风速达到24m/s,禁止通行。

"4×40-18"方案风-车-桥系统振动响应最大值　　表3-9

风速(m/s)	车速(km/h)	桥梁横向加速度(m/s²)	桥梁竖向加速度(m/s²)	行车安全性 动车 脱轨系数	行车安全性 动车 轮重减载率	行车安全性 拖车 脱轨系数	行车安全性 拖车 轮重减载率	乘坐舒适性 动车 车体加速度(m/s²) 竖向	乘坐舒适性 动车 车体加速度(m/s²) 横向	乘坐舒适性 动车 Sperling指标 竖向	乘坐舒适性 动车 Sperling指标 横向	乘坐舒适性 拖车 车体加速度(m/s²) 竖向	乘坐舒适性 拖车 车体加速度(m/s²) 横向	乘坐舒适性 拖车 Sperling指标 竖向	乘坐舒适性 拖车 Sperling指标 横向
单线 无风	80~120	0.22	0.41	0.34	0.27	0.32	0.27	0.67	0.59	2.63	2.62	0.69	0.58	2.63	2.60
单线 无风	140	0.17	0.34	0.31	0.29	0.31	0.29	0.81	0.62	2.66	2.65	0.73	0.62	2.66	2.66
单线 15	80~120	0.22	0.40	0.34	0.25	0.36	0.25	0.71	0.56	2.62	2.64	0.75	0.57	2.67	2.65
单线 15	140	0.17	0.33	0.43	0.34	0.42	0.31	0.85	0.69	2.70	2.66	0.87	0.67	2.67	2.69
单线 18	80~120	0.23	0.40	0.35	0.30	0.36	0.32	0.74	0.58	2.68	2.65	0.79	0.63	2.70	2.69
单线 18	140	0.17	0.33	0.42	0.37	0.47	0.39	0.79	0.69	2.73	2.71	0.84	0.69	2.69	2.73

续上表

风速(m/s)	车速(km/h)	桥梁横向加速度(m/s²)	桥梁竖向加速度(m/s²)	行车安全性 动车 脱轨系数	行车安全性 动车 轮重减载率	行车安全性 拖车 脱轨系数	行车安全性 拖车 轮重减载率	乘坐舒适性 动车 车体加速度(m/s²) 竖向	乘坐舒适性 动车 车体加速度(m/s²) 横向	乘坐舒适性 动车 Sperling指标 竖向	乘坐舒适性 动车 Sperling指标 横向	乘坐舒适性 拖车 车体加速度(m/s²) 竖向	乘坐舒适性 拖车 车体加速度(m/s²) 横向	乘坐舒适性 拖车 Sperling指标 竖向	乘坐舒适性 拖车 Sperling指标 横向
单线 20	80~120	0.23	0.40	0.48	0.36	0.47	0.36	0.78	0.66	2.71	2.72	0.75	0.63	2.73	2.73
	140	0.18	0.33	0.48	0.38	0.52	0.41	0.90	0.72	2.74	2.74	0.96	0.69	2.70	2.72
单线 21	80~120	0.23	0.40	0.49	0.51	0.52	0.47	0.86	0.68	2.73	2.71	0.78	0.67	2.70	2.72
	140	0.18	0.33	0.54	0.49	0.58	0.53	0.97	0.79	2.75	2.75	0.89	0.72	2.75	2.70
单线 22	80~120	0.23	0.40	0.54	0.58	0.54	0.58	0.88	0.77	2.76	2.72	0.93	0.72	2.71	2.74
	140	0.18	0.33	0.56	0.58	0.57	0.59	0.97	0.78	2.77	2.78	1.04	0.77	2.74	2.77
单线 23	80~120	0.23	0.40	0.57	0.55	0.56	0.57	0.85	0.74	2.78	2.76	0.86	0.73	2.73	2.74
	140	0.18	0.33	0.56	0.61	0.59	0.61	1.06	0.83	2.78	2.74	1.04	0.79	2.75	2.8
单线 24	80~120	0.24	0.40	0.68	0.61	0.66	0.62	0.94	0.78	2.74	2.75	1.00	0.78	2.74	2.74
	140	0.18	0.33	0.62	0.62	0.69	0.61	1.04	0.86	2.82	2.76	1.17	0.83	2.81	2.79
单线 25	80~120	0.24	0.40	0.69	0.62	0.70	0.63	0.98	0.76	2.76	2.79	0.97	0.80	2.76	2.77
	140	0.18	0.33	0.67	0.63	0.67	0.64	1.19	1.00	2.79	2.85	1.16	0.94	2.80	2.78
双线 无风	80~120	0.30	0.34	0.36	0.29	0.34	0.29	0.74	0.61	2.65	2.64	0.74	0.61	2.65	2.63
	140	0.22	0.35	0.33	0.30	0.32	0.31	0.85	0.66	2.68	2.68	0.81	0.66	2.69	2.68
双线 15	80~120	0.29	0.33	0.36	0.27	0.39	0.28	0.75	0.61	2.65	2.66	0.77	0.59	2.69	2.66
	140	0.23	0.33	0.46	0.36	0.45	0.34	0.91	0.72	2.71	2.69	0.94	0.73	2.70	2.71
双线 18	80~120	0.29	0.33	0.38	0.33	0.40	0.34	0.81	0.64	2.69	2.67	0.86	0.65	2.72	2.71
	140	0.23	0.33	0.45	0.40	0.49	0.41	0.88	0.73	2.75	2.72	0.88	0.74	2.72	2.75
双线 20	80~120	0.29	0.33	0.50	0.39	0.49	0.39	0.86	0.71	2.73	2.74	0.81	0.69	2.74	2.74
	140	0.23	0.33	0.51	0.42	0.55	0.44	0.98	0.77	2.75	2.75	1.00	0.73	2.73	2.73
双线 21	80~120	0.29	0.33	0.53	0.54	0.55	0.51	0.90	0.74	2.75	2.73	0.83	0.73	2.72	2.73
	140	0.23	0.33	0.58	0.54	0.62	0.56	1.02	0.86	2.77	2.77	0.95	0.79	2.76	2.73
双线 22	80~120	0.29	0.33	0.58	0.59	0.57	0.58	0.94	0.80	2.77	2.74	0.99	0.76	2.74	2.75
	140	0.23	0.33	0.59	0.59	0.61	0.59	1.05	0.85	2.78	2.80	1.09	0.85	2.77	2.79
双线 23	80~120	0.29	0.33	0.61	0.60	0.59	0.58	0.91	0.80	2.80	2.78	0.94	0.77	2.76	2.77
	140	0.23	0.33	0.59	0.63	0.63	0.61	1.11	0.88	2.79	2.77	1.11	0.86	2.78	2.82

续上表

风速(m/s)		车速(km/h)	桥梁横向加速度(m/s²)	桥梁竖向加速度(m/s²)	行车安全性				乘坐舒适性							
					动车		拖车		动车				拖车			
					脱轨系数	轮重减载率	脱轨系数	轮重减载率	车体加速度(m/s²)		Sperling指标		车体加速度(m/s²)		Sperling指标	
									竖向	横向	竖向	横向	竖向	横向	竖向	横向
双线	24	80~120	0.29	0.33	0.72	0.64	0.70	0.63	1.04	0.85	2.76	2.76	1.07	0.86	2.76	2.76
		140	0.23	0.34	0.68	0.65	0.75	0.61	1.12	0.94	2.83	2.78	1.22	0.92	2.83	2.80
	25	80~120	0.29	0.33	0.72	0.63	0.75	0.65	1.07	0.83	2.79	2.81	1.06	0.87	2.79	2.79
		140	0.23	0.34	0.74	0.66	0.74	0.64	1.30	0.96	2.82	2.87	1.26	1.00	2.82	2.80

"4×40-18"方案风-车-桥系统振动评估 表3-10

风速(m/s)		车速(km/h)	桥梁横向加速度	桥梁竖向加速度	行车安全性				乘坐舒适性							
					动车		拖车		动车				拖车			
					脱轨系数	轮重减载率	脱轨系数	轮重减载率	车体加速度		Sperling指标		车体加速度		Sperling指标	
									竖向	横向	竖向	横向	竖向	横向	竖向	横向
单线	无风	80~120	满足	满足	满足	满足	满足	满足	满足	满足	良好	良好	满足	满足	良好	良好
		140	满足	满足	满足	满足	满足	满足	满足	满足	良好	良好	满足	满足	良好	良好
	15	80~120	满足	满足	满足	满足	满足	满足	满足	满足	良好	良好	满足	满足	良好	良好
		140	满足	满足	满足	满足	满足	满足	满足	满足	良好	良好	满足	满足	良好	良好
	18	80~120	满足	满足	满足	满足	满足	满足	满足	满足	良好	良好	满足	满足	良好	良好
		140	满足	满足	满足	满足	满足	满足	满足	满足	良好	良好	满足	满足	良好	良好
	20	80~120	满足	满足	满足	满足	满足	满足	满足	满足	良好	良好	满足	满足	良好	良好
		140	满足	满足	满足	满足	满足	满足	满足	满足	良好	良好	满足	满足	良好	良好
	21	80~120	满足	满足	满足	满足	满足	满足	满足	满足	良好	良好	满足	满足	良好	良好
		140	满足	满足	满足	满足	满足	满足	满足	满足	良好	良好	满足	满足	良好	良好
	22	80~120	满足	满足	满足	满足	满足	满足	满足	满足	合格	良好	满足	满足	良好	良好
		140	满足	满足	满足	满足	满足	满足	满足	满足	合格	合格	满足	满足	良好	合格
	23	80~120	满足	满足	满足	满足	满足	满足	满足	满足	合格	合格	满足	满足	良好	良好
		140	满足	满足	满足	超标	满足	超标	满足	满足	合格	良好	满足	满足	良好	合格
	24	80~120	满足	满足	满足	超标	满足	超标	满足	满足	良好	良好	满足	满足	良好	良好
		140	满足	满足	满足	超标	满足	超标	满足	满足	合格	合格	满足	满足	合格	合格

113

续上表

风速(m/s)	车速(km/h)	桥梁横向加速度	桥梁竖向加速度	行车安全性 动车 脱轨系数	行车安全性 动车 轮重减载率	行车安全性 拖车 脱轨系数	行车安全性 拖车 轮重减载率	乘坐舒适性 动车 车体加速度 竖向	乘坐舒适性 动车 车体加速度 横向	乘坐舒适性 动车 Sperling指标 竖向	乘坐舒适性 动车 Sperling指标 横向	乘坐舒适性 拖车 车体加速度 竖向	乘坐舒适性 拖车 车体加速度 横向	乘坐舒适性 拖车 Sperling指标 竖向	乘坐舒适性 拖车 Sperling指标 横向
单线 25	80～120	满足	满足	满足	超标	满足	超标	满足	满足	合格	合格	满足	满足	合格	合格
单线 25	140	满足	满足	满足	超标	满足	超标	满足	满足	合格	合格	满足	满足	合格	合格
双线 无风	80～120	满足	满足	满足	满足	满足	满足	满足	满足	良好	良好	满足	满足	良好	良好
双线 无风	140	满足	满足	满足	满足	满足	满足	满足	满足	良好	良好	满足	满足	良好	良好
双线 15	80～120	满足	满足	满足	满足	满足	满足	满足	满足	良好	良好	满足	满足	良好	良好
双线 15	140	满足	满足	满足	满足	满足	满足	满足	满足	良好	良好	满足	满足	良好	良好
双线 18	80～120	满足	满足	满足	满足	满足	满足	满足	满足	良好	良好	满足	满足	良好	良好
双线 18	140	满足	满足	满足	满足	满足	满足	满足	满足	良好	良好	满足	满足	良好	良好
双线 20	80～120	满足	满足	满足	满足	满足	满足	满足	满足	良好	良好	满足	满足	良好	良好
双线 20	140	满足	满足	满足	满足	满足	满足	满足	满足	良好	良好	满足	满足	良好	良好
双线 21	80～120	满足	满足	满足	满足	满足	满足	满足	满足	良好	良好	满足	满足	良好	良好
双线 21	140	满足	满足	满足	满足	满足	满足	满足	满足	合格	合格	满足	满足	合格	良好
双线 22	80～120	满足	满足	满足	满足	满足	满足	满足	满足	合格	良好	满足	满足	良好	良好
双线 22	140	满足	满足	满足	满足	满足	满足	满足	满足	合格	合格	满足	满足	合格	合格
双线 23	80～120	满足	满足	满足	满足	满足	满足	满足	满足	合格	合格	满足	满足	合格	合格
双线 23	140	满足	满足	满足	超标	满足	超标	满足	满足	合格	合格	满足	满足	合格	合格
双线 24	80～120	满足	满足	满足	超标	满足	超标	满足	满足	合格	合格	满足	满足	合格	合格
双线 24	140	满足	满足	满足	超标	满足	超标	满足	满足	合格	合格	满足	满足	合格	合格
双线 25	80～120	满足	满足	满足	超标	满足	超标	满足	满足	合格	合格	满足	满足	合格	合格
双线 25	140	满足	满足	满足	超标	满足	超标	满足	满足	合格	合格	满足	满足	合格	合格

3)"4×40-20"方案车桥振动分析

针对"4×40-20"方案,风-车-桥系统振动响应计算结果见表3-11,系统振动响应评估结果见表3-12。分析计算与评估结果可知:

(1)在无风条件下,当单线或双线 B 型车分别以 80～120km/h 的速度通过该桥时,在所有计算工况下,桥梁的动力响应均在容许值以内,列车竖、横向振动加速度满足限值要求,列车乘坐舒适性均能够达到"良好"标准以上;以 140km/h(检算速度)的速度通过该桥时,列车乘坐舒适性也能够达到"良好"标准以上。

（2）当桥面平均风速等于或低于22m/s时，单线或双线B型车分别以80～120km/h的速度通过该桥，桥梁的动力响应均在容许值以内，列车行车安全性满足要求，列车的车体竖、横向振动加速度满足限值要求，列车乘坐舒适性除个别工况外其他达到"良好"标准以上，故可安全舒适运行。

（3）当桥面平均风速达到23m/s时，单线或双线B型车通过该桥时，桥梁的动力响应均在容许值以内，列车的车体竖、横向振动加速度满足限值要求。车速在80～120km/h（桥梁设计速度）之间通过该桥时，列车行车安全性满足要求；以140km/h（检算速度）的速度通过该桥时，列车行车安全性不满足要求，故应限速通行。

（4）当桥面平均风速达到24m/s，单线或双线B型车分别以80～120km/h的速度通过该桥时，桥梁的动力响应均在容许值以内，但列车行车安全性不满足要求，故不能通行。

综上所述，"4×40-20"方案在无风条件下具有良好的动力特性及列车走形性，能满足安全性和舒适性的各项要求。列车在有风条件下通过桥梁时，当桥面平均风速等于或低于22m/s时，可畅通运行；当桥面平均风速达到23m/s时，限速120km/h通行；当桥面平均风速达到24m/s，禁止通行。

"4×40-20"方案风-车-桥系统振动响应最大值   表3-11

风速(m/s)	车速(km/h)	桥梁横向加速度(m/s²)	桥梁竖向加速度(m/s²)	行车安全性 动车 脱轨系数	行车安全性 动车 轮重减载率	行车安全性 拖车 脱轨系数	行车安全性 拖车 轮重减载率	乘坐舒适性 动车 车体加速度(m/s²) 竖向	乘坐舒适性 动车 车体加速度(m/s²) 横向	乘坐舒适性 动车 Sperling指标 竖向	乘坐舒适性 动车 Sperling指标 横向	乘坐舒适性 拖车 车体加速度(m/s²) 竖向	乘坐舒适性 拖车 车体加速度(m/s²) 横向	乘坐舒适性 拖车 Sperling指标 竖向	乘坐舒适性 拖车 Sperling指标 横向
单线 无风	80～120	0.22	0.38	0.34	0.26	0.32	0.26	0.66	0.58	2.63	2.62	0.69	0.56	2.62	2.61
单线 无风	140	0.26	0.35	0.31	0.29	0.31	0.28	0.78	0.61	2.67	2.66	0.76	0.62	2.66	2.67
单线 15	80～120	0.22	0.37	0.34	0.26	0.35	0.25	0.70	0.56	2.62	2.64	0.73	0.56	2.66	2.65
单线 15	140	0.27	0.32	0.44	0.34	0.41	0.31	0.86	0.68	2.70	2.66	0.86	0.68	2.68	2.68
单线 18	80～120	0.22	0.37	0.35	0.30	0.37	0.32	0.75	0.60	2.67	2.66	0.77	0.62	2.70	2.69
单线 18	140	0.27	0.32	0.44	0.36	0.45	0.37	0.82	0.69	2.73	2.71	0.85	0.67	2.70	2.72
单线 20	80～120	0.22	0.37	0.48	0.29	0.47	0.36	0.80	0.65	2.71	2.71	0.77	0.62	2.73	2.72
单线 20	140	0.27	0.32	0.49	0.38	0.52	0.41	0.91	0.71	2.74	2.73	0.92	0.70	2.71	2.72
单线 21	80～120	0.22	0.37	0.49	0.51	0.52	0.48	0.85	0.67	2.72	2.71	0.79	0.66	2.70	2.72
单线 21	140	0.27	0.32	0.55	0.49	0.57	0.53	0.97	0.77	2.75	2.75	0.89	0.74	2.74	2.71
单线 22	80～120	0.23	0.37	0.53	0.55	0.54	0.56	0.88	0.75	2.76	2.72	0.92	0.72	2.72	2.73
单线 22	140	0.27	0.32	0.56	0.54	0.57	0.56	0.98	0.76	2.77	2.78	1.02	0.79	2.74	2.77
单线 23	80～120	0.23	0.37	0.57	0.55	0.55	0.59	0.87	0.72	2.77	2.75	0.88	0.73	2.73	2.74
单线 23	140	0.28	0.32	0.57	0.58	0.59	0.62	1.07	0.83	2.78	2.74	1.05	0.8	2.76	2.80

续上表

风速(m/s)		车速(km/h)	桥梁横向加速度(m/s²)	桥梁竖向加速度(m/s²)	行车安全性				乘坐舒适性							
					动车		拖车		动车				拖车			
					脱轨系数	轮重减载率	脱轨系数	轮重减载率	车体加速度(m/s²)		Sperling指标		车体加速度(m/s²)		Sperling指标	
									竖向	横向	竖向	横向	竖向	横向	竖向	横向
单线	24	80~120	0.24	0.37	0.68	0.57	0.66	0.63	0.97	0.80	2.74	2.75	1.00	0.79	2.74	2.74
		140	0.29	0.32	0.64	0.60	0.69	0.63	1.05	0.85	2.82	2.76	1.16	0.85	2.80	2.78
	25	80~120	0.25	0.37	0.69	0.58	0.69	0.64	0.97	0.76	2.76	2.79	0.97	0.81	2.76	2.78
		140	0.29	0.32	0.68	0.61	0.67	0.61	1.17	0.96	2.8	2.84	1.19	0.94	2.81	2.79
双线	无风	80~120	0.25	0.58	0.35	0.28	0.34	0.29	0.72	0.61	2.65	2.64	0.75	0.62	2.64	2.63
		140	0.25	0.36	0.33	0.30	0.33	0.31	0.87	0.68	2.68	2.68	0.80	0.67	2.69	2.69
	15	80~120	0.25	0.56	0.36	0.28	0.39	0.28	0.75	0.60	2.65	2.66	0.80	0.60	2.68	2.67
		140	0.25	0.34	0.45	0.36	0.45	0.34	0.91	0.74	2.72	2.68	0.93	0.74	2.70	2.71
	18	80~120	0.25	0.56	0.39	0.33	0.39	0.33	0.81	0.62	2.69	2.67	0.85	0.65	2.72	2.70
		140	0.25	0.34	0.46	0.39	0.48	0.40	0.87	0.73	2.74	2.72	0.92	0.74	2.72	2.75
	20	80~120	0.25	0.56	0.51	0.39	0.51	0.38	0.85	0.70	2.73	2.73	0.85	0.70	2.75	2.74
		140	0.25	0.35	0.52	0.42	0.54	0.44	0.97	0.76	2.75	2.76	1.03	0.74	2.73	2.73
	21	80~120	0.25	0.56	0.52	0.55	0.55	0.49	0.92	0.72	2.75	2.73	0.83	0.72	2.72	2.74
		140	0.25	0.35	0.59	0.54	0.63	0.57	1.05	0.83	2.77	2.77	0.95	0.76	2.76	2.73
	22	80~120	0.25	0.56	0.58	0.59	0.58	0.53	0.96	0.80	2.78	2.73	1.01	0.77	2.74	2.75
		140	0.26	0.35	0.58	0.58	0.59	0.55	1.02	0.83	2.79	2.80	1.09	0.82	2.76	2.79
	23	80~120	0.26	0.56	0.61	0.58	0.59	0.61	0.91	0.80	2.80	2.77	0.93	0.78	2.76	2.76
		140	0.26	0.35	0.60	0.60	0.59	0.63	1.14	0.90	2.80	2.76	1.12	0.85	2.78	2.81
	24	80~120	0.26	0.56	0.73	0.59	0.70	0.63	1.03	0.83	2.75	2.76	1.10	0.85	2.75	2.76
		140	0.26	0.35	0.67	0.61	0.72	0.64	1.15	0.94	2.84	2.78	1.21	0.92	2.83	2.81
	25	80~120	0.26	0.56	0.73	0.62	0.74	0.65	1.07	0.82	2.79	2.80	1.02	0.86	2.79	2.80
		140	0.27	0.35	0.74	0.63	0.74	0.63	1.27	0.95	2.82	2.87	1.27	0.99	2.82	2.81

"4×40-20"方案风-车-桥系统振动评估　　　　表3-12

风速(m/s)		车速(km/h)	桥梁横向加速度	桥梁竖向加速度	行车安全性				乘坐舒适性							
					动车		拖车		动车				拖车			
					脱轨系数	轮重减载率	脱轨系数	轮重减载率	车体加速度		Sperling指标		车体加速度		Sperling指标	
									竖向	横向	竖向	横向	竖向	横向	竖向	横向
单线	无风	80~120	满足	满足	满足	满足	满足	满足	满足	满足	良好	良好	满足	满足	良好	良好
		140	满足	满足	满足	满足	满足	满足	满足	满足	良好	良好	满足	满足	良好	良好

续上表

风速 (m/s)	车速 (km/h)	桥梁横向加速度	桥梁竖向加速度	行车安全性				乘坐舒适性							
				动车		拖车		动车				拖车			
				脱轨系数	轮重减载率	脱轨系数	轮重减载率	车体加速度		Sperling指标		车体加速度		Sperling指标	
								竖向	横向	竖向	横向	竖向	横向	竖向	横向
单线	15	80~120	满足	满足	满足	满足	满足	满足	满足	满足	良好	良好	满足	满足	良好	良好
		140	满足	满足	满足	满足	满足	满足	满足	满足	良好	良好	满足	满足	良好	良好
	18	80~120	满足	满足	满足	满足	满足	满足	满足	满足	良好	良好	满足	满足	良好	良好
		140	满足	满足	满足	满足	满足	满足	满足	满足	良好	良好	满足	满足	良好	良好
	20	80~120	满足	满足	满足	满足	满足	满足	满足	满足	良好	良好	满足	满足	良好	良好
		140	满足	满足	满足	满足	满足	满足	满足	满足	良好	良好	满足	满足	良好	良好
	21	80~120	满足	满足	满足	满足	满足	满足	满足	满足	良好	良好	满足	满足	良好	良好
		140	满足	满足	满足	满足	满足	满足	满足	满足	良好	良好	满足	满足	良好	良好
	22	80~120	满足	满足	满足	满足	满足	满足	满足	合格	良好	良好	满足	满足	良好	良好
		140	满足	满足	满足	满足	满足	满足	满足	合格	合格	合格	满足	满足	良好	合格
	23	80~120	满足	满足	满足	满足	满足	满足	满足	合格	良好	良好	满足	满足	良好	良好
		140	满足	满足	满足	满足	满足	超标	满足	合格	合格	良好	满足	满足	合格	合格
	24	80~120	满足	满足	满足	满足	满足	超标	满足	良好	良好	良好	满足	满足	良好	良好
		140	满足	满足	满足	满足	满足	超标	满足	合格	合格	合格	满足	满足	合格	合格
	25	80~120	满足	满足	满足	满足	满足	超标	满足	合格	合格	合格	满足	满足	合格	合格
		140	满足	满足	满足	超标	满足	超标	满足	合格	合格	合格	满足	满足	合格	合格
双线	无风	80~120	满足	满足	满足	满足	满足	满足	满足	满足	良好	良好	满足	满足	良好	良好
		140	满足	满足	满足	满足	满足	满足	满足	满足	良好	良好	满足	满足	良好	良好
	15	80~120	满足	满足	满足	满足	满足	满足	满足	满足	良好	良好	满足	满足	良好	良好
		140	满足	满足	满足	满足	满足	满足	满足	满足	良好	良好	满足	满足	良好	良好
	18	80~120	满足	满足	满足	满足	满足	满足	满足	满足	良好	良好	满足	满足	良好	良好
		140	满足	满足	满足	满足	满足	满足	满足	满足	良好	良好	满足	满足	良好	良好
	20	80~120	满足	满足	满足	满足	满足	满足	满足	满足	良好	良好	满足	满足	良好	良好
		140	满足	满足	满足	满足	满足	满足	满足	满足	良好	合格	满足	满足	良好	良好
	21	80~120	满足	满足	满足	满足	满足	满足	满足	满足	良好	良好	满足	满足	良好	良好
		140	满足	满足	满足	满足	满足	满足	满足	合格	合格	良好	满足	满足	合格	良好
	22	80~120	满足	满足	满足	满足	满足	满足	满足	合格	良好	良好	满足	满足	良好	良好
		140	满足	满足	满足	满足	满足	满足	满足	合格	合格	合格	满足	满足	合格	合格

续上表

风速 (m/s)	车速 (km/h)	桥梁横向加速度	桥梁竖向加速度	行车安全性				乘坐舒适性							
				动车		拖车		动车				拖车			
				脱轨系数	轮重减载率	脱轨系数	轮重减载率	车体加速度		Sperling指标		车体加速度		Sperling指标	
								竖向	横向	竖向	横向	竖向	横向	竖向	横向
双线	23														
	80~120	满足	满足	满足	满足	满足	满足	满足	满足	合格	合格	满足	满足	合格	合格
	140	满足	满足	满足	满足	满足	超标	满足	满足	合格	合格	满足	满足	合格	合格
	24														
	80~120	满足	满足	满足	满足	满足	超标	满足	满足	良好	合格	满足	满足	良好	合格
	140	满足	满足	满足	超标	满足	超标	满足	满足	合格	合格	满足	满足	合格	合格
	25														
	80~120	满足	满足	满足	超标	满足	超标	满足	满足	合格	合格	满足	满足	合格	合格
	140	满足	满足	满足	超标	满足	超标	满足	满足	合格	合格	满足	满足	合格	合格

4）"4×40+3×40"方案车桥振动分析

针对"4×40+3×40"方案，风-车-桥系统振动响应计算结果见表3-13，系统振动响应评估结果见表3-14。分析计算与评估结果可知：

（1）在无风条件下，当单线或双线B型车分别以80~120km/h的速度通过该桥时，在所有计算工况下，桥梁的动力响应均在容许值以内，列车竖、横向振动加速度满足限值要求，列车乘坐舒适性均能够达到"良好"标准以上；以140km/h（检算速度）的速度通过该桥时，列车乘坐舒适性也能够达到"良好"标准以上。

（2）当桥面平均风速等于或低于21m/s时，单线或双线B型车分别以80~120km/h的速度通过该桥，桥梁的动力响应均在容许值以内，列车行车安全性满足要求，列车的车体竖、横向振动加速度满足限值要求，列车乘坐舒适性除个别以外其他均达到"良好"标准以上，故可安全舒适运行。

（3）当桥面平均风速达到23m/s时，单线或双线B型车通过该桥时，桥梁的动力响应均在容许值以内，列车的车体竖、横向振动加速度满足限值要求。车速在80~120km/h（桥梁设计速度）之间通过该桥时，列车行车安全性满足要求；以140km/h（检算速度）的速度通过该桥时，列车行车安全性不满足要求，故应限速通行。

（4）当桥面平均风速达到24m/s时，单线或双线B型车分别以80~120km/h的速度通过该桥时，桥梁的动力响应均在容许值以内，但列车行车安全性不满足要求，故不能通行。

综上所述，"4×40+3×40"方案在无风条件下具有良好的动力特性及列车走行性，能满足安全性和舒适性的各项要求。列车在有风条件下通过桥梁时，当桥面平均风速等于或低于21m/s时，可畅通运行；当桥面平均风速达到23m/s时，限速120km/h通行；当桥面平均风速达到24m/s时，禁止通行。

"4×40＋3×40"方案风-车-桥系统振动响应最大值

表 3-13

风速 （m/s）	车速 （km/h）		桥梁横向 加速度 （m/s²）	桥梁竖向 加速度 （m/s²）	行车安全性				乘坐舒适性							
					动车		拖车		动车				拖车			
					脱轨 系数	轮重 减载 率	脱轨 系数	轮重 减载 率	车体加速度 （m/s²）		Sperling 指标		车体加速度 （m/s²）		Sperling 指标	
									竖向	横向	竖向	横向	竖向	横向	竖向	横向
单线	无风	80～120	0.26	0.58	0.41	0.28	0.36	0.29	0.72	0.60	2.64	2.64	0.73	0.58	2.65	2.61
		140	0.28	0.48	0.45	0.31	0.37	0.28	0.77	0.67	2.69	2.68	0.76	0.66	2.67	2.69
	15	80～120	0.26	0.56	0.48	0.30	0.42	0.27	0.73	0.61	2.63	2.65	0.72	0.57	2.68	2.66
		140	0.29	0.46	0.50	0.36	0.51	0.32	0.79	0.69	2.71	2.69	0.85	0.68	2.69	2.69
	18	80～120	0.27	0.56	0.52	0.32	0.46	0.32	0.77	0.64	2.68	2.68	0.81	0.62	2.69	2.71
		140	0.29	0.46	0.54	0.37	0.56	0.41	0.85	0.72	2.75	2.73	0.86	0.69	2.72	2.75
	20	80～120	0.28	0.57	0.57	0.38	0.56	0.36	0.81	0.70	2.71	2.73	0.86	0.69	2.70	2.73
		140	0.30	0.46	0.59	0.41	0.63	0.42	0.88	0.74	2.76	2.75	0.90	0.72	2.71	2.75
	21	80～120	0.28	0.57	0.60	0.52	0.60	0.48	0.91	0.73	2.74	2.73	0.90	0.71	2.71	2.74
		140	0.30	0.46	0.67	0.54	0.69	0.55	1.01	0.81	2.75	2.78	1.00	0.73	2.74	2.78
	22	80～120	0.29	0.57	0.68	0.53	0.62	0.52	1.02	0.78	2.77	2.74	0.94	0.76	2.72	2.77
		140	0.30	0.46	0.70	0.58	0.67	0.61	1.04	0.83	2.78	2.81	1.05	0.79	2.76	2.79
	23	80～120	0.29	0.57	0.71	0.55	0.68	0.50	1.03	0.80	2.80	2.78	0.96	0.77	2.75	2.80
		140	0.30	0.46	0.73	0.61	0.72	0.62	1.07	0.85	2.78	2.77	1.08	0.83	2.77	2.81
	24	80～120	0.29	0.57	0.76	0.58	0.80	0.54	1.04	0.81	2.75	2.77	0.98	0.82	2.75	2.81
		140	0.31	0.46	0.79	0.64	0.83	0.63	1.08	0.86	2.81	2.80	1.11	0.87	2.83	2.84
	25	80～120	0.29	0.57	0.84	0.61	0.85	0.57	1.13	0.83	2.78	2.80	1.12	0.83	2.78	2.84
		140	0.31	0.46	0.93	0.64	0.92	0.64	1.19	0.90	2.82	2.84	1.15	0.90	2.84	2.85
双线	无风	80～120	0.25	0.48	0.44	0.30	0.39	0.31	0.77	0.64	2.67	2.67	0.78	0.62	2.68	2.64
		140	0.28	0.44	0.48	0.33	0.40	0.30	0.82	0.72	2.72	2.71	0.81	0.71	2.70	2.72
	15	80～120	0.26	0.47	0.51	0.32	0.45	0.29	0.78	0.65	2.66	2.68	0.77	0.61	2.71	2.69
		140	0.28	0.44	0.54	0.38	0.55	0.34	0.84	0.74	2.74	2.72	0.91	0.73	2.72	2.72
	18	80～120	0.27	0.47	0.56	0.34	0.49	0.34	0.82	0.68	2.71	2.71	0.87	0.66	2.72	2.74
		140	0.28	0.44	0.58	0.40	0.60	0.44	0.91	0.77	2.78	2.76	0.92	0.74	2.75	2.78
	20	80～120	0.28	0.47	0.61	0.41	0.60	0.38	0.87	0.75	2.74	2.76	0.92	0.74	2.73	2.76
		140	0.29	0.44	0.63	0.44	0.67	0.45	0.94	0.79	2.79	2.78	1.04	0.77	2.74	2.78

续上表

风速 (m/s)	车速 (km/h)	桥梁横向加速度 (m/s²)	桥梁竖向加速度 (m/s²)	行车安全性				乘坐舒适性							
				动车		拖车		动车				拖车			
				脱轨系数	轮重减载率	脱轨系数	轮重减载率	车体加速度 (m/s²)		Sperling指标		车体加速度 (m/s²)		Sperling指标	
								竖向	横向	竖向	横向	竖向	横向	竖向	横向
双线	21	0.28	0.47	0.64	0.56	0.64	0.51	0.97	0.78	2.77	2.76	0.96	0.76	2.74	2.77
		0.29	0.44	0.72	0.58	0.74	0.59	1.08	0.87	2.78	2.81	1.07	0.78	2.77	2.81
	22	0.28	0.47	0.73	0.57	0.66	0.56	1.09	0.83	2.80	2.77	1.01	0.81	2.75	2.80
		0.30	0.44	0.75	0.62	0.72	0.65	1.11	0.89	2.81	2.84	1.12	0.84	2.79	2.82
	23	0.28	0.47	0.76	0.59	0.73	0.54	1.10	0.86	2.83	2.81	1.03	0.82	2.78	2.83
		0.30	0.44	0.78	0.65	0.77	0.66	1.15	0.91	2.81	2.80	1.16	0.89	2.80	2.85
	24	0.29	0.47	0.81	0.62	0.86	0.58	1.11	0.87	2.78	2.80	1.05	0.88	2.78	2.84
		0.30	0.44	0.84	0.68	0.89	0.67	1.16	0.92	2.85	2.83	1.19	0.93	2.87	2.88
	25	0.29	0.47	0.90	0.65	0.91	0.62	1.21	0.89	2.81	2.83	1.20	0.89	2.81	2.88
		0.30	0.44	0.99	0.69	0.98	0.68	1.27	0.96	2.86	2.88	1.23	0.96	2.88	2.89

"4×40＋3×40"方案风-车-桥系统振动评估　　表3-14

风速 (m/s)	车速 (km/h)	桥梁横向加速度	桥梁竖向加速度	行车安全性				乘坐舒适性							
				动车		拖车		动车				拖车			
				脱轨系数	轮重减载率	脱轨系数	轮重减载率	车体加速度		Sperling指标		车体加速度		Sperling指标	
								竖向	横向	竖向	横向	竖向	横向	竖向	横向
单线	无风	满足	满足	满足	满足	满足	满足	满足	满足	良好	良好	满足	满足	良好	良好
		满足	满足	满足	满足	满足	满足	满足	满足	良好	良好	满足	满足	良好	良好
	15	满足	满足	满足	满足	满足	满足	满足	满足	良好	良好	满足	满足	良好	良好
		满足	满足	满足	满足	满足	满足	满足	满足	良好	良好	满足	满足	良好	良好
	18	满足	满足	满足	满足	满足	满足	满足	满足	良好	良好	满足	满足	良好	良好
		满足	满足	满足	满足	满足	满足	满足	满足	合格	合格	满足	满足	良好	合格
	20	满足	满足	满足	满足	满足	满足	满足	满足	良好	合格	满足	满足	良好	合格
		满足	满足	满足	满足	满足	满足	满足	满足	合格	合格	满足	满足	合格	合格
	21	满足	满足	满足	满足	满足	满足	满足	满足	合格	合格	满足	满足	良好	合格
		满足	满足	满足	满足	满足	满足	满足	满足	合格	合格	满足	满足	合格	合格

续上表

风速 (m/s)		车速 (km/h)	桥梁横向加速度	桥梁竖向加速度	行车安全性				乘坐舒适性							
					动车		拖车		动车				拖车			
					脱轨系数	轮重减载率	脱轨系数	轮重减载率	车体加速度		Sperling 指标		车体加速度		Sperling 指标	
									竖向	横向	竖向	横向	竖向	横向	竖向	横向
单线	22	80~120	满足	满足	满足	满足	满足	满足	满足	满足	合格	合格	满足	满足	良好	合格
		140	满足	满足	满足	超标	满足	超标	满足	满足	合格	合格	满足	满足	合格	合格
	23	80~120	满足	满足	满足	满足	满足	满足	满足	满足	合格	合格	满足	满足	合格	合格
		140	满足	满足	满足	超标	满足	超标	满足	满足	合格	合格	满足	满足	合格	合格
	24	80~120	满足	满足	超标	超标	满足	超标	满足	满足	合格	合格	满足	满足	合格	合格
		140	满足	满足	超标	超标	满足	超标	满足	满足	合格	合格	满足	满足	合格	合格
	25	80~120	满足	满足	超标	超标	超标	超标	满足	满足	合格	合格	满足	满足	合格	合格
		140	满足	满足	超标	超标	超标	超标	满足	满足	合格	合格	满足	满足	合格	合格
双线	无风	80~120	满足	满足	满足	满足	满足	满足	满足	满足	良好	良好	满足	满足	良好	良好
		140	满足	满足	满足	满足	满足	满足	满足	满足	良好	良好	满足	满足	良好	良好
	15	80~120	满足	满足	满足	满足	满足	满足	满足	满足	良好	良好	满足	满足	良好	良好
		140	满足	满足	满足	满足	满足	满足	满足	满足	良好	良好	满足	满足	良好	良好
	18	80~120	满足	满足	满足	满足	满足	满足	满足	满足	良好	良好	满足	满足	良好	良好
		140	满足	满足	满足	满足	满足	满足	满足	满足	合格	合格	满足	满足	良好	合格
	20	80~120	满足	满足	满足	满足	满足	满足	满足	满足	良好	良好	满足	满足	良好	合格
		140	满足	满足	满足	满足	满足	满足	满足	满足	合格	合格	满足	满足	合格	合格
	21	80~120	满足	满足	满足	满足	满足	满足	满足	满足	合格	合格	满足	满足	合格	合格
		140	满足	满足	满足	满足	满足	满足	满足	满足	合格	合格	满足	满足	合格	合格
	22	80~120	满足	满足	满足	满足	满足	满足	满足	满足	合格	合格	满足	满足	良好	合格
		140	满足	满足	满足	超标	满足	超标	满足	满足	合格	合格	满足	满足	合格	合格
	23	80~120	满足	满足	满足	满足	满足	满足	满足	满足	合格	合格	满足	满足	合格	合格
		140	满足	满足	满足	超标	满足	超标	满足	满足	合格	合格	满足	满足	合格	合格
	24	80~120	满足	满足	超标	超标	满足	超标	满足	满足	合格	合格	满足	满足	合格	合格
		140	满足	满足	超标	超标	满足	超标	满足	满足	合格	合格	满足	满足	合格	合格
	25	80~120	满足	满足	超标	超标	超标	超标	满足	满足	合格	合格	满足	满足	合格	合格
		140	满足	满足	超标	超标	超标	超标	满足	满足	合格	合格	满足	满足	合格	合格

5)"4×40-14"方案和"4×40+3×30"方案对比分析

"4×40-14"方案和"4×40+3×30"方案的墩高接近,主要区别在于前者为直线段,后者为曲线段桥梁。对比两个方案的动车运行安全性指标和舒适性指标,分析线路曲线对列车走行性的影响,计算结果对比如图3-15~图3-20所示。由图可知,曲线线路下的列车轮重减载率、脱轨系数、车体加速度和列车舒适度指标相比直线线路增大了许多,且随着平均风速的增大,作用在列车上的气动荷载越大,列车的运行安全性和舒适性更难以保证,相比"4×40-14"方案,"4×40+3×30"方案在平均风速为22m/s时列车的运行安全性指标开始超限,列车应限速运行,其临界风速有所下降。一般而言,横风作用下的列车运行主要呈现倾覆特征,列车迎风侧车轮发生减载,背风侧车轮发生增载,迎风侧车轮轮重减载率变化明显。相较于直线线路,曲线线路存在离心力,导致列车一侧车轮出现减载,一侧车轮出现增载,加之风荷载作用,曲线下的列车运行安全性相比直线线路复杂许多。

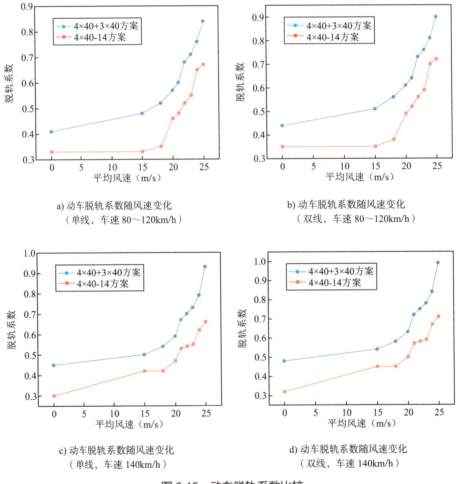

图3-15 动车脱轨系数比较

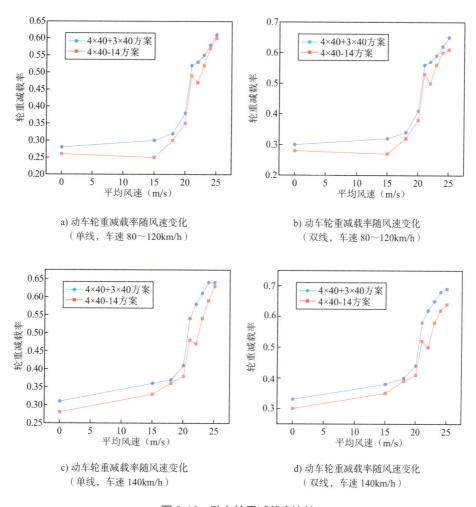

图 3-16 动车轮重减载率比较

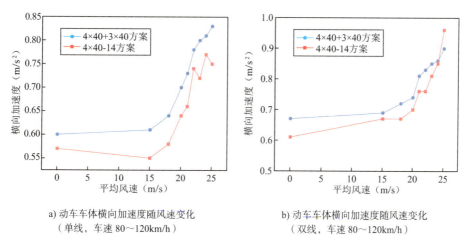

图 3-17

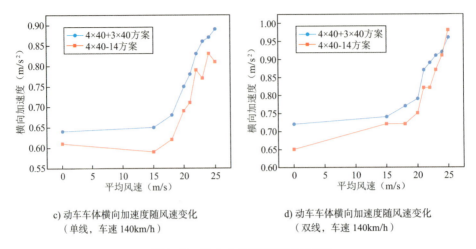

c) 动车车体横向加速度随风速变化
（单线，车速 140km/h）

d) 动车车体横向加速度随风速变化
（双线，车速 140km/h）

图 3-17 动车车体横向加速度比较

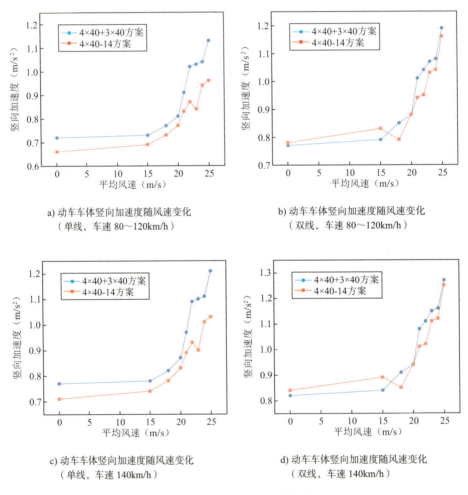

a) 动车车体竖向加速度随风速变化
（单线，车速 80~120km/h）

b) 动车车体竖向加速度随风速变化
（双线，车速 80~120km/h）

c) 动车车体竖向加速度随风速变化
（单线，车速 140km/h）

d) 动车车体竖向加速度随风速变化
（双线，车速 140km/h）

图 3-18 动车车体竖向加速度比较

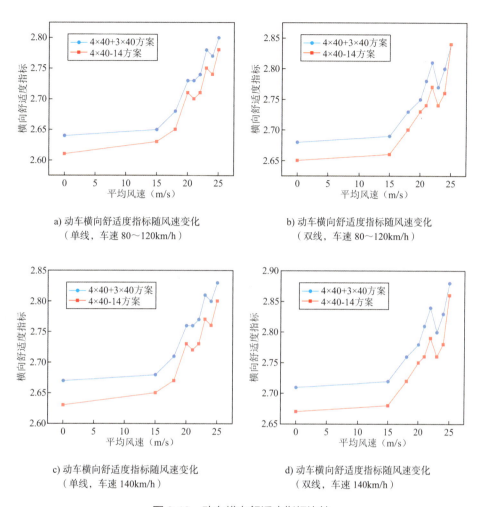

图 3-19 动车横向舒适度指标比较

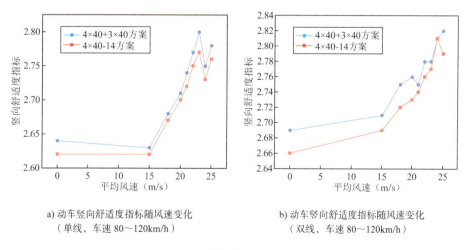

图 3-20

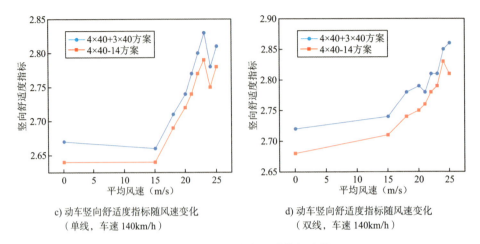

c) 动车竖向舒适度指标随风速变化
（单线，车速 140km/h）

d) 动车竖向舒适度指标随风速变化
（双线，车速 140km/h）

图 3-20 动车竖向舒适度指标比较

第 4 章

结构抗震性能研究

桥梁在人员流通和物资运输中扮演着极其重要的角色，重要干线上的桥梁是当之无愧的交通生命线，一旦发生严重震害，会使得抗震救灾严重受阻，造成的经济损失和人员伤亡将极为巨大。

与传统连续刚构桥相比，全刚构体系桥梁具有以下优点：结构中省去了支座的使用和维护，建造的成本降低，且易于维养；墩梁固结，各部分的抗力可以均匀分配、协同作用，无论是静力还是地震作用下结构的受力分配更为合理；桥型连贯，整体性好，造型优美。但国内外此类桥梁未见大规模应用。全刚构体系桥梁作为国内桥梁结构应用的新形式，其抗震性能影响着城市交通的健康稳定，也关系着灾害下人们的生命财产安全。对于地震下全刚构体系桥梁的破坏过程和易损性分析的研究还比较少，在遭遇大烈度地震作用时，确定此类桥梁损伤位置、评估损伤程度仍比较困难。因此，研究地震作用下全刚构体系桥梁的损伤破坏模式是一项重要任务，对于此类桥梁的抗震设计方案拟定、加固修复决策、交通系统损伤风险评估及震后方案制定都具有重要意义。

考虑广州地铁14号线位于地震6度区，地震工况下均处于弹性状态，不控制设计。本章以其他某7度区域城际铁路工程的4×40m全刚构体系桥梁作为研究背景，研究近场远场地震动输入以及碰撞效应对于全刚构体系桥的地震损伤、破坏过程的影响，评估地震损伤破坏风险，指导全刚构体系桥梁设计。

4.1 工程背景

研究对象选为某墩高11m的4×40m全刚构体系桥，桥跨布置立面形式如图4-1所示。为便于后续说明，对图中桥墩进行编号，从左到右依次编号为P1~P5。

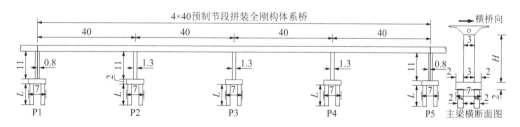

图4-1　4×40m全刚构体系桥立面布置及横断面图（尺寸单位：m）

主梁采用预应力混凝土双线单室箱梁，梁高2.3m，梁顶宽11.0m，梁底宽3.0m，腹板斜置，悬臂板长2.5m，悬臂根部高度0.5m。跨中顶、底板厚300mm，腹板厚300mm；梁端顶底板厚500mm，腹板厚500mm，主梁横断面如图4-2所示。

下部墩柱采用薄壁矩形墩，11m高的边墩尺寸为宽度×厚度=3m×0.8m，中墩尺寸为宽度×厚度=3m×1.3m。基础采用钻（冲）桩基础，采用4根1.5m的桩基，按端部承压桩设计，以中风化岩作为桩端持力层。承台尺寸横向宽度×纵向宽度×厚度=7m×

7m×2m，桩间距为 4.5m×4.5m。

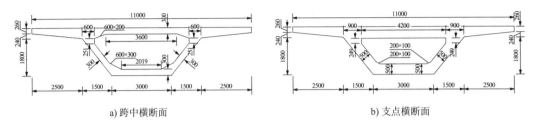

a) 跨中横断面　　　　　　　　　b) 支点横断面

图 4-2　主梁横断面图（尺寸单位：mm）

4.2 目标联桥梁抗震性能研究

4.2.1 抗震设防标准、性能目标与地震动输入

1) 抗震设防标准、性能目标

确定工程的抗震设防标准是一项经济性和政策性很强的工作。既要保证大桥的抗震安全性，又不致使造价增加太多。在经济与安全之间进行合理平衡，这是桥梁抗震设防的合理原则。参照《城市轨道交通结构抗震设计规范》（GB 50909—2014），城市轨道交通的 4×40m 全刚构体系桥为重点设防类，其抗震设防标准和相应的性能目标参见表 4-1。

抗震性能目标　　　　　　　　　　　　表 4-1

设防地震概率水平	结构性能要求
E1 地震作用（100 年重现期）	地震后不损伤或轻微损伤，应能保持其正常使用功能；结构处于弹性工作阶段；不应因结构的变形导致轨道的过大变形而影响行车安全；对应为性能要求Ⅰ
E2 地震作用（475 年重现期）	地震后可能损伤，经修补，短期内应能恢复其正常使用功能；结构局部进入弹塑性工作阶段；对应为性能要求Ⅱ
E3 地震作用（2450 年重现期）	地震后可能产生较大损伤，但不应出现局部或整体倒毁，结构处于弹塑性工作阶段；对应为性能要求Ⅲ

2) 地震动输入

根据《城市轨道交通结构抗震设计规范》（GB 50909—2014），E1 地震作用、E2 地震作用和 E3 地震作用的加速度反应谱（阻尼比 5%）计算公式如下：

$$S = \begin{cases} a_{\max} + 10T(\eta\beta_m a_{\max} - a_{\max}) & T \leqslant 0.1 \\ \eta\beta_m a_{\max} & 0.1 \leqslant T \leqslant T_g \\ \left(\dfrac{T_g}{T}\right)^\gamma \eta\beta_m a_{\max} & T \geqslant T_g \end{cases} \quad (4\text{-}1)$$

其中：

$$\gamma = 1 + \dfrac{0.05 - \xi}{0.3 + 6\xi} \quad (4\text{-}2)$$

$$\eta = 1 + \frac{0.05 - \xi}{0.08 + 1.6\xi} \tag{4-3}$$

式中：T——结构自振周期；

a_{max}——地震动峰值加速度；

T_g——特征周期；

ξ——结构阻尼比；

γ——下降段衰减指数；

η——阻尼调整系数；

β_m——场地设计地震动加速度反应谱动力放大系数最大值，各参数的取值见表 4-2。

反应谱参数取值　　　　　　　　　　　　表 4-2

地震作用分类	参数					
	a_{max}	ξ	η	γ	T_g	β_m
E1 地震作用	0.05	0.05	1	1	0.45	2.5
E2 地震作用	0.1	0.05	1	1	0.45	2.5
E3 地震作用	0.22	0.05	1	1	0.45	2.5

图 4-3 为阻尼比 ξ 为 5%时 E1 地震作用、E2 地震作用、E3 地震作用的加速度反应谱。

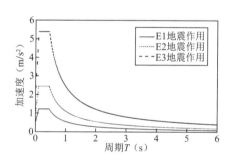

图 4-3　阻尼比 5%下地震动加速度反应谱

根据上述加速度反应谱，针对 E1 地震、E2 地震和 E3 地震分别合成了 3 条地震动加速度时程，图 4-4 列出了三条 E1 地震动时程曲线。最终，抗震烈度 7 度区 4×40m 全刚构体系桥的地震响应结果取 3 条地震动时程分析的最大值。

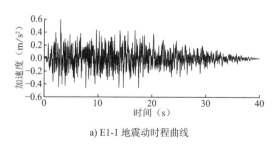

a) E1-1 地震动时程曲线　　　　　　　b) E1-2 地震动时程曲线

图　4-4

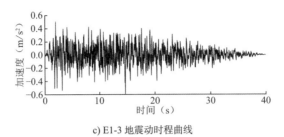

c) E1-3 地震动时程曲线

图 4-4　E1 地震水平向加速度时程曲线

4.2.2　结构动力分析模型及动力特性

1）结构动力分析的线性模型与结构动力特性

在进行 E1 地震作用下结构动力响应时程分析时，采用线性的结构模型。主梁和桥墩采用梁单元模拟；承台近似为刚体，质量堆聚在承台质心；墩底和承台中心以及桩顶中心节点采用主从相连；主梁的一期恒载通过赋予截面面积和密度施加，二期恒载以线质量形式附加于梁单元。

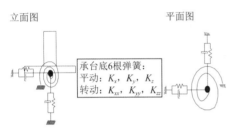

图 4-5　群桩基础六弹簧模型

桥梁地震反应分析中，群桩基础的常用处理方法是在承台底加 6 个方向的弹簧模拟桩基础的作用（图 4-5），并由承台底部内力按静力方法（m 法）反推单桩最不利受力。弹簧刚度根据土层状况和桩的布置形式按静力等效原则确定，由土层资料确定 m 值，这种处理方法在低桩承台桩基础中广泛采用。单个群桩基础的弹簧刚度见表 4-3。

群桩基础弹簧刚度　　　　表 4-3

桥墩号	参数					
	K_x（kN/m）	K_y（kN/m）	K_z（kN/m）	K_{xx}（kN·m/rad）	K_{yy}（kN·m/rad）	K_{zz}（kN·m/rad）
P1 边墩	1127000	1127000	7521000	2966000	50680000	−2966000
P2 中墩	1127000	1127000	6695000	2966000	46500000	−2966000
P3 中墩	1127000	1127000	6912000	2966000	47600000	−2966000
P4 中墩	1127000	1127000	7656000	2966000	51370000	−2966000
P5 边墩	1127000	1127000	7656000	2966000	51370000	−2966000

注：1. x 为顺桥向，y 为横桥向，z 为竖向。
2. K_x、K_y、K_z、K_{xx}、K_{yy} 和 K_{zz} 分别代表沿 x、y 和 z 轴的平动刚度和转动刚度。
3. 负号表示与规定的方向相反。

采用 SAP2000 软件建立标准段 4×40m 全刚构体系桥的三维结构动力分析有限元模型，如图 4-6 所示。总体坐系以顺桥向为 x 轴，横桥向为 y 轴，竖桥向为 z 轴；各单元局部坐标系以单元轴向为 1 轴（从 I 节点指向 J 节点），3 轴保持水平且垂直于 1 轴，2 轴按右手螺旋准则确定。在建立模型时，中间联作为计算联（目标联），中间联左右各取一联作为边界联。

图 4-6　结构有限元模型

分析桥梁结构的动力特性是进行桥梁结构抗震性能分析的基础和重要环节。为此，运用上述桥梁结构线性模型计算结构的自振周期、自振频率以及振型等动力特性，计算结果见表 4-4。由表可见，桥梁结构的基本周期为 0.92s。

标准段 4×40m 全刚构体系桥动力特性　　　　　　　　　　表 4-4

振型阶次	周期（s）	频率（Hz）	振型特征
1	0.92	1.087	主梁横桥向振动
2	0.882	1.133	主梁反向横桥向振动
3	0.863	1.158	主梁反向横桥向振动
4	0.822	1.216	主梁纵桥向振动
5	0.811	1.233	主梁纵桥向振动

2）结构动力分析的非线性模型

在进行 E2 地震作用和 E3 地震作用下非线性时程分析时，需考虑延性墩柱的集中塑性铰，延性墩柱的抗弯刚度取有效截面抗弯刚度，即：

$$E_c \times I_{eff} = \frac{M_y}{\phi_y} \tag{4-4}$$

式中：E_c——桥墩混凝土的弹性模量（kN/m²）；

　　　I_{eff}——桥墩有效截面抗弯惯性矩（m⁴）；

　　　M_y——等效屈服弯矩（kN·m）；

　　　ϕ_y——等效屈服曲率（m⁻¹）。

考虑到墩顶和墩底都存在较大弯矩，在延性墩柱的非线性模型中，桥墩采用带集中塑性铰的弹塑性单元模拟，其中集中塑性铰的弯矩-转角关系（$M\text{-}\theta$）关系如图 4-7 所示。图 4-7 中的等效屈服弯矩 M_{eq} 可采用纤维单元进行弯矩-曲率（考虑相应轴力）分析获得。

屈服弯矩采用截面等效屈服弯矩，截面等效屈服弯矩实质上是一个理论上的概念值，是将实际的截面弯矩-曲率曲线按能量等效的原则将其等效为一个弹塑性曲线。其中，等效屈服弯矩M_{eq}计算规则如图4-8所示，由阴影部分面积相等求得。M_y为截面相应于最不利轴力时最外层钢筋首次屈服时对应的初始屈服弯矩；M_{eq}为相应于最不利轴力时截面等效抗弯屈服弯矩；M_u为截面极限弯矩。

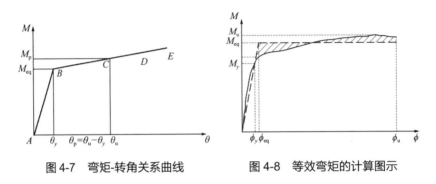

图4-7 弯矩-转角关系曲线　　　图4-8 等效弯矩的计算图示

因为求出的是弯矩-曲率曲线，故需要对曲率乘上塑性铰长度求出转角，得到弯矩-转角曲线。根据桥墩的截面尺寸和截面纵向配筋率计算出的各墩墩顶、墩底屈服弯矩和屈服曲率，见表4-5与表4-6。

顺桥向桥墩墩顶、墩底屈服弯矩与屈服曲率　　　　　　　　　　　　　　　表4-5

墩号	截面位置	屈服弯矩（kN·m）	屈服曲率（m^{-1}）
P1 边墩	墩顶	16009	0.0047
	墩底	15879	0.0047
P2 中墩	墩顶	25019	0.003
	墩底	25079	0.003
P3 中墩	墩顶	24280	0.003
	墩底	24280	0.003
P4 中墩	墩顶	25019	0.003
	墩底	25079	0.003
P5 边墩	墩顶	16009	0.0047
	墩底	15879	0.0047

横桥向桥墩墩底屈服弯矩与屈服曲率　　　　　　　　　　　　　　　　　　表4-6

墩号	截面位置	屈服弯矩（kN·m）	屈服曲率（m^{-1}）
P1 边墩	墩底	48840	0.0015
P2 中墩	墩底	54930	0.00135
P3 中墩	墩底	54410	0.00133
P4 中墩	墩底	54930	0.00135
P5 边墩	墩底	48840	0.0015

4.2.3 目标联桥梁抗震分析

利用所建立的动力分析模型，按照三阶段设防水准，分别输入 E1 地震作用、E2 地震作用和 E3 地震作用下的地震动。根据《城市轨道交通结构抗震设计规范》（GB 50909—2014），在 E1 地震作用下对结构进行反应谱分析，计算时取前 500 阶振型，按 CQC 方法进行组合。在 E2 地震作用和 E3 地震作用下对结构进行非线性时程分析。地震输入采用两种方式：顺桥向与横桥向。根据《城市轨道交通结构抗震设计规范》（GB 50909—2014），顺桥向（x方向）的反应为 $1.0E_x + 0.7E_z$，横桥向（y向）方向的反应为 $1.0E_y + 0.7E_z$，其中 E_x 为单独计算顺桥向（x方向）地震作用在该计算方向产生的最大效应，E_y 为单独计算横桥向（y向）地震作用在该计算方向产生的最大效应，E_z 为单独计算竖桥向（z方向）地震作用在该计算方向产生的最大效应。

1）确定桥墩控制截面

对于相同方向地震反应，E1 地震、E2 地震和 E3 地震作用下墩柱弯矩包络图形状相似，故只给出 E1 地震作用下考虑地震反应方向组合后墩柱的弯矩、剪力包络图，以便确定桥墩抗震性能验算的控制截面位置。图 4-9～图 4-12 为 E1 地震作用下，边墩顺桥向与横桥向的剪力、弯矩包络图。由图中可以看出：边墩的顺桥向弯矩最大值出现在墩顶与墩底，横桥向弯矩最大值出现墩底，剪力沿墩高几乎不变。因此，对于边墩，顺桥向取墩顶、墩底截面进行验算，横桥向取墩底截面进行验算。图 4-13～图 4-16 给出了 E1 地震作用下，考虑地震反应方向组合后中墩的剪力、弯矩包络图。由图中可知，中墩顺桥向弯矩最大值出现在墩顶与墩底，横桥向弯矩最大值出现墩底，剪力沿墩高几乎不变。因此，对于中墩，同样顺桥向取墩顶、墩底截面进行验算，横桥向取墩底截面进行验算。

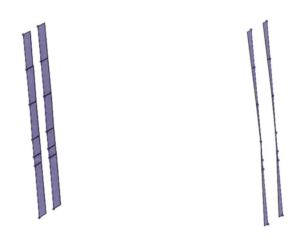

图 4-9 边墩顺桥向剪力包络图（P1、P5 边墩；E1 地震作用）　　图 4-10 边墩顺桥向弯矩包络图（P1、P5 边墩；E1 地震作用）

图 4-11　边墩横桥向剪力包络图（P1、P5 边墩；E1 地震作用）　　图 4-12　边墩横桥向弯矩包络图（P1、P5 边墩；E1 地震作用）

图 4-13　中墩顺桥向剪力包络图（P2、P3、P4 中墩；E1 地震作用）　　图 4-14　中墩顺桥向弯矩包络图（P2、P3、P4 中墩；E1 地震作用）

图 4-15　中墩横桥向剪力包络图（P2、P3、P4 中墩；E1 地震作用）　　图 4-16　中墩横桥向弯矩包络图（P2、P3、P4 中墩；E1 地震作用）

2）E1 地震作用下反应谱分析

（1）顺桥向反应。

E1 地震作用下顺桥向考虑地震反应方向组合后，目标联关键节点顺桥向位移最不利响应见表4-7；各桥墩控制截面顺桥向内力最不利响应见表4-8；承台底顺桥向反力最不利响应见表4-9；单桩顺桥向内力最不利响应见表4-10。

E1地震作用下目标联关键节点的位移最不利响应（顺桥向）　　　　　表4-7

地震方向组合	位置	位移（m）
1.0顺桥向+0.7竖桥向	P1边墩墩顶	0.011
	P2中墩墩顶	0.011
	P3中墩墩顶	0.011
	P4中墩墩顶	0.011
	P5边墩墩顶	0.011

E1地震作用下桥墩控制截面内力最不利响应（顺桥向）　　　　　表4-8

地震方向组合	墩号	截面位置	轴力（kN）	剪力（kN）	弯矩（kN·m）
1.0顺桥向+0.7竖桥向	P1边墩	墩顶	356	400	2201
		墩底	364	420	2125
	P2中墩	墩顶	853	1062	6109
		墩底	873	1098	5819
	P3中墩	墩顶	1153	1005	6097
		墩底	1173	1043	5726
	P4中墩	墩顶	856	995	5919
		墩底	875	1032	5786
	P5边墩	墩顶	347	319	1942
		墩底	356	341	1881

E1地震作用下承台底反力最不利响应（顺桥向）　　　　　表4-9

地震方向组合	墩号	轴力（kN）	剪力（kN）	弯矩（kN·m）
1.0顺桥向+0.7竖桥向	P1边墩	693	884	6009
	P2中墩	948	1166	8610
	P3中墩	1242	1108	8379
	P4中墩	938	1101	8407
	P5边墩	693	768	5331

E1 地震作用下单桩内力最不利响应（顺桥向）　　　表 4-10

地震方向组合	墩号	轴力（kN）	剪力（kN）	弯矩（kN·m）
1.0 顺桥向 + 0.7 竖桥向	P1 边墩	997	221	351
	P2 中墩	1391	292	444
	P3 中墩	1427	277	417
	P4 中墩	1352	275	412
	P5 边墩	900	192	302

（2）横桥向反应。

E1 地震作用下横桥向考虑地震反应方向组合后，目标联关键节点横桥向位移最不利响应见表 4-11；各桥墩控制截面横桥向内力最不利响应见表 4-12；承台底横桥向反力最不利响应见表 4-13；单桩横桥向内力最不利响应见表 4-14。

E1 地震作用下目标联关键节点的位移最不利响应（横桥向）　　　表 4-11

地震方向组合	位置	位移（m）
1.0 横桥向 + 0.7 竖桥向	P1 边墩墩顶	0.012
	P2 中墩墩顶	0.013
	P3 中墩墩顶	0.013
	P4 中墩墩顶	0.009
	P5 边墩墩顶	0.011

E1 地震作用下桥墩控制截面内力最不利响应（横桥向）　　　表 4-12

地震方向组合	墩号	截面位置	轴力（kN）	剪力（kN）	弯矩（kN·m）
1.0 横桥向 + 0.7 竖桥向	P1 边墩	墩底	314	381	4938
	P2 中墩	墩底	870	895.5	10633.5
	P3 中墩	墩底	1173.5	944.5	11598.5
	P4 中墩	墩底	869	973	11931
	P5 边墩	墩底	312	428	5785.5

E1 地震作用下承台底反力最不利响应（横桥向）　　　表 4-13

地震方向组合	墩号	轴力（kN）	剪力（kN）	弯矩（kN·m）
1.0 横桥向 + 0.7 竖桥向	P1 边墩	692	871.5	12347.5
	P2 中墩	944.5	978	12901.5

续上表

地震方向组合	墩号	轴力（kN）	剪力（kN）	弯矩（kN·m）
1.0 横桥向 + 0.7 竖桥向	P3 中墩	1241.5	1027.5	13992
	P4 中墩	932	1059.5	14394
	P5 边墩	692.5	934	13608

E1 地震作用下单桩内力最不利响应（横桥向）　　表 4-14

地震方向组合	墩号	轴力（kN）	剪力（kN）	弯矩（kN·m）
1.0 横桥向 + 0.7 竖桥向	P1 边墩	1620	217.9	360.15
	P2 中墩	1765.5	244.5	386.2
	P3 中墩	1960.5	256.9	414
	P4 中墩	1931	264.9	426.25
	P5 边墩	1761	233.5	393.05

3）E2 地震作用下非线性时程分析

采用非线性时程分析方法，考虑恒载内力与预应力次内力的影响，计算 E2 地震作用下结构的地震反应。

（1）顺桥向反应。

E2 地震作用下顺桥向考虑地震反应方向组合后，目标联关键节点与承台顺桥向位移最不利响应见表 4-15，桥墩控制截面内力顺桥向最不利响应见表 4-16。表 4-17 为 E2 地震顺桥向输入下，桥墩控制截面是否进入屈服的判断。依据能力保护原则计算得出的剪力见表 4-18。在进行桥墩是否进入屈服判断时，轴力取"最不利轴力 = 恒载轴力 − 地震动轴力"，验算弯矩取恒载弯矩（含预应力次内力）与地震弯矩之和，对桥墩是否进入屈服进行了验算。由表 4-17 可以看出，E2 地震作用下顺桥向桥墩均未进入屈服，故桥墩塑性转角均为零。

E2 地震作用下目标联关键节点与承台的位移最不利位移响应（顺桥向）　　表 4-15

地震方向组合	关键节点位置	位移（m）	承台位置	位移（m）
1.0 顺桥向 + 0.7 竖桥向	P1 边墩墩顶	0.023	P1 边墩	0.0025
	P2 中墩墩顶	0.023	P2 中墩	0.0037
	P3 中墩墩顶	0.023	P3 中墩	0.0039
	P4 中墩墩顶	0.023	P4 中墩	0.0034
	P5 边墩墩顶	0.023	P5 边墩	0.0031

E2 地震作用下桥墩控制截面地震最不利响应（顺桥向） 表 4-16

地震方向组合	墩号	截面位置	轴力（kN）	剪力（kN）	弯矩（kN·m）
1.0 顺桥向 + 0.7 竖桥向	P1 边墩	墩顶	711	799	4400
		墩底	728	840	4279
	P2 中墩	墩顶	1707	2124	12216
		墩底	1747	2196	11637
	P3 中墩	墩顶	2306	2010	12193
		墩底	2347	2086	11450
	P4 中墩	墩顶	1711	1989	11837
		墩底	1749	2064	11570
	P5 边墩	墩顶	694	638	3800
		墩底	713	683	3769

E2 地震作用下桥墩控制截面屈服状态判断（顺桥向） 表 4-17

地震方向组合	墩号	截面位置	最不利轴力（kN）	剪力（kN）	验算弯矩（kN·m）	等效屈服弯矩（kN·m）	是否屈服
1.0 顺桥向 + 0.7 竖桥向	P1 边墩	墩顶	6062	799	6555	15920	否
		墩底	6700	840	6684	16010	否
	P2 中墩	墩顶	12312	2124	17699	25640	否
		墩底	13387	2196	17124	26120	否
	P3 中墩	墩顶	11959	2010	12509	24890	否
		墩底	13033	2086	11742	25230	否
	P4 中墩	墩顶	12284	1989	17633	25640	否
		墩底	13413	2064	17355	26120	否
	P5 边墩	墩顶	6084	638	5898	15920	否
		墩底	6783	683	6028	16010	否

E2 地震作用下依照能力保护原则计算的剪力（顺桥向） 表 4-18

地震方向组合	墩号	截面位置	等效屈服弯矩（kN·m）	剪力需求（kN）
1.0 顺桥向 + 0.7 竖桥向	P1 边墩	墩顶	15920	3099
		墩底	16010	
	P2 中墩	墩顶	25640	4669
		墩底	26120	

续上表

地震方向组合	墩号	截面位置	等效屈服弯矩（kN·m）	剪力需求（kN）
1.0 顺桥向 + 0.7 竖桥向	P3 中墩	墩顶	24890	4459
		墩底	25230	
	P4 中墩	墩顶	25640	4466
		墩底	26120	
	P5 边墩	墩顶	15920	2830
		墩底	16010	

（2）横桥向反应。

E2 地震作用下横桥向考虑地震反应方向组合后，目标联关键节点与承台横桥向位移最不利响应见表4-19。

E2 地震作用下目标联关键节点与承台的位移最不利响应（横桥向）　　表4-19

地震方向组合	关键节点位置	位移（m）	承台位置	位移（m）
1.0 横桥向 + 0.7 竖桥向	P1 边墩墩顶	0.023	P1 边墩	0.005
	P2 中墩墩顶	0.026	P2 中墩	0.0053
	P3 中墩墩顶	0.025	P3 中墩	0.0052
	P4 中墩墩顶	0.018	P4 中墩	0.0053
	P5 边墩墩顶	0.022	P5 边墩	0.0053

E2 地震横向输入下桥墩控制截面是否进入屈服的判断见表4-20。由表4-20可以看出，E2 地震横向输入下，桥墩在弹性范围内工作，故桥墩塑性转角均为零。依据能力保护原则计算得出的剪力见表4-21。

E2 地震作用下桥墩控制截面屈服状态判断（横桥向）　　表4-20

地震方向组合	墩号	截面位置	轴力（kN）	剪力（kN）	弯矩（kN·m）	等效屈服弯矩（kN·m）	是否屈服
1.0 横桥向 + 0.7 竖桥向	P1 边墩	墩底	628	762	12311	48840	否
	P2 中墩	墩底	1740	1791	26754	56740	否
	P3 中墩	墩底	2347	1889	23488	54410	否
	P4 中墩	墩底	1738	1946	29647	56740	否
	P5 边墩	墩底	624	856	13837	48840	否

对 E2 地震作用下桥墩的剪力依照能力保护方法进行设计，墩柱抗剪强度按能力保护的方法，按照截面达到等效屈服弯矩时计算墩柱剪力需求。

E2 地震作用下依照能力保护原则计算的剪力（横桥向）　　表 4-21

地震方向组合	墩号	截面位置	等效屈服弯矩（kN·m）	剪力需求（kN）
1.0 横桥向 + 0.7 竖桥向	P1 边墩	墩底	48840	4730
	P2 中墩	墩底	56740	5098
	P3 中墩	墩底	54410	4869
	P4 中墩	墩底	56740	4877
	P5 边墩	墩底	48840	4319

4）E3 地震作用下非线性时程分析

采用非线性时程分析方法，考虑恒载内力与预应力次内力的影响，计算 E3 地震作用下结构的顺桥向与横桥向地震反应。

（1）顺桥向反应。

E3 地震作用下纵桥向考虑地震反应方向组合后，目标联关键节点与承台顺桥向位移最不利响应见表 4-22。对 E3 地震作用下桥墩的剪力依照能力保护原则进行设计，墩柱抗剪强度按能力保护的方法，按照截面达到等效屈服弯矩时计算墩柱剪力需求。桥墩控制截面地震力响应见表 4-23。为了判断桥墩是否屈服，取"最不利轴力 = 恒载轴力 − 地震动轴力"，弯矩取恒载弯矩（含预应力次内力）与地震弯矩之和，对桥墩是否进入屈服进行了验算，具体结果见表 4-24。依据能力保护原则计算得出的剪力需求见表 4-25，桥墩塑性转角见表 4-26。

E3 地震作用下目标联关键节点与承台的位移最不利响应（顺桥向）　　表 4-22

地震方向组合	关键节点位置	位移（m）	承台位置	位移（m）
1.0 顺桥向 + 0.7 竖桥向	P1 边墩墩顶	0.052	P1 边墩	0.006
	P2 中墩墩顶	0.052	P2 中墩	0.011
	P3 中墩墩顶	0.052	P3 中墩	0.008
	P4 中墩墩顶	0.052	P4 中墩	0.009
	P5 边墩墩顶	0.053	P5 边墩	0.006

E3 地震作用下桥墩控制截面地震力响应（顺桥向）　　表 4-23

地震方向组合	墩号	截面位置	轴力（kN）	剪力（kN）	弯矩（kN·m）
1.0 顺桥向 + 0.7 竖桥向	P1 边墩	墩顶	1564.2	1757.8	12848
		墩底	1601.6	1848	9958
	P2 中墩	墩顶	3755.4	4672.8	24793
		墩底	3843.4	4831.2	21425

续上表

地震方向组合	墩号	截面位置	轴力（kN）	剪力（kN）	弯矩（kN·m）
1.0 顺桥向 + 0.7 竖桥向	P3 中墩	墩顶	5073.2	4422	26509
		墩底	5163.4	4589.2	24899
	P4 中墩	墩顶	3764.2	4375.8	24189
		墩底	3847.8	4540.8	20953
	P5 边墩	墩顶	1526.8	1403.6	12391
		墩底	1568.6	1502.6	9616

E3 地震作用下桥墩控制截面屈服状态判断（顺桥向） 表 4-24

地震方向组合	墩号	截面位置	最不利轴力（kN）	剪力（kN）	验算弯矩（kN·m）	等效屈服弯矩（kN·m）	是否屈服
1.0 顺桥向 + 0.7 竖桥向	P1 边墩	墩顶	5208.75	1757.8	15003	15640	否
		墩底	5826.95	1848	12363	15670	否
	P2 中墩	墩顶	10264.96	4672.8	30276	24860	是
		墩底	11291.36	4831.2	26912	25150	是
	P3 中墩	墩顶	9192.78	4422	26825	24020	是
		墩底	10218.18	4589.2	25191	24220	是
	P4 中墩	墩顶	10231.46	4375.8	29985	24860	是
		墩底	11313.56	4540.8	26738	25150	是
	P5 边墩	墩顶	5252.45	1403.6	14489	15640	否
		墩底	5929.05	1502.6	11875	15670	否

E3 地震作用下依照能力保护原则计算的剪力（顺桥向） 表 4-25

地震方向组合	墩号	截面位置	等效屈服弯矩（kN·m）	剪力需求（kN）
1.0 顺桥向 + 0.7 竖桥向	P1 边墩	墩顶	15640	3054
		墩底	15670	
	P2 中墩	墩顶	24860	4554
		墩底	25150	
	P3 中墩	墩顶	24020	4254
		墩底	24220	
	P4 中墩	墩顶	24860	4356
		墩底	25150	

续上表

地震方向组合	墩号	截面位置	等效屈服弯矩（kN·m）	剪力需求（kN）
1.0 顺桥向 + 0.7 竖桥向	P5 边墩	墩顶	15640	2788
		墩底	15670	

E3 地震作用下桥墩塑性转角（顺桥向）　　　　表 4-26

地震方向组合	墩号	截面位置	转角（rad）
1.0 顺桥向 + 0.7 竖桥向	P1 边墩	墩顶	0
		墩底	0
	P2 中墩	墩顶	0.0046
		墩底	0.0042
	P3 中墩	墩顶	0.0049
		墩底	0.0043
	P4 中墩	墩顶	0.0047
		墩底	0.0046
	P5 边墩	墩顶	0
		墩底	0

（2）横桥向反应。

E3 地震作用下横桥向考虑地震反应方向组合后，目标联关键节点与承台横桥向位移最不利响应见表 4-27。表 4-28 为 E3 地震横向输入下，桥墩控制截面内力反应以及桥墩是否进入屈服的判断。在进行桥墩是否进入屈服判断时，轴力取"最不利轴力 = 恒载轴力 − 地震动轴力"，弯矩取恒载弯矩（含预应力次内力）与地震弯矩之和，对桥墩是否进入屈服进行了验算。由表 4-28 可以看出，E3 地震横向作用下，桥墩在弹性范围工作，桥墩塑性转角为零。依据能力保护原则计算得出的剪力需求见表 4-29。

E3 地震作用下目标联关键节点与承台的位移最不利响应（横桥向）　　　　表 4-27

地震方向组合	关键节点位置	位移（m）	承台位置	位移（m）
1.0 横桥向 + 0.7 竖桥向	P1 边墩墩顶	0.050	P1 边墩	0.010
	P2 中墩墩顶	0.057	P2 中墩	0.011
	P3 中墩墩顶	0.055	P3 中墩	0.011
	P4 中墩墩顶	0.039	P4 中墩	0.011
	P5 边墩墩顶	0.048	P5 边墩	0.010

E3 地震作用下桥墩控制截面内力最不利响应（横桥向） 表 4-28

地震方向组合	墩号	截面位置	轴力（kN）	剪力（kN）	弯矩（kN·m）	等效屈服弯矩（kN·m）	是否屈服
1.0 横桥向 + 0.7 竖桥向	P1 边墩	墩底	1381.6	1676.4	21727.2	47920	否
	P2 中墩	墩底	3828	3940.2	46787.4	48260	否
	P3 中墩	墩底	5163.4	4155.8	51033.4	54140	否
	P4 中墩	墩底	3823.6	4281.2	52496.4	54820	否
	P5 边墩	墩底	1372.8	1883.2	25456.2	51010	否

E3 地震作用下依照能力保护原则计算的剪力需求（横桥向） 表 4-29

地震方向组合	墩号	截面位置	等效屈服弯矩（kN·m）	剪力需求（kN）
1.0 横桥向 + 0.7 竖桥向	P1 边墩	墩底	47920	4651
	P2 中墩	墩底	48260	4984
	P3 中墩	墩底	54140	4731
	P4 中墩	墩底	54820	4767
	P5 边墩	墩底	51010	4252

4.2.4 抗震验算

1）E1 地震抗震验算

根据《城市轨道交通结构抗震设计规范》（GB 50909—2014），E1 地震作用下高架桥的墩、基础结构物及构件强度验算可按国家标准《铁路工程抗震设计规范》（GB 50111—2006）执行。由于连续刚构桥存在恒载弯矩，故验算弯矩取地震动弯矩与恒载弯矩之和。

（1）桥墩验算。

首先将桥墩划分为混凝土和钢筋纤维单元，如图 4-17 所示，在混凝土和钢筋纤维单元中分别赋予混凝土和钢筋的应力-应变关系，利用所划分的纤维单元进行弯矩-曲率分析，得到弯矩-曲率关系（考虑最不利轴力），从而确定初始屈服弯矩。

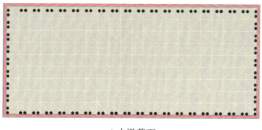

a) 中墩截面

图 4-17

b) 边墩截面

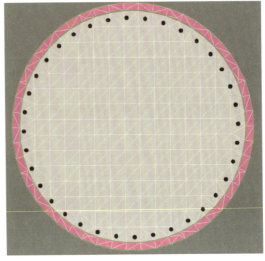

c) 桩基础

图 4-17 桥墩及桩基础纤维模型示意图

验算时，采用反应谱分析结果，取"最不利轴力 = 恒载轴力 – 地震动轴力"。根据前述性能目标，在 E1 地震作用下，截面的抗弯能力取初始屈服弯矩，验算弯矩取为地震动弯矩与恒载及预应力次内力产生的弯矩之和。恒载与预应力次内力产生的桥墩内力见表 4-30。

恒载与预应力次内力作用下桥墩墩顶与墩底内力　　表 4-30

墩号	截面位置	轴力（kN）	剪力（kN）	弯矩（kN·m）
P1 边墩	墩顶	6773	437	2153
	墩底	7428	437	2435
P2 中墩	墩顶	14019	997	5483
	墩底	15134	997	5487
P3 中墩	墩顶	14265	55	316
	墩底	15380	55	291
P4 中墩	墩顶	13995	1007	5796
	墩底	15162	1007	5785
P5 边墩	墩顶	6778	372	2014
	墩底	7496	372	2266

顺桥向 E1 地震作用下桥墩各截面抗震验算结果见表 4-31，关键截面的能力需求比在 1.9～3.7 之间，均大于 1.0，满足抗震需求。横桥向 E1 地震作用下桥墩各截面抗震验算结果见表 4-32，关键截面的能力需求比介于 2.5～5.5 之间，同样满足抗震需求。

设计地震作用下桥墩各关键截面抗震验算（顺桥向）　　　　　表 4-31

地震方向组合	墩号	截面位置	最不利轴力（kN）	验算弯矩（kN·m）	初始屈服弯矩（kN·m）	能力需求比	配筋率（%）
1.0 顺桥向 + 0.7 竖桥向	P1 边墩	墩顶	6416.75	4354	14009	3.2	4.3
		墩底	7063.95	4560	14138	3.1	4.3
	P2 中墩	墩顶	13165.96	11592	22205	1.9	2.1
		墩底	14261.36	11306	22575	2.0	2.1
	P3 中墩	墩顶	13111.78	6413	22188	3.5	2.1
		墩底	14207.18	6017	22532	3.7	2.1
	P4 中墩	墩顶	13139.46	11715	22205	1.9	2.1
		墩底	14286.56	11571	22575	2.0	2.1
	P5 边墩	墩顶	6431.45	3956	14009	3.5	4.3
		墩底	7140.05	4147	14138	3.4	4.3

设计地震作用下桥墩各关键截面抗震验算（横桥向）　　　　　表 4-32

地震方向组合	墩号	截面位置	最不利轴力（kN）	验算弯矩（kN·m）	初始屈服弯矩（kN·m）	能力需求比	配筋率（%）
1.0 横桥向 + 0.7 竖桥向	P1 边墩	墩底	7113.95	7373	40723	5.5	4.3
	P2 中墩	墩底	14264.36	16120	44221	2.7	2.1
	P3 中墩	墩底	14206.68	11889	44175	3.7	2.1
	P4 中墩	墩底	14292.56	17716	44221	2.5	2.1
	P5 边墩	墩底	7184.05	8052	40723	5.1	4.3

（2）桩基础验算。

桩基础验算包含单桩抗压、抗拉承载能力和最不利单桩截面抗弯验算。进行桩的内力组合时，取"最小轴力 = 恒载轴力 − 地震动轴力"和"最大轴力 = 恒载轴力 + 地震动轴力 + 活载轴力"。

①单桩抗压承载能力验算。

所选全刚构体系桥梁的桩基础采用嵌岩桩设计。单桩承载力验算应分别按桩身材料和岩土阻力分别进行，取其较小者。验算时先按岩土阻力检算桩基承载力，再对桩身材料进行强度检算。

支承于岩石层上与嵌入岩石层内的嵌岩桩的轴向受压容许承载力应按下式计算：

$$[P] = R(C_1 A + C_2 U h) \tag{4-5}$$

式中：$[P]$——桩的容许承载力（kN）；

　　　U——嵌入岩石层内的桩的钻孔周长（m）；

　　　h——自新鲜岩石面（平均高程）算起的嵌入深度（m）；

　　　A——桩底面积（m²）；

　　　R——岩石单轴抗压强度（kPa）；

　　　C_1、C_2——系数，根据岩石层破碎程度和清底情况确定，按照规范选取。

根据研究对象的地质勘察资料，中风化花岗岩的最小单轴饱和抗压强度为30.5MPa，大于桩身材料的抗压强度，因此按照桩身材料验算。经计算，1.5m桩径的桩基钻孔灌注桩轴向受压抗震承载力容许值为31278kN。

E1地震作用下，顺桥向墩柱下单桩抗压验算结果见表4-33，横桥向墩柱下单桩抗压验算结果见表4-34。由表可知，顺桥向与横桥向单桩抗压能力均大于单桩计算压力，而且富余量较大，满足抗震设计要求。

E1地震作用下墩柱下单桩抗压验算结果（顺桥向）　　　表4-33

地震方向	墩号	单桩压力（kN）	单桩抗压能力（kN）	验算结果
1.0顺桥向+0.7竖桥向	P1边墩	1783	31278	通过
	P2中墩	4360	31278	通过
	P3中墩	4813	31278	通过
	P4中墩	3744	31278	通过
	P5边墩	870	31278	通过

E1地震作用下墩柱下单桩抗压验算结果（横桥向）　　　表4-34

地震方向	墩号	单桩压力（kN）	单桩抗压能力（kN）	验算结果
1.0横桥向+0.7竖桥向	P1边墩	3019	31278	通过
	P2中墩	5088	31278	通过
	P3中墩	5864	31278	通过
	P4中墩	4894	31278	通过
	P5边墩	2590	31278	通过

②单桩抗拉承载能力验算。

钻孔灌注桩轴向受拉承载力容许值为：

$$[R_t] = 0.3 U \sum_{i=1}^{n} a_i f_i l_i \tag{4-6}$$

式中：U——桩身截面周长（m）；

　　　$[R_t]$——单桩轴向受拉承载力容许值（kN）；

　　　a_i——振动沉桩对各土层桩侧摩阻力的影响系数，对于钻孔桩$a_i = 1$；

l_i——各土层厚度（m）；

f_i——各土层极限摩阻力（kPa）。

E1 地震作用下，顺桥向墩柱下单桩抗拉验算结果见表 4-35，横桥向墩柱下单桩抗拉验算结果见表 4-36。顺桥向与横桥向仅在两个边墩（P1 与 P5）的桩出现拉力，单桩抗拉能力均大于计算拉力，而且富余量很大，满足抗震设计要求。

E1 地震作用下墩柱下单桩抗拉验算结果（顺桥向） 表 4-35

地震方向组合	墩号	单桩拉力（kN）	单桩抗拉能力（kN）	验算结果
1.0 顺桥向 + 0.7 竖桥向	P1 边墩	−211	9196	通过
	P2 中墩	1577	8234	通过
	P3 中墩	1960	8417	通过
	P4 中墩	1041	8345	通过
	P5 边墩	−929	8382	通过

注：表中单桩拉力一列中负号代表拉力，正号代表压力，后同。

E1 地震作用下墩柱下单桩抗拉验算结果（横桥向） 表 4-36

地震方向组合	墩号	单桩拉力（kN）	单桩抗拉能力（kN）	验算结果
1.0 横桥向 + 0.7 竖桥向	P1 边墩	−221	9196	通过
	P2 中墩	1557	8234	通过
	P3 中墩	1943	8417	通过
	P4 中墩	1032	8345	通过
	P5 边墩	−932	8382	通过

③最不利单桩抗弯强度验算。

最不利单桩抗弯强度验算方法与桥墩抗弯强度验算方法相同，要求在 E1 地震作用下，关键截面的弯矩需求应小于截面的初始屈服弯矩（考虑最不利轴力），顺桥向与横桥向验算结果分别见表 4-37 和表 4-38。顺桥向与横桥向桩基截面抗弯强度的能力需求比最小值为 7.6，最大值为 10.1，可见桩基抗弯强度完全满足抗震要求。

E1 地震作用下桩基截面抗弯强度验算结果（顺桥向） 表 4-37

地震方向组合	墩号	验算轴力（kN）	弯矩需求（kN·m）	初始屈服弯矩（kN·m）	能力需求比	验算结果
1.0 顺桥向 + 0.7 竖桥向	P1 边墩	−211	351	3263	9.3	通过
	P2 中墩	1577	444	3909	8.8	通过
	P3 中墩	1960	416.65	4046	9.7	通过
	P4 中墩	1041	411.65	3713	9.0	通过
	P5 边墩	−929	301.5	3002	10.0	通过

E1 地震作用下桩基截面抗弯强度验算结果（横桥向） 表 4-38

地震方向组合	墩号	验算轴力（kN）	弯矩需求（kN·m）	初始屈服弯矩（kN·m）	能力需求比	验算结果
1.0 横桥向 + 0.7 竖桥向	P1 边墩	−221	360.15	3236	9.0	通过
	P2 中墩	1557	386.2	3898	10.1	通过
	P3 中墩	1943	414	4034	9.7	通过
	P4 中墩	1032	426.25	3702	8.7	通过
	P5 边墩	−932	393.05	2968	7.6	通过

2）E2 和 E3 地震作用下抗震验算

（1）验算方法。

根据《城市轨道交通结构抗震设计规范》（GB 50909—2014），E2 和 E3 地震作用下高架桥桥墩的塑性铰区变形、桥墩抗剪以及基础整体抗震性能验算应按该规范第 7 章执行。

①桥墩塑性转角验算方法与转角界限值计算。

桥墩塑性转动按《城市轨道交通结构抗震设计规范》（GB 50909—2014）7.2.2 验算。比较地震作用下的计算转角与界限值（分为 3 个等级），验证桥墩塑性转角满足的性能等级。

柱式构件的性能等级按构件转角或塑性铰区转角划分，其界限值可按下列公式确定：

$$\theta_d = \theta_y + \alpha \frac{\theta_{pu}}{K} \tag{4-7}$$

$$\theta_{pu} = (\phi_u - \phi_y)L_P \tag{4-8}$$

式中：θ_d——性能等级的界限值；

θ_y——塑性铰区等效屈服转角；

K——构件极限塑性转角的安全系数，可取 1.5；

α——构件性能等级系数，与构件性能等级 1、2、3 对应的 α 分别取为 0、0.4 及 0.6；

θ_{pu}——构件塑性铰区的极限塑性转角；

ϕ_u——塑性铰区极限曲率；

ϕ_y——塑性铰区屈服曲率；

L_P——塑性铰长度，$L_P = 1.0D$，D 为计算方向截面高度。

依据上述公式，计算出塑性区转角界限值，见表 4-39。

转角界限值（顺桥向） 表 4-39

位置	转角界限值（rad）		
	性能等级 1	性能等级 2	性能等级 3
P2 中墩墩顶	0.0036	0.025	0.036
P2 中墩墩底	0.0036	0.025	0.036

续上表

位置	转角界限值（rad）		
	性能等级1	性能等级2	性能等级3
P3 中墩墩顶	0.0036	0.023	0.032
P3 中墩墩底	0.0036	0.023	0.032
P4 中墩墩顶	0.0036	0.025	0.036
P4 中墩墩底	0.0036	0.025	0.036

②桥墩的抗剪验算方法与设计抗剪能力计算。

桥墩抗剪按《城市轨道交通结构抗震设计规范》（GB 50909—2014）7.2.1 验算，即按下列公式判定：

$$V_{\mathrm{mu}} \leqslant V_{\mathrm{yd}} \tag{4-9}$$

$$V_{\mathrm{yd}} = V_{\mathrm{cd}} + V_{\mathrm{wd}} + V_{\mathrm{sd}} \tag{4-10}$$

式中：V_{mu}——构件达到截面等效屈服弯矩时的剪力（kN）；

V_{yd}——构件设计剪切抗力（kN）；

V_{cd}——混凝土的设计剪切抗力（kN）；

V_{wd}——钢筋的设计剪切抗力（kN）；

V_{sd}——钢骨的设计剪切抗力（kN）。

混凝土的设计剪切抗力计算如下：

$$V_{\mathrm{cd}} = v_{\mathrm{c}} A_{\mathrm{e}} \tag{4-11}$$

$$A_{\mathrm{e}} = 0.8 A_{\mathrm{g}} \tag{4-12}$$

式中：v_{c}——横截面单位面积混凝土提供的抗剪能力（kPa）；

A_{e}——构件横截面的等效截面积（m²）；

A_{g}——构件横截面的毛截面积（m²）。

其中，

$$v_{\mathrm{c}} = 1000 c \sqrt{f_{\mathrm{c}}'} \tag{4-13}$$

$$c = \frac{2\rho_{\mathrm{w}} f_{\mathrm{sd}}}{12.5} + 0.305 - 0.083 \mu_{\theta} \tag{4-14}$$

$$\rho_{\mathrm{w}} = \frac{A_{\mathrm{V}}}{bs} \tag{4-15}$$

$$A_{\mathrm{V}} = n A_{\mathrm{sp}} \tag{4-16}$$

式中：c——混凝土抗剪能力系数；

f_{c}'——混凝土抗压强度标准值（MPa）；

ρ_{w}——矩形箍筋在计算方向的体积配筋率；

f_{sd}——箍筋的抗拉强度设计值（MPa）；

A_V——计算方向箍筋的总截面积（m²）；

b——矩形构件截面宽度（m）；

s——箍筋间距（m）；

n——箍筋间距s内，计算方向箍筋的总数量；

A_{sp}——螺旋或环形箍筋的横截面积（m²）；

μ_θ——构件的需求转角延性系数，对于构件非塑性铰区取 1.0。

钢筋的设计剪切抗力的计算式为：

$$V_{wd} = \frac{A_V f_{sd} d}{s} \times 1000 \tag{4-17}$$

式中：d——计算方向上截面有效剪切高度，即自受压区边缘到受拉钢筋合力作用点的距离（m）；

其他参数同上。

钢骨的设计剪切抗力按下式计算：

$$V_{sd} = 580 f D t_w \tag{4-18}$$

式中：f——钢骨的屈服强度（MPa）；

D——钢骨的腹板高度（m）；

t_w——腹板厚度（m）。

计算顺桥向与横桥向桥墩设计抗剪抗力，具体结果分别见表 4-40、表 4-41。

顺桥向桥墩设计剪切抗力　　表 4-40

墩号	截面位置	剪切抗力（kN）
P1 边墩	墩底	9228
P2 中墩	墩底	11883
P3 中墩	墩底	11883
P4 中墩	墩底	11883
P5 边墩	墩底	9228

横桥向桥墩设计剪切抗力　　表 4-41

墩号	截面位置	剪切抗力（kN）
P1 边墩	墩底	7174
P2 中墩	墩底	8895
P3 中墩	墩底	8895
P4 中墩	墩底	8895
P5 边墩	墩底	7174

③基础的验算方法与设计容许位移。

桩基础应按下式验算整体抗震性能：

$$d \leqslant d_\mathrm{d} \tag{4-19}$$

式中：d——承台质心处的地震位移反应（m）；

d_d——承台质心处的设计容许位移（m），按表 4-42 确定。

基础整体性能等级界限值 表 4-42

基础整体性能等级	界限值 d_d
1	桩基础整体屈服点对应的承台质心处的位移
2	半数以上的桩达到性能等级 2 的上限时承台质心处的位移
3	性能等级 2 的界限值的 1.5 倍

采用集中参数法对土与桩基础静力相互作用进行建模，如图 4-18 所示，其中非线性土弹簧可采用理想弹塑性本构模型模拟（图 4-19），地基反力上限值按表 4-43 确定。

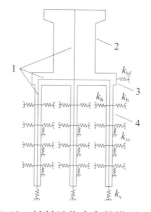

图 4-18 桩基础集中参数模型示意图

1-桥墩、承台与桩模拟为梁单元；2-桥墩；3-承台；4-桩；k_v-桩尖竖向地基弹簧初始刚度；k_sv-桩周竖向地基弹簧初始刚度；k_h-桩侧水平地基弹簧初始刚度；k_hf-承台侧面水平地基弹簧初始刚度

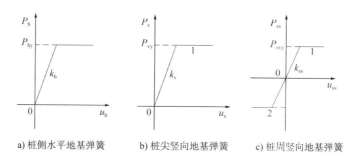

a) 桩侧水平地基弹簧　　b) 桩尖竖向地基弹簧　　c) 桩周竖向地基弹簧

图 4-19 桩土相互作用地基弹簧模型

1-桩压入；2-桩拔出；P_h-水平地基反力；P_hy-水平地基反力上限；u_h-水平地基变形；P_v-桩尖竖向地基反力；P_vy-桩尖竖向地基反力上限；u_v-桩尖竖向地基变形；P_sv-桩周竖向地基反力；P_svy-桩周竖向地基反力上限值；u_sv-桩周竖向地基变形

地基反力的上限值　　　　　　　　　　　　　　表 4-43

地基反力的种类	地基反力的上限值
桩尖竖向地基反力	单桩桩尖地基竖向极限承载力
桩周竖向地基反力	桩周地基极限摩阻力
桩侧水平地基反力	桩侧地基水平极限承载力

结构等效屈服点应取桥墩与基础首先达到的屈服点。桩基础屈服点应根据表 4-44 所列 3 个条件任一首先达到的状态确定。

桩基础的整体屈服点　　　　　　　　　　　　　表 4-44

位置	条件
压入侧地基	最外缘的桩顶反力达到地基竖向极限承载力
拔出侧地基	半数桩的桩顶反力达到地基竖向受拉极限承载力
桩构件	半数桩达到桩屈服

图 4-20　桩土相互作用地基弹簧模型

采用 SAP2000 软件建立桩基础集中参数模型，如图 4-20 所示。模型中坐标系与 4.2.2 节约定一致。依据《城市轨道交通结构抗震设计规范》（GB 50909—2014）建立桩侧水平地基弹簧、桩尖竖向地基弹簧与桩周竖向地基弹簧模型。

根据所建立的桩土相互作用地基弹簧模型，在承台中心以施加集中荷载方式进行推倒分析，可以得到表征桩基础整体力学行为的力-位移曲线。

在推倒分析时，以承台中心节点集中荷载为输入，输出承台中心处位移及桩顶反力、弯矩，计算桩基础的整体屈服点所对应的位置，得出承台质心处的各性能等级所对应的设计容许位移界限值，见表 4-45 与表 4-46。

承台位移界限值（顺桥向）　　　　　　　　　　表 4-45

承台位置	位移界限值 d_d（m）		
	性能等级 1	性能等级 2	性能等级 3
P1 边墩	0.014	0.0165	0.025
P2 中墩	0.012	0015	0.022
P3 中墩	0.013	0016	0.024
P4 中墩	0.014	0.0165	0.025
P5 边墩	0.014	00165	0.025

承台中心位移界限值（横桥向）　　　　　　　　　　　表 4-46

承台位置	位移界限值 d_d（m）		
	性能等级 1	性能等级 2	性能等级 3
P1 边墩	0.0099	0.012	0.018
P2 中墩	00094	0.011	0.016
P3 中墩	0.0097	0.011	0.016
P4 中墩	0.0099	0.012	0.018
P5 边墩	0.0099	0.012	0.018

（2）E2 地震作用下抗震性能验算。

①桥墩塑性转角验算。

E2 地震作用下桥墩顺桥向和横桥向均未进入屈服状态，故无须进行桥墩塑性转角验算。

②桥墩抗剪验算。

E2 地震作用下，顺桥向桥墩抗剪验算结果见表 4-47，横桥向桥墩抗剪验算结果见表 4-48。顺桥向桥墩抗剪能力需求比在 2.6~3.3 之间，横桥向桥墩抗剪能力需求比介于 1.5~1.8 之间，均大于 1.0，满足抗震要求。

E2 地震作用下桥墩抗剪验算（顺桥向）　　　　　　　　表 4-47

地震方向组合	墩号	截面位置	剪力需求（kN）	剪切抗力（kN）	能力需求比	验算结果
1.0 顺桥向 + 0.7 竖桥向	P1 边墩	墩底	3099	9215	3.0	通过
	P2 中墩	墩底	4669	11895	2.6	通过
	P3 中墩	墩底	4459	11872	2.7	通过
	P4 中墩	墩底	4466	11883	2.7	通过
	P5 边墩	墩底	2830	9228	3.3	通过

E2 地震作用下桥墩抗剪验算（横桥向）　　　　　　　　表 4-48

地震方向组合	墩号	截面位置	剪力需求（kN）	剪切抗力（kN）	能力需求比	验算结果
1.0 横桥向 + 0.7 竖桥向	P1 边墩	墩底	4730	7174	1.5	通过
	P2 中墩	墩底	5098	8895	1.7	通过
	P3 中墩	墩底	4869	8895	1.8	通过
	P4 中墩	墩底	4877	8895	1.8	通过
	P5 边墩	墩底	4319	7174	1.7	通过

③基础验算。

E2 地震作用下，顺桥向承台位移验算结果见表 4-49，横桥向承台位移验算结果见

表4-50。由表可知，顺桥向与横桥向承台位移均达到性能等级1级要求。

E2地震作用下承台位移验算（顺桥向） 表4-49

地震方向组合	承台位置	位移（m）	位移界限值（m）			性能等级
			性能等级1	性能等级2	性能等级3	
1.0顺桥向+0.7竖桥向	P1边墩	0.0025	0.014	0.0165	0.025	1
	P2中墩	0.0037	0.012	0015	0.022	1
	P3中墩	0.0039	0.013	0016	0.024	1
	P4中墩	0.0034	0.014	0.0165	0.025	1
	P5边墩	0.0031	0.014	00165	0.025	1

E2地震作用下承台中心位移验算（横桥向） 表4-50

地震方向组合	承台位置	位移（m）	位移界限值（m）			性能等级
			性能等级1	性能等级2	性能等级3	
1.0横桥向+0.7竖桥向	P1边墩	0.005	0.0099	0.012	0.018	1
	P2中墩	0.0053	00094	0.011	0.016	1
	P3中墩	0.0052	0.0097	0.011	0.016	1
	P4中墩	0.0053	0.0099	0.012	0.018	1
	P5边墩	0.0053	0.0099	0.012	0.018	1

（3）E3地震作用下抗震性能验算。

①桥墩塑性转角验算。

在E3地震作用下，横向桥墩未进入非线性状态。顺桥向P2、P3、P4中墩进入非线性状态，故需进行顺桥向P2、P3、P4中墩的塑性转角验算。顺桥向桥墩塑性铰转角的最不利响应及验算见表4-51，由表可知，延性桥墩转角性能等级达到了2级需求。

E3地震作用下延性桥墩转角性能等级（顺桥向） 表4-51

地震方向组合	位置	转角（rad）	转角界限值（rad）			性能等级
			性能等级1	性能等级2	性能等级3	
1.0顺桥向+0.7竖桥向	P2中墩墩顶	0.0046	0.0036	0.025	0.036	2
	P2中墩墩底	0.0042	0.0036	0.025	0.036	2
	P3中墩墩顶	0.0049	0.0036	0.023	0.032	2
	P3中墩墩底	0.0043	0.0036	0.023	0.032	2
	P4中墩墩顶	0.0047	0.0036	0.025	0.036	2
	P4中墩墩底	0.0046	0.0036	0.025	0.036	2

②桥墩抗剪验算。

E3 地震作用下,顺桥向与横桥向桥墩抗剪验算结果分别列于表 4-52 与表 4-53 中。由表可知,顺桥向能力需求比在 2.6～3.3 之间,横桥向能力需求比介于 1.5～1.9 之间,均大于 1.0,满足抗震要求。

E3 地震作用下桥墩抗剪验算(顺桥向)　　　　表 4-52

地震方向组合	墩号	截面位置	剪力需求(kN)	剪切抗力(kN)	能需比	验算结果
1.0 顺桥向 + 0.7 竖桥向	P1 边墩	墩底	3054	9215	3.0	通过
	P2 中墩	墩底	4554	11895	2.6	通过
	P3 中墩	墩底	4254	11872	2.8	通过
	P4 中墩	墩底	4356	11883	2.7	通过
	P5 边墩	墩底	2788	9228	3.3	通过

E3 地震作用下桥墩抗剪验算(横桥向)　　　　表 4-53

地震方向组合	墩号	截面位置	剪力需求(kN)	剪切抗力(kN)	能需比	验算结果
1.0 横桥向 + 0.7 竖桥向	P1 边墩	墩底	4651	7174	1.5	通过
	P2 中墩	墩底	4984	8895	1.8	通过
	P3 中墩	墩底	4731	8895	1.9	通过
	P4 中墩	墩底	4767	8895	1.9	通过
	P5 边墩	墩底	4252	7174	1.7	通过

③基础验算。

E3 地震作用下,顺桥向承台位移验算结果见表 4-54,横桥向承台位移验算结果见表 4-55。由表可知,顺桥向与横桥向承台位移分别达到性能等级 1 级与 2 级要求。

E3 地震作用下承台位移验算(顺桥向)　　　　表 4-54

地震方向组合	承台位置	位移(m)	位移界限值(m)			性能等级
			性能等级 1	性能等级 2	性能等级 3	
1.0 顺桥向 + 0.7 竖桥向	P1 边墩	0.006	0.014	0.0165	0.025	1
	P2 中墩	0.011	0.012	0015	0.022	1
	P3 中墩	0.008	0.013	0016	0.024	1
	P4 中墩	0.009	0.014	0.0165	0.025	1
	P5 边墩	0.006	0.014	00165	0.025	1

E3 地震作用下承台中心位移验算（横桥向）　　　表 4-55

地震方向组合	承台位置	位移（m）	位移界限值（m）			性能等级
			性能等级 1	性能等级 2	性能等级 3	
1.0 横桥向 + 0.7 竖桥向	P1 边墩	0.010	0.0099	0.012	0.018	2
	P2 中墩	0.011	00094	0.011	0.016	2
	P3 中墩	0.011	0.0097	0.011	0.016	2
	P4 中墩	0.011	0.0099	0.012	0.018	2
	P5 边墩	0.010	0.0099	0.012	0.018	2

3）抗震验算小结

（1）在 E1 地震作用下，顺桥向桥墩关键截面的能力需求比在 1.9~3.7 之间，横桥向桥墩关键截面的能力需求比介于 2.5~5.5 之间，均满足抗震需求；顺桥向与横桥向单桩抗压能力均大于单桩计算压力，而且富余量较大，满足抗震设计要求；顺桥向与横桥向仅在两个边墩（P1 与 P5）的桩出现拉力，单桩抗拉能力均大于计算拉力，而且富余量很大，满足抗震设计要求；顺桥向与横桥向桩基截面抗弯强度的能力需求比最小值为 7.6，最大值为 10.1，桩基抗弯强度完全满足抗震要求。

（2）在 E2 地震作用下，桥墩顺桥向和横桥向均未进入屈服，故无须进行桥墩塑性转角验算；顺桥向桥墩抗剪能力需求比在 2.6~3.3 之间，横桥向桥墩抗剪能力需求比介于 1.5~1.8 之间，均大于 1.0，满足抗震要求；顺桥向与横桥向承台位移均达到性能等级 1 级要求。

（3）在 E3 地震作用下，横向桥墩未进入非线性状态，故无须进行桥墩塑性转角验算；顺桥向 P2、P3、P4 中墩进入非线性状态，延性桥墩转角性能等级达到了 2 级需求；顺桥向桥墩抗剪能力需求比在 2.6~3.3 之间，横桥向桥墩抗剪能力需求比介于 1.5~1.9 之间，均大于 1.0，满足抗震要求；顺桥向与横桥向承台位移分别达到性能等级 1 级与 2 级要求。

4.3 联与联间的碰撞效应研究

4.3.1 碰撞效应模拟

全刚构体系桥联与联之间设置伸缩缝，当顺桥向地震作用下导致相邻联发生不同向振动时，可能造成伸缩缝处相邻梁体的碰撞。为了模拟地震作用下伸缩缝处的碰撞效应，在 4.2 节建立的动力分析非线性模型的基础上，在中间联与边界联的伸缩缝处采用图 4-21 所示的接触单元模拟碰撞效应。接触单元的非线性力-位移关系为：

$$f = \begin{cases} k(d_0 + x_s) & d_0 + x_s < 0 \\ 0 & d_0 + x_s \geq 0 \end{cases} \quad (4\text{-}20)$$

式中：d_0——初始间隙，取伸缩缝的间隙；

x_s——地震作用下伸缩缝处的相对位移；

k——接触刚度，许多学者对接触刚度的取值进行了研究，建议取为梁体的轴向刚度。

碰撞过程中的能量损失采用阻尼器表示，阻尼的大小与碰撞过程的恢复系数e有关，完全弹性碰撞恢复系数$e=0$，完全塑性碰撞恢复系数$e=1$，对于混凝土材料建议e取 0.65。根据恢复系数，可得到阻尼比与阻尼系数计算式，即：

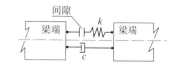

图 4-21 伸缩处碰撞单元缝模拟

$$\xi = \frac{-\ln e}{\sqrt{\pi^2 + (\ln e)^2}} \tag{4-21}$$

$$c = 2\xi\sqrt{k\left(\frac{m_1 m_2}{m_1 + m_2}\right)} \tag{4-22}$$

式中：m_1、m_2——伸缩缝相邻两联梁体的质量。

在进行联与联之间的碰撞效应分析时，地震动输入采用 4.2.1 节的 E3 地震加速度时程。

4.3.2 地震作用下碰撞效应

1）碰撞力

采用非线性时程分析方法，利用接触单元计算出左、右伸缩缝处梁体间碰撞力，如图 4-22、图 4-23 所示。由图中可知，发生在右伸缩缝处的最大力碰撞力约为 17500kN。

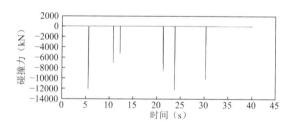

图 4-22 左侧伸缩缝处碰撞力

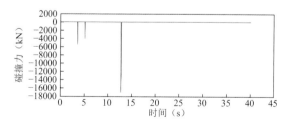

图 4-23 右侧伸缩缝处碰撞力

2）梁体纵向位移及伸缩缝处梁体相对位移

在考虑碰撞和不考虑碰撞的条件下，采用非线性时程分析方法计算左、右伸缩梁体相对纵向位移以及梁体纵向位移,对应的时程曲线分别如图 4-24～图 4-26 所示。由计算结果可以看出,考虑左、右伸缩缝相邻梁体碰撞后,对左、右伸缩梁体相对纵向位移以及梁体纵向位移均有一定影响,可能放大,也可能减小,但总体影响较大。

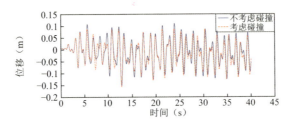

图 4-24 左侧伸缩缝处两侧相对纵向位移比较

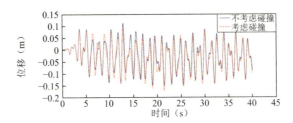

图 4-25 右侧伸缩缝处两侧相对纵向位移比较

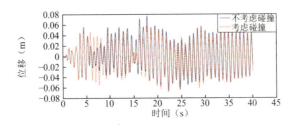

图 4-26 主梁纵向位移比较(目标联左侧)

3)桥墩反应

在考虑碰撞和不考虑碰撞的条件下,采用非线性时程分析方法计算墩底最大弯矩、墩顶位移和塑性转角,并进行了比较,见表 4-56～表 4-58。

墩底最大弯矩的比较   表 4-56

位置	弯矩(不考虑碰撞)(kN·m)	弯矩(考虑碰撞)(kN·m)	比值
P1 边墩底	13644	14298	1.05
P2 中墩底	30762	30665	1.00
P3 中墩底	26178	25854	0.99
P4 中墩底	30927	30864	1.00
P5 边墩底	13016	12264	0.94

注:表中比值是考虑碰撞与不考虑碰撞条件的最大响应之比,表 4-57 与表 4-58 同此。

墩顶位移包络最大值的比较 表 4-57

位置	位移（不考虑碰撞）（m）	位移（考虑碰撞）（m）	比值
P1 边墩墩顶	0.076	0.065	0.86
P2 中墩墩顶	0.075	0.066	0.88
P3 中墩墩顶	0.076	0.067	0.88
P4 中墩墩顶	0.075	0.067	0.89
P5 边墩墩顶	0.076	0.067	0.88

塑性转角包络最大值的比较 表 4-58

位置	转角（不考虑碰撞）（rad）	转角（考虑碰撞）（rad）	比值
P2 中墩墩顶	0.0059	0.0036	0.62
P2 中墩墩底	0.0046	0.0023	0.51
P3 中墩墩顶	0.0027	0.0021	0.76
P3 中墩墩底	0.0027	0.0022	0.81
P4 中墩墩顶	0.0033	0.0044	1.36
P4 中墩墩底	0.0039	0.0039	1.00

由表 4-56 中可以看出，考虑碰撞与不考虑碰撞相比，墩底最大弯矩无明显变化；由表 4-57 可以看出，考虑碰撞后，墩顶位移包络值显著减小；由表 4-58 可知，考虑碰撞后，墩顶、墩底塑性转角变化较大，而且变化趋势不一致，P4 中墩墩顶塑性转角变大，P2、P3 中墩塑性转角均减小。

4.3.3 不同周期比下的碰撞反应

为了研究相邻联周期变化对桥墩地震反应的影响，变化边界联墩的高度，计算出边界联与目标联周期比，见表 4-59。

边界联与目标联的墩高及相应周期比 表 4-59

边界联墩高度（m）	6	8	11	13	15	18
目标联墩高度（m）	11	11	11	11	11	11
周期比	0.625	0.75	1	1.175	1.35	1.59

计算碰撞力和墩底弯矩随相邻联周期比变化规律，结果如图 4-27、图 4-28 所示。由图可知，当目标联和边界联周期差异变大，碰撞力与桥墩的墩底弯矩均显著增大；当目标联与边界联周期接近时，碰撞力显著减小，且可能不产生碰撞，桥墩的墩底弯矩随之减小。因此，桥梁设计时尽量保持相邻联的自振周期接近。

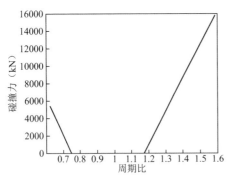
图 4-27 碰撞力随相邻联周期比变化

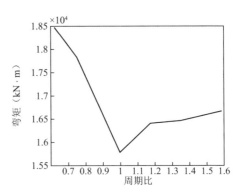
图 4-28 墩底弯矩随相邻联周期比变化

4.4 主梁与节点的计算与构造

目前,国内对于地震作用下连续刚构桥主梁与节点的计算和构造研究很少,相关规范也没有给出明确的规定。本节参考美国规范 *AASHTO Guide Specifications for LRFD Seismic Bridge Design*(简称"美国桥梁抗震规范")对桥梁主梁和节点的相关规定,给出了地震作用下主梁的抗震计算方法和节点计算和构造配筋要求。

4.4.1 主梁设计

1)计算方法

对于连续刚构桥梁,美国桥梁抗震规范要求梁体按能力保护原则设计,地震作用下梁体应在弹性范围内工作。在按能力保护构件设计梁体时,恒载和预应力次内力引起的任何弯矩应分配到上部结构的整个宽度;地震弯矩应根据桥墩顶截面的超强弯矩M_{c0}以及桥墩左右梁体的刚度分配,如图4-29所示,地震弯矩作用在梁体有效宽度范围内。

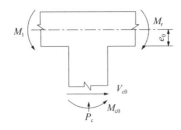

图 4-29 桥墩超强弯矩引起的主梁弯矩

P_c-墩顶截面所受的轴力;V_{c0}-相应于墩顶超强弯矩M_{c0}的剪力;M_l、M_r-按能力保护方法计算得到的位于梁体相对于桥墩左右截面的设计弯矩;e_0-梁体中性轴到梁底的距离

上部结构抵抗纵向地震弯矩的有效宽度B_{eff},如图 4-30 所示,应该根据式(4-23)或式(4-24)计算。

对于箱梁和实心上部结构：

$$B_{eff} = D_c + 2D_s \quad (4\text{-}23)$$

对于开口拱腹、梁桥面板上部结构：

$$B_{eff} = D_c + D_s \quad (4\text{-}24)$$

式中：D_c——墩的直径；

D_s——上部结构高度。

2）梁体验算

根据式(4-23)，可计算出所研究对象的上部结构有效宽度为 7.6m，如图 4-31 所示。对于中间节点，由于桥墩左右梁体的刚度相同，可按式(4-25)计算由桥墩超强弯矩引起的主梁弯矩 M_l 为：

$$M_l = \frac{1}{2}(M_{c0} + V_{c0}e_0) \quad (4\text{-}25)$$

式中：M_{c0}——桥墩墩顶超强弯矩；

V_{c0}——对应于桥墩超强弯矩的桥墩剪力；

e_0——上部结构重心与梁底的距离。

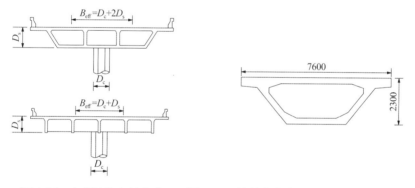

图 4-30 上部结构有效宽度　图 4-31 等效宽度内的主梁截面（尺寸单位：mm）

计算得到桥墩墩顶超强弯矩为 28824kN·m，超强弯矩对应剪力为 4254kN，由式(4-25)计算得到主梁一侧弯矩为：

$$M_l = \frac{1}{2}(28824 + 4254 \times 1.46) = 17517(\text{kN} \cdot \text{m})$$

进一步计算恒载、预应力次内力以及地震荷载引起的主梁应力并验算，结果见表 4-60。依据《铁路桥涵混凝土结构设计规范》（TB 10092—2017），计算主力 + 特殊荷载时，容许应力可提高 50%。验算结果表明，主梁应力满足强度要求。

节点处主梁应力　　　　　　　　表 4-60

位置	主力组合应力（MPa）	地震荷载应力（MPa）	最不利应力（MPa）	容许应力（MPa）	验算结论
上缘	−4.4	3.72	−0.68	−1.17（拉应力）	通过
下缘	13.9	6.47	20.37	30（压应力）	通过

4.4.2 节点计算与配筋构造

参考美国桥梁抗震规范,对于连续刚构节点,需要根据能力保护原则设计。图 4-32 所示为 T 节点受力示意图。对于 T 节点,首先需要计算和验算节点的主压应力和主拉应力,在此基础上根据主压应力和主拉应力的大小进行配筋。

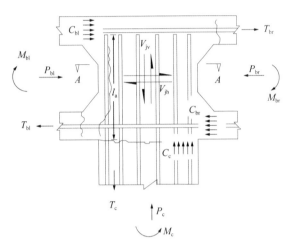

图 4-32 典型 T 节点受力示意图

1) T 节点主应力计算

T 节点的主拉应力 σ_t 和主压应力 σ_c 可分别按式(4-26)和式(4-27)计算:

$$\sigma_t = \left| \left(\frac{\sigma_h + \sigma_v}{2} \right) - \sqrt{\left(\frac{\sigma_h - \sigma_v}{2} \right)^2 + \tau_{jv}^2} \right| \tag{4-26}$$

$$\sigma_c = \left(\frac{\sigma_h + \sigma_v}{2} \right) + \sqrt{\left(\frac{\sigma_h - \sigma_v}{2} \right)^2 + \tau_{jv}^2} \tag{4-27}$$

式中:σ_h——节点水平方向平均正应力(MPa);

σ_v——节点竖直方向平均正应力(MPa);

τ_{jv}——节点剪应力(MPa)。

(1)节点水平方向正应力 σ_h 可按式(4-28)计算

$$\sigma_h = \frac{P_b}{B_j D_s} \tag{4-28}$$

式中:P_b——节点中心处主梁的轴力(MN);

D_s——主梁高度(m);

B_j——横隔梁半高处宽度。

(2)节点竖向平均正应力 σ_v 可按式(4-29)计算:

$$\sigma_v = \frac{P_c}{B_j D_c} \tag{4-29}$$

式中：P_c——桥墩轴力（MN）；

D_c——顺桥向桥墩厚度（m）。

（3）节点中剪应力τ_{jv}可按式(4-30)计算：

$$\tau_{jv} = \frac{T_c}{l_a B_{eff}} \tag{4-30}$$

式中：T_c——与桥墩超强塑性铰力矩有关的柱钢筋拉力（MN），$T_c = 0.7 A_{st} \sigma_{ye}$；

l_a——桥墩钢筋嵌入盖梁的长度（m）；

A_{st}——锚固在节点中的桥墩钢筋的面积（m^2）；

σ_{ye}——锚固在节点中的桥墩钢筋的预期屈服应力（MPa）。

B_{eff}——节点有效宽度（m），对于矩形截面桥墩，可按式(4-31)和图4-33确定。

$$B_{eff} = B_c + D_c \tag{4-31}$$

式中：B_c——横桥向桥墩宽度（m）；

D_c——顺桥向桥墩厚度（m）。

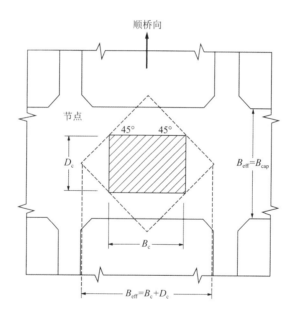

图4-33　盖梁节点有效宽度

节点应力需要满足下列条件：

主压应力：　　　　　　$\sigma_c \leqslant 0.25 f_c'$ (MPa)

主拉应力：　　　　　　$\sigma_t \leqslant 0.99 \sqrt{f_c'}$ (MPa) （4-32）

式中：f_c'——混凝土名义抗压强度（MPa），取混凝土抗压强度标准值。

2）T节点配筋

美国桥梁抗震规范根据主拉应力和主压应力的大小进行配筋。

（1）当节点的主拉应力小于 $0.28\sqrt{f_c'}$ 时，节点中仅需配置图 4-34 所示的横向钢筋，横向钢筋的体积配箍率需满足式(4-33)的要求：

$$\rho_s \geqslant \frac{0.28\sqrt{f_c'}}{\sigma_{yh}} \tag{4-33}$$

式中：σ_{yh}——横向箍筋的名义屈服应力（MPa）；

f_c'——混凝土名义抗压强度（MPa）；

ρ_s——横向钢筋的体积配筋率。

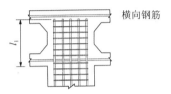

图 4-34　节点中横向钢筋

（2）当节点的主拉应力大于 $0.28\sqrt{f_c'}$ 时，不但要在节点中配置横向钢筋，需在图 4-35 中的①和②区域配置竖筋 A_s^{jv}，节点还需按图 4-36 配置横向水平拉筋 A_s^{jh} 和纵向水平钢筋 A_s^{sf}。

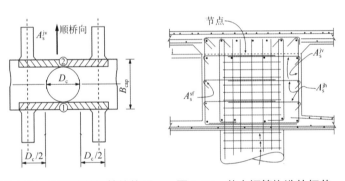

图 4-35　竖向抗剪钢筋的位置　　图 4-36　节点钢筋构造的细节

具体节点配筋要求如下：

①节点中配置的横向钢筋体积配筋率 ρ_s 应满足式(4-34)的要求：

$$\rho_s \geqslant 0.40 \frac{A_{st}}{l_a^2} \tag{4-34}$$

式中：A_{st}——桥墩钢筋锚固在节点中的总面积（m²）；

l_a——嵌入盖梁的桥墩钢筋的长度（m）。

②在图 4-35 中的①和②区域，配置图 4-34 所示的竖向钢筋 A_s^{jv}，竖向钢筋面积应满足式(4-35)的要求：

$$A_s^{jv} \geqslant 0.2 A_{st} \tag{4-35}$$

③水平拉筋面积 A_s^{jh} 应满足式(4-36)的要求，纵向放置在竖向钢筋周围，间隔不超过 0.45m。

$$A_s^{jh} \geqslant 0.1 A_{st} \tag{4-36}$$

④横向水平钢筋A_s^{sf}应满足式(4-37)的要求,并应放置在横隔梁侧面附近,最大间距为0.3m。

$$A_s^{sf} \geqslant \max\left(0.1 A_{cap}^{top},\ 0.1 A_{cap}^{bot}\right) \tag{4-37}$$

式中:A_{cap}^{top}——横隔梁顶部受弯钢筋面积(m²);

A_{cap}^{bot}——横隔梁底部受弯钢筋面积(m²)。

4.4.3 节点验算

以中墩节点为例,验算如下。

中墩横桥向宽度为3m,顺桥向厚度为1.3m。恒载与预应力以及E3地震作用下桥墩和主梁轴力计算结果见表4-61。

节点轴力计算汇总表　　　　表4-61

项目	恒载及预应力作用	地震作用
桥墩轴力(kN)	−49200	±4254
主梁轴力(kN)	−13285	±5073

依据公式计算得节点沿水平方向正应力σ_h、竖直方向正应力σ_v及剪应力τ_{jv}如下:

$$\sigma_h = \frac{P_b}{B_j D_s} = \frac{13285 \pm 5073}{(3+6.83)\times 0.5 \times 2.3} = 1.62/0.73(\text{MPa})(压为正)$$

$$\sigma_v = \frac{P_c}{B_j D_c} = \frac{49200 \pm 4254}{(3+6.83)\times 0.5 \times 1.3} = 8.37/7.03(\text{MPa})$$

$$\tau_{jv} = \frac{T_c}{l_a B_{eff}} = \frac{-21.84}{2.2 \times (3+1.3)} = -2.31(\text{MPa})$$

其中:

$$T_c = 0.7 A_{st} \sigma_{ye} = -0.7 \times 0.078 \times 400 = -21840(\text{kN}) = -21.84(\text{MN})$$

考虑最不利情况,计算得节点的主压应力为:

$$\sigma_c = 9.085\text{MPa},\ \sigma_t = 0.905\text{MPa}$$

$$\sigma_c \leqslant 0.25 f_c' = 9.625\text{MPa},\ \sigma_t \leqslant 0.99\sqrt{f_c'} = 6.14\text{MPa}$$

以上验算结果满足规范要求。

4.5 地震易损性分析

同样以墩高11m的4×40m全刚构体系桥为背景,研究不同墩高、近场远场地震动输入以及碰撞效应对于全刚构体系桥的地震损伤、破坏过程的影响和地震损伤破坏风险，对于把握全刚构体系桥抗震性能、指导其抗震设计具有重要的应用价值。

4.5.1 桥梁有限元模型和地震动输入

采用 OpenSees 开源软件建立 4×40m 全刚构体系桥梁有限元模型，如图 4-37 所示。为了考虑边界条件的影响，在计算联的左右侧各建立了一联刚构。地震作用下，联与联的碰撞采用接触单元模拟，接触单元刚度取为梁体轴向刚度。主梁假定为弹性构件，采用弹性梁柱单元模拟。强震下考虑墩柱的非线性，墩柱采用弹塑性纤维单元模拟。弹塑性纤维单元中核心约束混凝土与保护层混凝土采用修正 Kent-Scott-Park 混凝土本构模型，其应力-应变关系如图 4-38 所示。普通钢筋采用基于 Giuffre-Menegotto-Pinto 钢筋本构关系，该模型考虑了钢筋的随动强化特性以及钢筋在往复受拉过程中的包辛格效应，其应力-应变关系如图 4-39 所示。

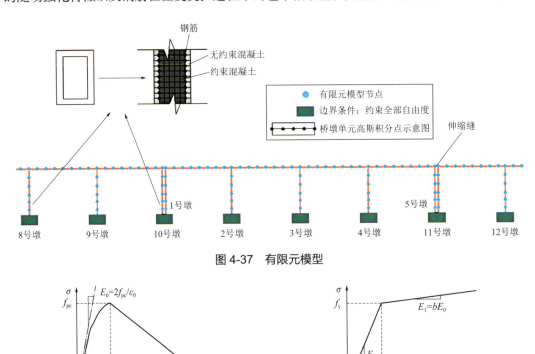

图 4-37 有限元模型

图 4-38 混凝土应变-应力关系

f_{pc}-混凝土的峰值应力；ε_0-相应于峰值应力时混凝土的压应变；ε_u-混凝土的极限压应变；f_{pcu}-相应于混凝土达到极限应变时的应力

图 4-39 钢筋应力-应变关系

f_y-钢筋的屈服应力；ε_y-屈服应变；E_0-钢筋的初始弹性模量；E_1-钢筋的屈后弹性模量；b-钢筋的屈后弹性模量与初始弹性模量之比

在进行地震动输入时，首先要关注场地特性，依据覆盖层厚度、场地类别等参数，再根据刚构桥现场详勘资料，将桥址处的剪切波速控制在 150～400m/s 内。考虑到结构的特性，地震动持时取刚构桥基本周期的 5～10 倍。本节采用增量动力分析法，需要综合考虑计算结果的代表性和准确性。在综合考虑准确度和计算量后，从美国太平洋地震中心地震库中选取 20 条地震动作为动力分析的荷载输入。选取的地震动特性见表 4-62，20 条地震动的加速度峰值统一调整为 0.2g 后，绘制其对应的谱加速度值，如图 4-40 所示。

20 条地震波特性　　　　　　　　　表 4-62

编号	年份	名称	震级 M_w	震中距 R_{rup}（km）	波速 $v_{s,30}$（m/s）
GM-1	1942	Borrego	6.5	56.88	213.44
GM-2	1952	Kern County	7.36	38.89	385.43
GM-3	1961	Hollister-01	5.6	19.56	198.77
GM-4	1971	San Fernando	6.61	46.78	308.35
GM-5	1971	San Fernando	6.61	22.77	316.46
GM-6	1971	San Fernando	6.61	28.99	452.86
GM-7	1971	San Fernando	6.61	25.47	415.13
GM-8	1971	San Fernando	6.61	24.87	389
GM-9	1971	San Fernando	6.61	39.45	298.68
GM-10	1973	Point Mugu	5.65	17.71	248.98
GM-11	1976	Friuli_Italy-01	6.5	33.4	249.28
GM-12	1978	Tabas_Iran	7.35	28.79	324.57
GM-13	1979	Imperial Valley-06	6.53	24.6	205.78
GM-14	1979	Imperial Valley-06	6.53	15.19	471.53
GM-15	1979	Imperial Valley-06	6.53	50.1	336.49
GM-16	1979	Imperial Valley-06	6.53	22.03	242.05
GM-17	1979	Imperial Valley-06	6.53	21.68	237.33
GM-18	1979	Imperial Valley-06	6.53	17.94	196.88
GM-19	1979	Imperial Valley-06	6.53	21.98	249.92
GM-20	1979	Imperial Valley-06	6.53	36.92	212

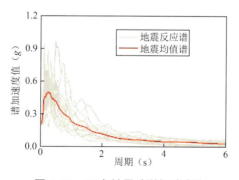

图 4-40　20 条地震动谱加速度值

4.5.2 桥墩损伤、破坏过程

参照《城市桥梁抗震设计规范》(CJJ 166—2011) 相关规定，桥墩作为延性构件，地震作用下可进入屈服状态，发生损伤，但其梁体和基础应在弹性范围工作，不发生损伤，需按能力保护构件设计。因此，主要针对桥墩研究全刚构体系桥损伤、破坏过程。

采用所建立有限元模型，输入表 4-62 所示的 20 条地震波，对桥梁进行动力分析，研究桥墩各关键截面的损伤、破坏过程。

1) 损伤指标

依据对墩柱的大量实验，E.Choi 指出桥墩的地震损伤程度可以采用墩柱曲率延性作为损伤指标，并给出了墩柱损伤程度与曲率延性需求的关系，见表 4-63。墩柱曲率延性系数的变化定义了从轻微损伤到完全破坏的四个损伤状态。表中曲率延性系数 μ_ϕ 的计算方法为：

$$\mu_\phi = \frac{\phi}{\phi_y} \tag{4-38}$$

式中：ϕ——地震作用下墩柱截面最大延性需求；

ϕ_y——墩柱截面屈服曲率。

损伤状态与损伤指标的关系　　　　表 4-63

损伤状态	损伤特征	曲率延性需求
无损伤	仅有细小的裂纹	$\mu_\phi < 1$
轻微损伤	第一根钢筋屈服	$1 < \mu_\phi \leq 2$
中等损伤	开始出现局部塑性铰，出现非线性变形，保护层混凝土出现剥落，裂缝开展可观察	$2 < \mu_\phi \leq 4$
严重损伤	有较大宽度的裂缝，塑性铰完全形成，塑性铰区域混凝土剥落	$4 < \mu_\phi \leq 7$
破坏	核心混凝土压碎，主筋屈服，箍筋断裂，强度退化	$7 < \mu_\phi$

2) 动力增量分析方法

动力增量分析（IDA）是一种动力参数分析方法，它把一条地震波记录的加速度分别乘以一系列地震强度系数，使之成为强度不同的一组地震波，在这组地震荷载下依次进行结构动力时程分析，将结构的地震需求（EDP）与相应的地震强度（IM）绘成连续的 IDA 曲线，分析结构在不同强度地震荷载下的表现。它要求地震强度系数的范围要足够宽，应使 IDA 曲线能覆盖结构从线弹性到非线性、破坏的全过程，采用地震动加速度峰值代表地震动强度。具体计算步骤如下：

（1）将 20 条地震动峰值加速度（PGA）统一调整为 0.2g，通过地震强度系数（加速度峰值调整系数），将每条地震波扩展为一组具有不同地震强度（不同加速度峰值）的地震波。通过输入各组地震波，分别对桥墩进行时程分析。

（2）取每次时程分析中墩顶或墩底截面的最大曲率延性和该时刻对应的地震强度绘成 IDA 曲线，得到曲率延性 IDA 曲线。

（3）对得到的 20 条曲率延性 IDA 曲线进行统计分析，求得对应不同地震动强度下的结构需求的均值及标准差，由均值可得多地震动记录下增量动力分析的 50%分位曲线，再由均值和标准差计算，可分别得到 16%分位曲线和 84%分位曲线。分位数曲线可以用来衡量 IDA 曲线的离散程度。

（4）将对应结构损伤状态的曲率指标也一同画在相应的曲率 IDA 曲线中，以判别结构的损伤程度。

3）桥墩损伤破坏过程分析

图 4-41 与图 4-42 为顺桥向 20 条地震动输入下，墩顶和墩底键截面曲率延性需求 IDA 曲线图，图中的上下方虚线分别为 84%分位曲线和 16%分位曲线，中间实线为 50%分位曲线。由于篇幅有限，本节给出边墩（P1）和中墩（P3）的计算结果。

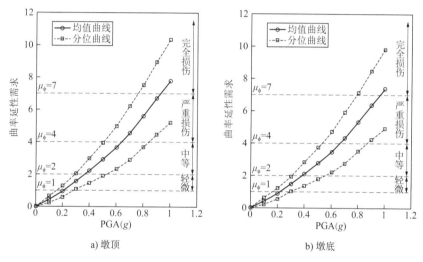

图 4-41　P1 墩曲率延性需求（顺桥向）

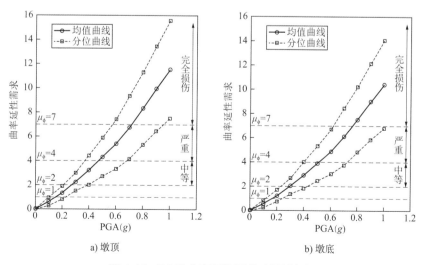

图 4-42　P3 墩曲率延性需求（顺桥向）

图 4-43 给出了全桥模型在顺桥向地震动下，损伤破坏的全过程。图中右侧的图例代表的是各类损伤对应的曲率延性需求的大小。从图中可以清晰直观地看出所研究的刚构桥的破坏过程，也可以通过图中的颜色深浅判断损伤的关键部位。

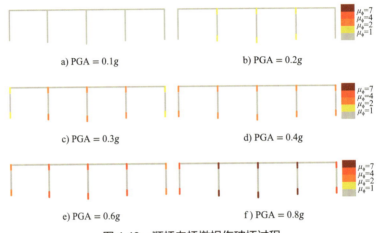

图 4-43 顺桥向桥墩损伤破坏过程

从计算结果可以看出：

（1）从均值曲线上看，桥墩关键截面均在 0.15g～0.21g 发生轻微破坏，在 0.3g 左右达到中等破坏。

（2）中墩进入严重损伤状态对应的地震动大小在 0.5g 左右，边墩进入严重损伤状态对应的地震动大小在 0.6g 左右。

（3）当 PGA 达到 1g 时，曲率延性需求均达到完全破坏等级。

（4）随着 PGA 的增大，16%分位曲线与 84%分位曲线的间隔逐步增大，反映了结构进入非线性后不同时程波输入的离散性增加。

（5）各墩墩顶截面的曲率延性需求均大于墩底截面的相应曲率延性需求。

4.5.3 全刚构体系桥地震易损性分析

易损性分析是一种衡量结构构件和结构潜在损伤的概率方法，是一种已广泛应用的地震风险评估工具。在对全刚构体系桥地震损伤破坏过程研究的基础上，本节进一步采用地震易损性分析方法，对全刚构体系桥的桥墩发生不同程度地震损伤的风险进行研究。根据表 4-63 定义的四种损伤状态：轻微损伤、中等损伤、严重损伤、破坏，针对某一损伤状态下，定义地震曲率延性需求与曲率延性损伤指标之比为损伤指数 λ_i ($i=1,2,3,4$)，则轻微损伤、中等损伤、严重损伤、破坏状态损伤指数分别为：$\lambda_1 = \mu_\phi/1$；$\lambda_2 = \mu_\phi/2$；$\lambda_3 = \mu_\phi/3$；$\lambda_4 = \mu_\phi/4$。假设 $\ln(\lambda_i)$ 满足对数正态分布，则超越某一损伤状态的概率为：

$$P_{fi} = P(\lambda_i \geqslant 1) = 1 - \phi\left[\frac{\ln(\lambda_i) - \mu_{\lambda_i}}{\sigma_{\lambda_i}}\right] = \phi\left(\frac{\mu_{\lambda_i}}{\sigma_{\lambda_i}}\right) \qquad (i=1,2,3,4) \qquad (4\text{-}39)$$

式中：μ_{λ_i}、σ_{λ_i}——达到指定损伤状态时，损伤指数λ_i的自然对数平均值和正态分布标准差。

采用式(4-39)计算出全刚构体系桥梁发生轻微损伤、中等损伤、严重损伤和破坏的超越概率，其中P1墩与P3墩关键截面各类损伤的超越概率分别如图4-44、图4-45所示，其他桥墩的计算结果未列出。

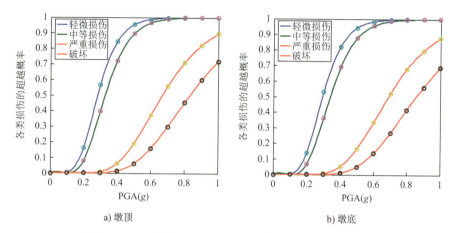

图4-44　P1墩关键截面各种损伤的超越概率（顺桥向）

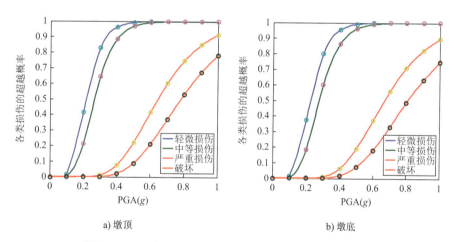

图4-45　P3墩关键截面各种损伤的超越概率（顺桥向）

从计算结果中可以看出：

（1）随地震强度增加（地震动峰值加速度增加），桥墩的损伤程度逐渐增加，当地震动峰值加速度小于0.1g时，结构发生中等损伤的概率很小，在5%以内。

（2）当地震动峰值加速度大于0.2g时，中墩（P3）发生中等损伤的概率明显上升，但边墩（P1）发生中等损伤的概率低于10%。

（3）地震动峰值加速度达到0.6g后，P2、P3、P4墩发生中等损伤的概率已经接近100%，而P1、P5墩发生中等损伤的概率也达到了95%以上。

（4）P2 和 P4 墩发生各类损伤的概率略大于 P3 墩，而边墩 P1 墩和 P5 墩发生损伤的概率小于其余三个中墩。

4.6 全刚构体系桥的墩梁连接节点抗震性能试验分析

4.6.1 引言

相比于传统的连续刚构桥，全刚构体系桥将边墩与主梁固结，具有整体性好和无须更换维护支座等优点。墩梁节点是全刚构体系的关键部位，受力复杂，一旦在地震中发生破坏，将导致整个结构倒塌。历次大地震的震害也表明，节点是结构的地震易损部位。对于梁柱节点抗震问题的研究，首先是从框架结构开始的，研究者对框架结构节点进行了大量的理论和实验研究，提出了各种节点抗震分析方法。后来，由于桥梁节点在数次地震中出现了广泛震害，桥梁工程界相继开展了桥梁节点的抗震分析和设计研究。美国加利福尼亚州大学 San Diego 分校 Priestley 教授采用拉压杆理论结合模型试验，对桥梁节点进行了一系列试验，提出了桥梁 Knee 节点和 K 节点的配筋构造措施与方法，这些节点的配筋构造措施与方法，被美国加利福尼亚州抗震准则（*Caltrans SDC*）和美国 AASHTO 桥梁抗震设计指南的桥梁节点抗震设计所采用。我国在桥梁节点抗震设计方面研究较少，《公路桥梁抗震设计规范》（JTG/T 2231-01—2020）和《城市桥梁抗震设计规范》（CJJ 166—2011）中的节点设计部分主要是参考了美国 AASHTO 桥梁抗震设计指南中节点抗震设计的建议。

全刚构体系桥边墩-主梁节点在构造方面与桥梁盖梁与墩柱连接的节点有较大的区别。全刚构体系桥的梁体截面尺寸相对于桥梁盖梁要大得多，目前国内外对这种节点的抗震性能研究基本上是空白的。本节以全刚构体系桥边墩-主梁节点为背景，采用拟静力试验方法，对全刚构体系桥边墩-主梁节点损伤、破坏模式进行了研究，并提出了节点配筋构造措施。

4.6.2 边节点的构造与模型设计

1）工程背景

全刚构体系桥梁边墩-主梁节点试验采用 4×40m 全刚构体系桥标准段作为研究对象，如图 4-46 所示。桥墩为单肢薄壁墩，采用 C50 混凝土，桥墩截面为矩形截面等截面。主梁为单箱单室等高度箱梁，采用 C60 混凝土，梁高 2.3m，顶板宽度 11m，底板宽度 3.0m。桥墩和主梁的钢筋均采用 HRB400 钢筋。主梁内设置预应力束。

本桥为预制拼装桥梁，边墩为现场进行现浇，端节段主梁是梁场预制，预制主梁端头部位预留凹槽（即横隔梁段），横隔梁段与桥墩等宽，预制主梁内的钢筋与桥墩纵筋交错配置，确保能够顺利落梁。主梁与桥墩拼装完成后，对横隔梁段进行现浇，实现主梁与桥墩的固结，如图 4-47 所示。

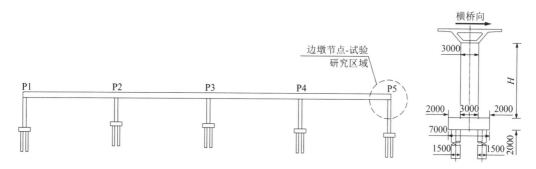

图 4-46　4×40m 全刚构体系桥以及试验研究节点区域示意图

选取边墩（P5 墩）与梁体连接的边节点进行研究，其结构形式类似于普通桥梁的 K 节点（图 4-48），但与普通桥梁中的 K 节点相比较，梁体的尺寸要比普通桥梁框架墩中的盖梁尺寸大得多。另外由于边墩与主梁分开在不同场地制作，在现场进行拼装，本桥的边节点配筋也与普通 K 节点相差较大。

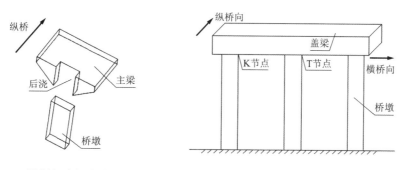

图 4-47　边墩与主梁连接方式示意图　　图 4-48　K 节点示意图

2）边节点模型设计

边节点受力如图 4-49 所示。在地震作用下，为尽可能减小缩尺试件对实际受力情况的影响，综合考虑试验设备、安装方便性、经济性以及试验结果的合理性，模型缩尺比定为 1∶3。边节点模型设计方法为：当边墩墩顶达到极限弯矩时，节点区的弯矩、剪力和轴力与原桥的受力满足 $M_{b原桥}/M_{b模型} = M_{c原桥}/M_{c模型} = 27$，$V_{b原桥}/V_{b模型} = V_{c原桥}/V_{c模型} = 9$，$N_{b原桥}/N_{b模型} = N_{c原桥}/N_{c模型} = 9$。

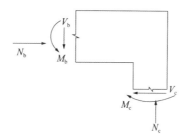

图 4-49　地震作用下边节点受力示意图

采用缩尺比 1:3，得到的边节点模型几何尺寸如图 4-50 所示。图中阴影部分为节点现浇区域。试件的桥墩采用 C50 混凝土，主梁和节点后浇段均采用 C60 高性能混凝土。

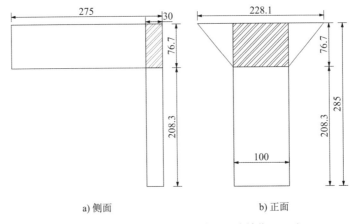

图 4-50 边节点模型几何尺寸（尺寸单位：cm）

节点模型桥墩配筋如图 4-51 所示。最外层箍筋保护层厚度为 2.5cm，桥墩 N1 纵筋采用直径 25mm 的 HRB400 的带肋钢筋，配置了 24 根，纵筋截面配筋率 3.93%。箍筋 N2 和 N3 采用直径 8mm 的 HRB400 复合箍筋，并在纵筋 N1 与 N2 箍筋交点处配置直径 10mm 的 HRB400 横向 N4 和 N5。箍筋竖向间距为 10cm，箍筋体积配筋率为 1.27%。

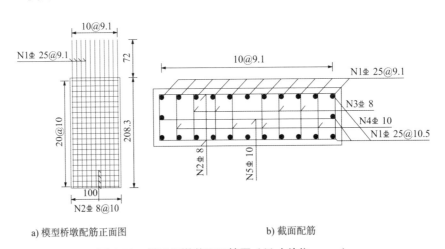

图 4-51 模型桥墩截面配筋图（尺寸单位：mm）

基于原型桥节点的配筋形式，并在满足节点区的弯矩、剪力和轴力与原桥的相似比的前提下，通过调整钢筋数量、直径和保护层厚度得到的边节点模型配筋构造如图 4-52 所示。节点中的钢筋由横向钢筋（N5）、纵向拉筋（N11），竖向箍筋（N10）和横向拉筋（N12）组成。梁体顶部和底部 N5 纵筋直接深入节点并在梁端下弯或上弯，在节点中部区域配置纵向拉筋（N11）、竖向箍筋（N10）和横向拉筋（N12）。纵向拉筋与竖向箍筋和横向拉筋绑扎为整体。

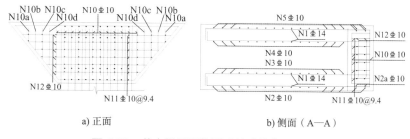

图 4-52 节点模型配筋图（尺寸单位：mm）

3）试验加载方案及加载模式

为了模拟节点的受力情况，拟定试验加载方案，如图 4-53 所示。梁外端利用滚轴支撑于反力架的横梁上，容许梁端转动和发生水平位移，预制桥墩的反弯点采用固定铰固定，桥墩的恒载反力采用竖向伺服作动器施加竖向反力模拟，水平伺服作动器一端支撑在反力墙上，另一端与梁端预埋的螺栓连接，施加水平低周反复荷载。

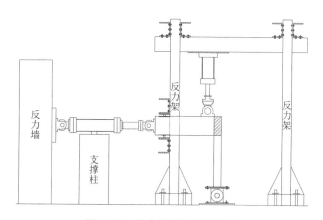

图 4-53 节点模型加载示意图

水平荷载全程采用位移控制。从零位移开始，第一级加载到 2mm，然后每一级加载间隔 4mm，直至加载到钢筋屈服；钢筋屈服后加载幅度增加到 8mm，直至加载到试件破坏，以力下降到峰值荷载的 80% 为界定标准。每级加载循环 3 周。根据钢筋应变和力的增幅判断屈服点，并根据数据和试验现象适当调整加载间隔。

为精确测量节点模型的水平位移，在加载点中心高度处的梁端布置了两根拉线式位移计，量程为 ±200mm。为了获得试件在往复荷载作用下墩梁纵筋、节点箍筋的应变变化规律，钢筋应变片主要布置在节点内的箍筋以及节点附近区域的梁和墩的纵筋和箍筋上。

4.6.3 试验现象与破坏特征

1）试件损伤现象描述

为方便试验现象记录和描述，在墩身四周贴上写有方位的 A4 纸，并约定试件与水平作动器连接的一端为 E 面，其余面的方位按照俯视视角顺时针依次为 S 面、W 面和 N 面，方位编号如图 4-54 所示。裂缝开展的位置和长度可根据 10cm×10cm 方格网方便定位。

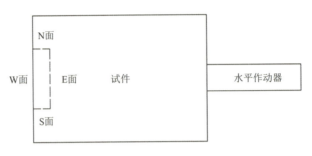

图 4-54　方位编号图

水平作动器位移加载到 ±6mm 时（最大推力为 60kN，最大拉力为 41kN），墩顶往下约 30cm 范围内出现 4 条肉眼可见的细丝裂纹。随着加载位移的增大，原有裂纹继续扩展延伸，W 面和 E 面墩顶往下 10~40cm 范围内出现多条贯通的水平裂缝，并且扩展到桥墩的 N 面和 S 面。水平作动器加载位移增到 ±38mm 时（最大推力为 174kN，最大拉力为 157kN），W 面和 E 面纵筋拉应变均超过 2000με，纵筋屈服，裂缝展开形式如图 4-55 所示。

a) W 面裂缝展开情况（±38mm 工况）　　b) S 面裂缝展开情况（±38mm 工况）

图 4-55　节点模型裂缝展开形式

当水平作动器位移加载到 +54mm（推，节点受闭合弯矩）、峰值推力为 223kN 时，听见混凝土碎裂的声音，水平作动器的推力突降至 145kN，降幅约 35%。待推力维持稳定后，观察试件发现：墩身裂缝增加不明显；但节点 W 面混凝土拱起，节点 W 面后浇段表面出现许多斜向裂缝，并逐渐从后浇段延伸至两边腹板预制段；卸载后，当水平作动器位移继续加载到 -54mm 时（拉，节点受张开弯矩），峰值拉力为 194kN，拉力继续上升。

当水平作动器加载位移为±62mm时，最大推力为105kN，最大拉力为181kN，相比于上一加载级，推力峰值大幅下降，拉力峰值降低幅度不大。当水平作动器位移加载到+62mm时（推，节点受闭合弯矩），W面节点现浇段表面裂纹迅速延伸发展，裂纹宽度大幅增加，最宽达到7mm；梁端斜边与墩顶的连接部位混凝土严重开裂、脱落梁体腹板新增数条斜向裂纹（图4-56）。当水平作动器位移加载到−62mm时，墩身E面顶部和梁体接触部位的裂缝在墩身范围内贯通（图4-57）。

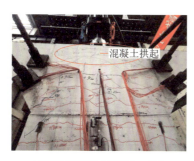

a) 节点顶部混凝土拱起（W面）   b) 节点侧面斜裂缝（N面）

图4-56 闭合弯矩作用下节点破坏形式

图4-57 张开弯矩作用下墩梁相交处开裂

在闭合弯矩作用下，节点内会形成沿主对角线方向的主压应力（压杆D）和垂直于主对角线的主拉应力［图4-58a)］，主拉应力作用下会在K节点侧面产生沿着主对角线方向的斜裂纹。由于研究的节点梁体宽度远大于墩柱，节点现浇段两侧有较厚的腹板，节点外表面两侧斜裂缝开展并不明显，裂纹仅在较小的范围内出现［图4-58b)］。但若桥墩伸入节点内纵筋下弯或上弯段没有设置有效的横向箍筋约束，节点外侧混凝土可能被外推拱起，导致节点破坏。本试件桥墩纵筋伸入节点部分仅设置了横向拉筋，没有横向箍筋，导致了节点W面顶部混凝土大面积的拱起、开裂破坏模式。在张开弯矩作用下，节点内会形成垂直于主对角线方向的主压应力（压杆D）和沿主对角线方向的主拉应力。主拉应力作用下会在K节点外表面产生从梁表面向墩表面延伸的拱形裂缝，墩身的水平裂纹主要出现在内侧。本书研究的节点梁体宽度远大于墩柱，节点中主拉应力相对较小，破坏模式则是墩身E面顶部和梁体相交部位撕裂。图4-58为闭合和张开弯矩作用下边节点的破坏机理示意图。

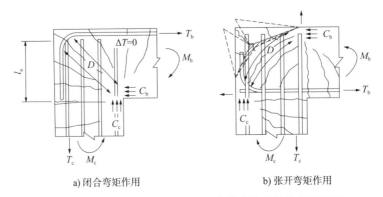

a) 闭合弯矩作用　　　　　　b) 张开弯矩作用

图 4-58　闭合和张开弯矩作用下边节点的破坏机理示意图

2）试验结果分析

（1）滞回曲线。

力-位移滞回曲线是结构抗震性能的一个重要指标，滞回环包围的面积反映了结构的耗能能力，利用滞回曲线还可以得到多个关于结构抗震性能参数，如：骨架曲线、黏滞阻尼比、模型的等效刚度和强度退化等。

试验得到的节点模型的力-位移滞回曲线如图 4-59 所示。在加载初期，滞回环面积较小，试件保持在弹性范围内，试件的加载和卸载路径基本重合；当水平作动器位移加载到+54mm 时（推，节点受闭合弯矩），节点模型 W 面发生破坏，水平作动器的推力从 222kN 突降至 145kN，降幅约 35%，可以认为试件在此时已经达到极限状态；卸载后，当水平作动器位移继续加载到−54mm 时（拉，节点受张开弯矩），峰值拉力为 194kN，拉力继续上升，而且在−62mm 两个加载级下水平拉力下降并不明显，这就说明边节点在闭合弯矩作用下的强度要小于张开弯矩作用。

（2）骨架曲线。

将试件的滞回曲线上各位移加载级的首次循环时的峰值荷载点连接起来，得到的包络线就是骨架曲线，任意水平加载的力-位移曲线均位于骨架曲线下部骨架曲线与单调加载时的荷载-位移曲线接近。骨架曲线能体现出荷载-位移曲线峰值点的轨态和发展规律，直观地反映出节点模型在往复加载作用下的延性、变形和强度特征，如图 4-60 所示。表 4-64 为节点模型特征状态试验结果。

（3）桥墩纵向钢筋应变。

闭合和张开弯矩作用下 W 面和 E 面桥墩受拉纵筋的应变与加载位移的关系如图 4-61 所示。由图中可知：①随着加载位移（图中 x 代表加载位移）的不断增大，桥墩纵筋拉应变不断增大，每一级加载位移下的最大拉应变基本发生在墩顶附近区域；②随着荷载的增大，伸入节点内的纵筋端部的拉应变始终维持在一个较小的范围内，说明弯矩在墩梁接触部位达到最大值，进入节点区域后开始下降。

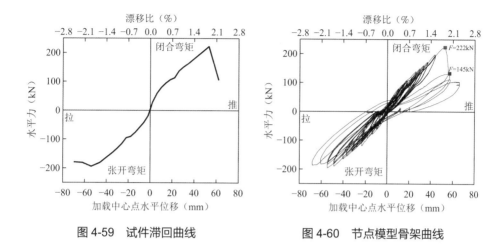

图 4-59 试件滞回曲线　　图 4-60 节点模型骨架曲线

模型特征状态试验结果　　　　　　　　　　表 4-64

加载方向	屈服		峰值		极限位移（cm）
	屈服力（kN）	屈服位移（cm）	峰值力（kN）	峰值位移（cm）	
正向（推）	174	3.8	223	5.4	5.4
反向（拉）	157	3.4	194	5.8	6.8

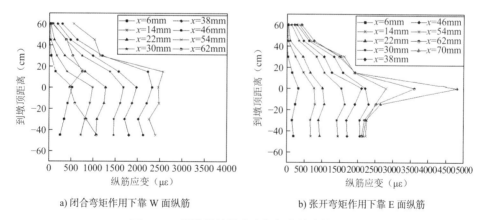

a) 闭合弯矩作用下靠 W 面纵筋　　b) 张开弯矩作用下靠 E 面纵筋

图 4-61 桥墩纵筋拉应变与加载位移的关系

（4）节点竖向箍筋应变。

节点区竖向箍筋拉应变与加载位移的关系如图 4-62 所示。在此对纵坐标定义作出说明：共测量了 4 根竖向箍筋的拉应变，节点中心往左 2 根的坐标为 -2 和 -1，往右 2 根的坐标为 1 和 2。总体来看，箍筋拉应变随着加载位移的增大而增大，但是基本都保持在弹性范围内，未发生屈服；4 根箍筋的拉应变分布较为均匀。

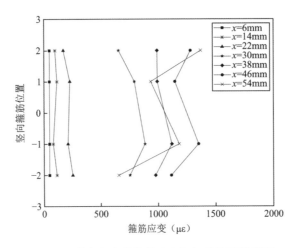

图 4-62 节点竖向箍筋拉应变与加载位移的关系

4.6.4 边节点配筋构造建议

基于上述节点的破坏模式和破坏机理分析,结合美国 AASHTO 规范的配筋要求,针对节点受闭合弯矩和张开弯矩受力模式的建议配筋构造如图 4-63 所示,具体如下:

(1) U 形钢筋:主梁顶板的上部纵筋与底板的下部纵筋弯折长度加长,从而形成搭接,形成图 4-63 所示的 U 形钢筋。

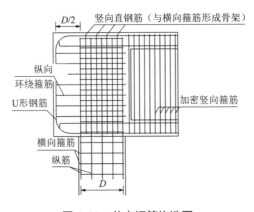

图 4-63 节点钢筋构造图

(2) 环绕箍筋或纵向水平拉筋:通过环绕箍筋或纵向水平拉筋约束 U 形钢筋,U 形钢筋与环绕箍筋共同承受斜压杆的主压力,防止节点在闭合弯矩作用下 W 面纵筋外翻造混凝土开裂拱起,如图 4-64a) 所示。

(3) 横向箍筋:横向箍筋的尺寸大小应合理设置,确保落梁时桥墩纵筋能够顺利穿入。

(4) 竖向直钢筋:与桥墩纵筋交错布置,主要作用是与横向箍筋形成钢筋骨架。

(5) 加密竖向箍筋:在原箍筋的基础上进行加密,布置在节点右侧 $D/2$ 范围内。在张开弯矩作用下,竖向箍筋中产生拉力,与梁顶部受压区压力分量一起平衡节点中斜压杆的压力,如图 4-64b) 所示。

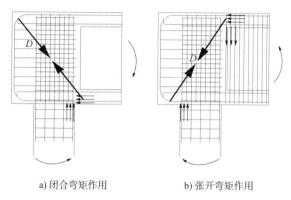

a) 闭合弯矩作用　　　b) 张开弯矩作用

图 4-64　节点传力机理

结合节点试验结果，对原配筋方案优化如下：①取消了节点区的横向拉筋、纵向短钢筋和竖向箍筋；②节点区增加了横向箍筋（小圈）和环绕箍筋（大圈）；③主梁纵筋弯折长度加长，焊接形成 U 形钢筋；④节点右侧竖向箍筋加密。

根据美国 AASHTO 规范建议，节点配筋率要求如下：

（1）节点横向箍筋配箍率应满足：

$$\rho_s \geqslant 0.40 \frac{A_{st}}{l_a^2} \tag{4-40}$$

（2）竖向箍筋面积 A_s^{jv} 应满足：

$$A_s^{jv} \geqslant 0.2 A_{st} \tag{4-41}$$

（3）节点环绕箍筋面积 A_s^{sf} 应满足：

$$A_s^{sf} \geqslant \max(0.1 A_{cap}^{top} \quad 0.1 A_{cap}^{bot}) \tag{4-42}$$

（4）U 形钢筋面积 A_s^{u-bar} 应满足：

$$A_s^{u-bar} \geqslant 0.33 A_{st} \tag{4-43}$$

式中：　A_{st}——桥墩钢筋锚固在节点中的总面积（m²）；

A_{cap}^{top}、A_{cap}^{bot}——梁体顶板和底板伸入到节点中纵筋的面积（m²）；

l_a——桥墩中纵筋在节点中的锚固长度（m）。

4.6.5　主要结论

以全刚构体系桥梁边墩-主梁节点为研究对象，按照 1∶3 的缩尺比设计模型，采用拟静力试验方法，研究了边墩-主梁节点的损伤、破坏模式与机理，提出了节点配筋构造的建议，得出结论如下：

（1）在试验加载初期，水平裂纹主要在墩身的 W 面和 E 面产生，之后逐渐延伸贯通，并斜向发展至墩身的N面和S面，节点和梁体斜边裂缝开展较少。随着加载位移的增大，节点W面和斜边也逐渐出现裂缝，但是裂缝宽度较小。

（2）本试件桥墩纵筋伸入节点部分仅设置了横向拉筋，没有横向箍筋，在闭合弯矩作用下，无法平衡节点内所形成沿主对角线方向的主压应力（压杆D），导致了节点W面顶部混凝土大面积的拱起的破坏模式。

（3）节点的力-位移滞回曲线的滞回环面积较小，呈捏拢状；虽然在节点破坏时桥墩顶部纵筋已屈服，但节点的延性能力较小。分析骨架曲线发现节点在闭合弯矩作用下水平力放缓趋势并不明显，之后发生骤降，即节点发生了破坏。

（4）基于节点的破坏模式和破坏机理，参考美国AASHTO规范关于节点配筋的要求，提出了边墩-主梁节点配筋的建议构造要求。

第 5 章

桥墩防撞分析与管养措施

近年来，我国经济水平不断提高，交通运输业蓬勃发展，桥梁作为基础设施建设至关重要的一环，需求量不断增大。在大量修建桥梁的同时，机动车数量及运载能力持续增加，行车速度不断提高，桥梁正面临着越来越严峻的威胁，如车辆撞击桥梁。根据对国内 1998—2016 年部分桥梁事故进行统计分析，发现运营阶段由车船因素引发的桥梁事故占比在 50% 以上。另外，对 2017—2019 年间国内外发生的桥梁倒塌事故进行了统计分析，同样发现碰撞导致桥梁在运营阶段损失巨大。因此，深入研究车辆撞击桥墩问题具有重大意义。

本章以一联 4×40m 全刚构体系桥为研究对象，利用 MSC.Marc 软件建立考虑非线性和材料率效应的精细有限元模型，对全刚构体系桥下部结构中墩、边墩分别遭受重型车辆碰撞过程进行了数值仿真，通过动力分析得到了车辆撞击过程中桥梁响应，利用墩身应力应变的分布规律判定桥墩的损伤状态，并根据桥梁中墩被撞击时桥梁的桥面位移时程曲线，在车桥耦合振动分析中叠加桥面附加动态不平顺，考虑桥墩受到撞击时列车和桥梁的动力响应，评估车辆撞击作用下桥上列车运行的舒适性与安全性。最后，根据运营部门的管养需求，结合城市轨道交通高架桥梁特点，提出车撞桥墩损伤快速判别准则与处理指南。

5.1 桥墩车撞仿真分析

5.1.1 车撞分析的有限元模型

1）桥梁模型

如图 5-1 所示，该 4×40m 全刚构体系桥墩高 14.5m，顺桥向墩身等宽度，边墩采用 0.8m，中墩采用 1.4m。横桥向顶部 5.5m 范围墩身采用等截面，宽 2.4m，以下墩身采用变截面，宽度由 2.4m 逐步增加至 3.0m。桥墩均采用矩形截面，基础采用桩基础。上部结构采用单箱单室斜腹板箱梁截面，顶宽 10m，翼缘悬臂长 2.1m，底宽 2.4m，高 2m，跨中顶板厚 0.25m，底板厚 0.25m，两联之间的梁缝 10cm，箱梁具体信息见第 2 章。

桥梁上部结构、桥墩、承台和路面的混凝土均采用实体单元（MSC.Marc 7 号单元），墩身主筋和钢筋采用三维桁架单元（MSC.Marc 9 号单元），有限元模型如图 5-2 所示。通过 Insert 功能实现钢筋与混凝土的共同工作。由于损伤主要集中在被撞击桥墩，因此为了简化计算模型，提高模型计算效率，将桥梁上部结构和承台定义为弹性，被撞击桥墩按弹塑性特性

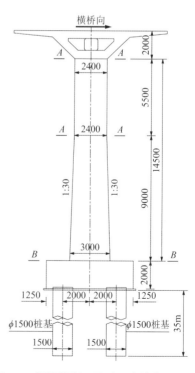

图 5-1 桥梁横断面图（尺寸单位：mm）

模拟，其他桥墩均定义为弹性。

图 5-2 车撞分析的有限元模型

被撞击桥墩的混凝土采用弹塑性本构模型。受压骨架曲线采用 Kent-Park 模型，受拉骨架线采用 Hillerborg 等提出的双折线模型，如图 5-3 所示。钢筋的单轴本构模型采用 Esmaeily 等提出的由两段直线和一段抛物线组成的应力-应变曲线，如图 5-4 所示。

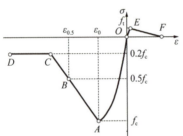

图 5-3 混凝土单轴本构关系示意图　　图 5-4 钢筋单轴本构关系示意图

f_c-混凝土极限抗压强度；f_t-混凝土极限抗拉强度；
ε_0-对应于f_c的主压应变；$\varepsilon_{0.5}$-对应于$0.5f_c$的主压应变

由于钢材在冲击荷载作用下会表现出强度提高的特性，因此采用适合于低应变率效应问题的 Cowper-Symonds 模型计入材料率效应的影响，即：

$$\sigma_d = \left[1 + \left(\frac{\dot{\varepsilon}}{C}\right)^{\frac{1}{p}}\right](\sigma_0 + \beta E_p \varepsilon_p^{\text{eff}}) \tag{5-1}$$

式中：$\dot{\varepsilon}$——钢材的应变率；

σ_d——钢材在应变率为$\dot{\varepsilon}$时的应力值（MPa）；

σ_0——初始屈服应力（MPa）；

E_p——塑性硬化模量（MPa），$E_p = EE_t/(E - E_t)$，E为弹性模量（MPa），E_t为塑性切线模量（MPa）；

$\varepsilon_p^{\text{eff}}$——等效塑性应变；

β——调整同性强化和随动强化的参数，$\beta = 0$代表随动强化，$\beta = 1$代表各向同性强化，β介于0~1之间表示混合强化；

C、p——Cowper-Symonds 模型的材料参数，取 $C = 40\text{s}^{-1}$，$p = 5$。

为考虑土-结构相互作用对撞击响应的影响，在承台底部设置了 6 自由度弹簧，弹簧刚度见表 5-1。

承台底部弹簧刚度取值　　　　　表 5-1

刚度类型	刚度取值
x 方向（横桥向）线刚度（kN/m）	9.438×10^5
y 方向（竖桥向）线刚度（kN/m）	5.476×10^6
z 方向（顺桥向）线刚度（kN/m）	9.438×10^5
绕 x 轴转动刚度（kN·m/rad）	2.71×10^6
绕 y 轴转动刚度（kN·m/rad）	1.0×10^{10}
绕 z 轴转动刚度（kN·m/rad）	2.71×10^6

2）车辆模型

重载货车撞击桥梁是关注的重点。因此，根据《公路货运车辆超限超载认定标准》选取总质量为 49t 的 6 轴重载货车为车辆模型原型。根据桥下线路设计速度，确定撞击速度为 60km/h。参考《公路护栏安全性能评价标准》(JTG B05-01—2013)，确定撞击角度为 20°（侧碰）。由于撞击主要发生在车头部分，因此对车辆进行了简化。车头采用了理想弹塑性本构，同样通过 Cowper-Symonds 模型考虑材料率效应。车厢和车轮为弹性。车头-车厢、车头-车轮、车厢-车轮之间采用刚性杆进行连接。车辆模型如图 5-5 所示。

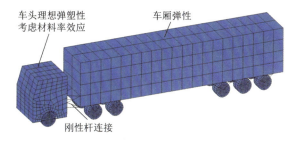

图 5-5　车辆模型

另外，采用软件 Contact 模块定义了车头和被撞桥墩、车轮和车轮的接触关系。对于法向接触条件，通过定义接触距离容差，实现其不可贯入性；对于切向接触条件，选取库伦摩擦模型，其中车轮和路面的摩擦因数为 0.7，车头和桥墩的摩擦因数为 0.3。

5.1.2　撞击过程仿真模拟及分析

1）撞击力分析

图 5-6 为 49t 6 轴重载货车以 60km/h 的速度从与桥梁轴线成 20°方向撞击中墩时的撞

击力时程，其峰值撞击力为 5821.903kN，撞击持续时间为 0.469s。

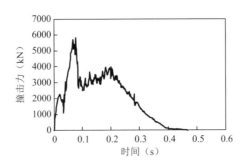

图 5-6　中墩撞击力时程

车辆撞击过程是一个动态过程，撞击力的峰值出现在碰撞过程中的某一时刻，在工程设计中，往往需要将一个动态撞击过程等效成一个静力荷载进行抗撞击分析。美国 *AASHTO LRFD* 规范通过真实车辆撞击刚性柱试验得到撞击力时程曲线，根据峰值荷载附近一定时间范围内的荷载平均值给出了撞击力的建议值，取峰值附近的 0.1s 时间范围内的平均撞击力 F_m 作为局部破坏撞击力。确定方法为：首先确定撞击力时程峰值对应的时间 t_p，若该时间小于 0.05s，则取 0~0.1s 时间范围内的平均撞击力作为 F_m；若该时间大于 0.05s，则取 ($t_p - 0.05s$)~($t_p + 0.05s$) 时间范围内的平均撞击力作为 F_m。根据该方法得到中墩撞击过程中的等效撞击力为 3454.475kN。

图 5-7 为峰值荷载时，撞击力沿桥墩高度的分布以及该时刻合力的作用位置。对于中墩撞击工况，峰值荷载时刻合力作用高度为 1.622m。

通过计算撞击过程中每一时刻合力作用高度，可以得到合力作用高度的时程曲线。如图 5-8 所示，对于中墩撞击工况，合力作用高度在 0.507~1.703m 之间变化，等效撞击力（$t = 0.028$~0.128s 内平均撞击力）作用高度为 1.469m。

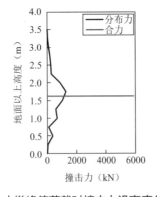 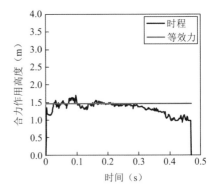

图 5-7　中墩峰值荷载时撞击力沿高度分布情况　　图 5-8　中墩合力作用高度时程曲线

将计算结果与国内外相关规范进行对比可知，计算峰值撞击力和等效撞击力均高于各国规范规定值，而撞击力作用高度与美国规范接近，详见表 5-2。

本书计算结果与国内外规范撞击力对比　　　　　　　　表 5-2

规范	撞击力（kN）	方向	作用位置（m）
公路桥涵设计通用规范	1000	平行行车道	1.2
	500	垂直行车道	
铁路桥涵设计规范	1000	平行行车道	1.2
	500	垂直行车道	
欧洲规范	1000	平行行车道	0.5～1.5
	500	垂直行车道	
美国规范	2669	与行车道 0°～15°内任意方向	1.52
本文计算结果	5821.903（峰值） 3454.475（等效值）	与桥梁轴线成 20°角方向	1.622 1.469

2）损伤状态评估

图 5-9 所示为中墩被撞击后墩身混凝土开裂情况。裂缝主要集中在墩顶撞击正面两侧，分布高度大约为 1m。图 5-10 所示为中墩被撞击后墩身钢筋屈服情况，撞击后钢筋不发生屈服，撞击过程中钢筋最大压应力为 52.52MPa。

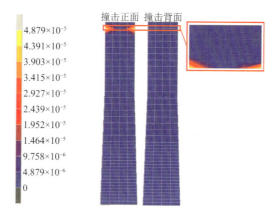

图 5-9　中墩墩身混凝土开裂情况（混凝土拉应变）

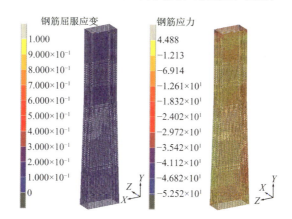

图 5-10　中墩墩身钢筋屈服情况（应力单位：MPa）

鉴于缺乏车辆撞击后桥梁损伤状态的评定准则，参考基于性能桥梁抗震设计理论，将钢筋混凝土薄壁墩性能划分为基本完好、轻微破坏、中等破坏、严重破坏和接近倒塌 5 个性能水平，各损伤状态对应的使用功能及量化指标见表 5-3。

损伤状态评定准则　　　　表 5-3

损伤状态	使用功能	混凝土压应变	钢筋应变
基本完好	保证日常功能，车辆可以正常通行	—	< 0.002
轻微破坏	部分附属功能丧失，修复过程中，车辆仍能正常通行	< 0.004	< 0.015
中等破坏	主体功能受到影响，修复过程中可通行一般车辆，恢复正常功能需要加固	< 0.010	< 0.040
严重破坏	主体功能严重下降，限载，恢复正常功能需要较长加固周期	< 0.015	< 0.060
接近倒塌	功能丧失，不可修复	< 0.025	< 0.090

如图 5-11 所示，中墩撞击工况中，混凝土最大压应变为 2.151×10^{-4}（$t = 1.01\mathrm{s}$），钢筋最大应变为 $2.625 \times 10^{-4} < 0.002$（$t = 1.00\mathrm{s}$）。参考损伤状态评定准则（表 5-3），中墩被 49t 6 轴重载货车以 60km/h 的速度从与桥梁轴线 20°方向撞击后，其损伤状态为基本完好，无须修复即可继续使用。

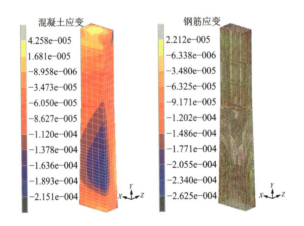

图 5-11　中墩撞击后应变状态

相比于中墩撞击工况，边墩撞击后，裂缝主要集中在墩底撞击正面，分布高度为 0.25~1.5m，靠近车辆的撞击右侧开裂情况比远离车辆的左侧严重，裂缝几乎全部贯穿。另外，墩顶撞击背面远离车辆的左侧轻微开裂。边墩撞击后墩底发生了少量钢筋屈服，墩底横断面有 14.8%的纵筋屈服。整体上看，发生钢筋屈服的墩身面积大约有 37cm²。钢筋最大拉应力为 400MPa，出现在 0.067s。

如图 5-12 所示，边墩撞击工况中，混凝土最大压应变为 $0.001936 < 0.004$（$t = 0.82\mathrm{s}$），钢筋最大应变为 $0.004571 < 0.015$（$t = 0.81\mathrm{s}$）。参考损伤状态评定准则（表 5-3），边墩被

49t 6 轴重载货车以 60km/h 的速度从与桥梁轴线 20°方向撞击后，其损伤状态为轻微破坏，不用修复或需要少量修复。

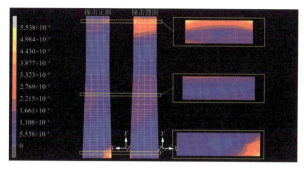

a) 边墩墩身混凝土开裂情况（混凝土拉应变）

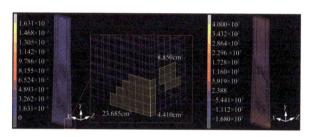

b) 边墩墩身钢筋屈服情况（应力单位：MPa）

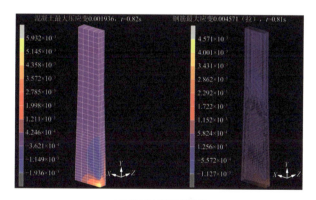

c) 边墩撞击后应变状态

图 5-12　边墩撞击后应力应变状态

5.1.3　撞击力参数分析及与规范值比较

车桥撞击力受多方面因素影响且存在较大差异。运用有限元模型，分析了撞击角度、撞击速度、撞击车辆质量等参数对中墩撞击力的影响规律，结果见表 5-4。通过对比可以看出：最大撞击力和等效撞击力随着撞击速度的增大而增大，且近似呈线性相关；最大撞击力和等效撞击力随着撞击车辆质量的增大也同样增大；10°工况和 20°工况计算得到的最大撞击力以及等效撞击力差别不显著，而 30°工况的计算明显小于上述两种工况。

中墩撞击各工况计算结果　　　　表 5-4

撞击角度	撞击速度（km/h）	撞击车辆质量（t）	最大撞击力（kN）	等效撞击力（kN）
10°	20	12.25	792.441	472.694
		24.50	1071.885	777.717
		49.00	949.742	808.555
	40	12.25	1888.824	1052.144
		24.50	2345.083	1665.769
		49.00	4295.816	3140.709
	60	12.25	2472.514	1548.181
		24.50	3619.904	2800.160
		49.00	6217.389	4330.994
20°	20	12.25	695.734	425.662
		24.50	1077.129	767.419
		49.00	1277.360	1065.773
	40	12.25	1519.547	1028.621
		24.50	1837.893	1262.750
		49.00	2938.882	2606.047
	60	12.25	1857.031	1240.829
		24.50	3233.417	2696.264
		49.00	5821.903	3454.475
30°	20	12.25	935.045	557.881
		24.50	1167.715	906.343
		49.00	1369.576	1082.401
	40	12.25	1754.749	1129.872
		24.50	2292.854	1668.879
		49.00	2377.112	1924.358
	60	12.25	2231.466	1702.155
		24.50	3490.806	2433.921
		49.00	3588.742	2571.933

将上述工况撞击力大小与各国规范值进行了对比，结果如图 5-13 所示。对于中国规范和欧洲规范，在 20km/h 速度撞击下，最大撞击力和等效撞击力基本都小于规范规定值；但在 40km/h 和 60km/h 速度撞击，最大撞击力和等效撞击力基本都超出规定值。对于美国规

范，撞击车辆质量 12.25t 的工况，最大撞击力和等效撞击力都小于规定值；24.5t 车辆 60km/h 速度工况以及 49t 车辆 40km/h、60km/h 速度工况，最大撞击力和等效撞击力都超出规定值。

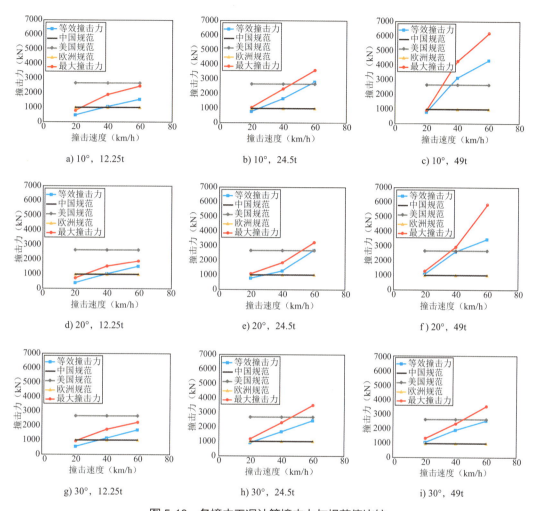

图 5-13 各撞击工况计算撞击力与规范值比较

5.1.4 桥墩车撞仿真分析的总结

经过上述桥墩车撞仿真分析，可以总结出以下结论：

（1）49t 6 轴重载货车以 60km/h 的速度从与桥梁轴线 20°方向撞击中墩、边墩时，等效撞击力分别为 3454kN、3659kN，大于国内现行规范和欧洲规范的规定值（1000kN），也大于美国规范的规定值（2669kN）。在此工况下，墩身混凝土有开裂现象，钢筋未屈服或少量屈服。根据损伤状态评定准则，中墩与边墩受重型货车撞击后其损伤状态分别为基本完好（无须修复即可继续使用）和轻微破坏（不用修复或需要少量修复）。因此，上述工况中，虽然等效撞击力超出我国规范规定值，但根据损伤指标，中墩、边墩被重载车辆撞击后基本上不影响使用性能。

（2）最大撞击力和等效撞击力随着撞击速度、撞击质量的增大而增大，且近似呈线性关系。10°工况和20°工况计算得到的最大撞击力和等效撞击力差别不显著，而30°工况的计算结果明显小于上述两种工况。除12.25t车辆撞击工况以及撞击速度20km/h工况外，我国规范和欧洲规范规定值偏低。除49t车辆20km/h撞击工况外，美国规范规定值基本大于其他工况的等效撞击力。

（3）计算所得等效撞击力大于规范值，仿真分析结构基本完好或轻微损伤，车撞桥墩后仍可立即使用。因此，值得进一步思考现有规范关于撞击力规定值的合理性。汽车碰撞桥墩是一个材料非线性动力学问题，碰撞过程中涉及多种动态响应。以平均撞击力（等效撞击力）作为局部碰撞验算，而以撞击冲量作为整体响应计算在概念上更为合理。因此，目前各国规范在车辆撞击荷载及计算方法的规定具有一定的局限性。进一步探索撞击力规定值有助于防撞设计理论与方法的改进。

5.2 桥墩车撞条件下桥上列车走行性分析

为了获得桥墩被撞击时最不利车桥位置组合工况下的车-桥系统空间动力响应，根据桥面时程曲线各峰值发生的时刻和所处桥面位置，在计算中通过调整车桥位置相互关系，使得列车在该时刻恰好经过该位置。本节根据撞击时桥梁的桥面位移时程曲线，选取4种可能的最不利车桥位置组合工况分别进行车桥耦合振动计算。

5.2.1 有限元模型建立

1）车辆空间振动分析模型

车辆空间振动分析模型在3.1.1节已做介绍，在此不再赘述。

2）桥梁空间振动分析模型

针对5.1节所研究的4×40m全刚构体系桥梁，采用空间梁元建模，桩基础也采用空间梁元建模，并采用m法考虑桩土共同作用，利用中南大学研发的桥梁动力学分析专用软件对桥梁结构进行建模。分析模型确定后，由弹性系统动力学总势能不变值原理及形成系统矩阵的"对号入座"法则，建立桥梁刚度、质量、阻尼等矩阵。桥梁的有限元分析模型如图5-14所示。

图5-14 全桥空间振动分析模型示意图

5.2.2 列车安全、舒适运行的评估标准

采用脱轨系数、轮重减载率判断列车运行安全性，用车辆加速度与 Sperling 指标判断乘坐舒适性，用桥梁振动加速度衡量桥梁的动力性能，具体指标限值见 3.2 节。

5.2.3 计算工况及分析结果

车辆编组及计算参数见表 5-5。

列车编组及计算参数　　　　　　　　　　　　　　　表 5-5

列车类型	列车编组	计算速度（km/h）	轨道不平顺
B 型	6 辆编组 （动车 + 拖车 + 2 × 动车 + 拖车 + 动车）	80、90、100、110、120	美国六级谱模拟轨道不平顺

将中墩撞击过程仿真模拟中得到的桥面中轴线位移时程曲线施加在车-桥系统空间动力响应分析模型上，并在车桥耦合振动分析中叠加桥面附加动态不平顺考虑桥墩受到撞击时列车和桥梁的动力响应。

选取 4 种最不利车桥位置组合，为了比较分析，将无车辆撞击的计算也列入在内，计算工况包括：工况 1——无撞击；工况 2——0.665s～3.05m（撞击 0.665s 后车头到达 3.05m 处）；工况 3——0.260s～79.95m（撞击 0.260s 后车头到达 79.95m 处）；工况 4——0.260s～84.05m（撞击 0.260s 后车头到达 84.05m 处）；工况 5——0.415s～159.9m（撞击 0.415s 后时车头到达 159.9m 处）。针对该桥，按设计速度段（80～100km/h）、检算速度段（110～120km/h）计算不同工况下车桥系统响应，并依据前述评定标准进行评判。

车桥系统振动响应计算与评估结果见表 5-6～表 5-8。计算结果表明，当 B 型车以 80～100km/h（桥梁设计速度段）的速度通过该桥时，在上述所有计算工况中，桥梁的动力响应均在容许值以内，列车横、竖向振动加速度满足限值要求，列车行车安全性能满足要求，列车乘坐舒适性在大部分工况下满足规范要求的良好标准以上。当 B 型车以 110～120km/h（桥梁检算速度段）的速度通过该桥时，桥梁的动力响应均在容许值以内，列车横、竖向振动加速度满足限值要求，列车行车安全性能满足要求，列车乘坐舒适性能够达到规范要求的合格标准以上。采用同样的分析方法，针对边墩被撞击的情况也可获得相同的结论。

桥梁振动响应最大值计算结果　　　　　　　　　　　表 5-6

工况	速度 （km/h）	冲击 系数	主梁跨中位移 （mm）		主梁跨中加速度 （m/s^2）		桥墩墩顶		梁端转角 （10^{-3}rad）	
			横向	竖向	横向	竖向	横向位移 （mm）	横向 加速度 （m/s^2）	横向	竖向
工况 1	80～100	1.05	6.60	6.32	0.20	0.44	5.15	0.52	0.07	0.52
	110～120	1.06	6.69	6.39	0.25	0.54	5.47	0.71	0.09	0.52

续上表

工况	速度 (km/h)	冲击系数	主梁跨中位移 (mm)		主梁跨中加速度 (m/s²)		桥墩墩顶		梁端转角 (10⁻³rad)	
			横向	竖向	横向	竖向	横向位移 (mm)	横向加速度 (m/s²)	横向	竖向
工况2	80~100	1.05	6.58	6.32	0.20	0.44	5.13	0.51	0.07	0.52
	110~120	1.06	6.75	6.39	0.25	0.54	5.39	0.70	0.09	0.52
工况3	80~100	1.05	6.60	6.32	0.21	0.43	5.15	0.53	0.07	0.52
	110~120	1.06	6.60	6.39	0.26	0.54	5.60	0.73	0.09	0.52
工况4	80~100	1.05	6.52	6.32	0.20	0.45	5.11	0.52	0.07	0.52
	110~120	1.06	6.60	6.39	0.26	0.54	5.51	0.72	0.08	0.52
工况5	80~100	1.05	6.56	6.31	0.20	0.44	5.13	0.52	0.07	0.52
	110~120	1.06	6.68	6.40	0.25	0.55	5.58	0.71	0.09	0.52

列车动力响应最大值计算结果 表5-7

车辆类型	工况	速度 (km/h)	脱轨系数	轮重减载率	横向力 (kN)	加速度 (m/s²)		Sperling舒适性指标	
						竖向	横向	竖向	横向
动车	工况1	80~100	0.22	0.29	19.40	0.70	0.93	2.44	2.78
		110~120	0.22	0.37	16.65	0.72	0.57	2.58	2.44
	工况2	80~100	0.22	0.29	19.08	0.71	0.95	2.42	2.74
		110~120	0.23	0.37	16.90	0.73	0.57	2.57	2.48
	工况3	80~100	0.22	0.29	20.19	0.72	0.96	2.44	2.78
		110~120	0.22	0.37	16.45	0.72	0.65	2.56	2.43
	工况4	80~100	0.21	0.29	19.74	0.71	0.96	2.46	2.76
		110~120	0.22	0.38	17.04	0.72	0.63	2.57	2.42
	工况5	80~100	0.22	0.29	20.38	0.68	0.98	2.44	2.78
		110~120	0.22	0.37	17.68	0.72	0.61	2.57	2.41
拖车	工况1	80~100	0.20	0.23	14.27	0.56	0.82	2.23	2.67
		110~120	0.17	0.31	14.55	0.64	0.54	2.32	2.33
	工况2	80~100	0.20	0.23	14.55	0.56	0.84	2.23	2.70
		110~120	0.17	0.31	14.29	0.64	0.54	2.31	2.34
	工况3	80~100	0.21	0.23	14.87	0.56	0.86	2.23	2.70
		110~120	0.17	0.31	14.83	0.64	0.60	2.31	2.37
	工况4	80~100	0.20	0.23	14.67	0.56	0.89	2.24	2.69
		110~120	0.17	0.31	14.11	0.64	0.59	2.31	2.37
	工况5	80~100	0.21	0.22	14.99	0.56	0.84	2.23	2.68
		110~120	0.15	0.31	12.88	0.64	0.54	2.31	2.35

车桥系统动力响应评价结果　　　　　表 5-8

工况	速度（km/h）	桥梁振动加速度	车体振动加速度	行车安全性		乘坐舒适性			
						动车		拖车	
				脱轨系数	轮重减载率	竖向	横向	竖向	横向
工况 1	80～100	满足	满足	满足	满足	优秀	合格	优秀	良好
	110～120	满足	满足	满足	满足	良好	优秀	优秀	优秀
工况 2	80～100	满足	满足	满足	满足	优秀	良好	优秀	良好
	110～120	满足	满足	满足	满足	良好	优秀	优秀	优秀
工况 3	80～100	满足	满足	满足	满足	优秀	合格	优秀	良好
	110～120	满足	满足	满足	满足	良好	优秀	优秀	优秀
工况 4	80～100	满足	满足	满足	满足	优秀	合格	优秀	良好
	110～120	满足	满足	满足	满足	良好	优秀	优秀	优秀
工况 5	80～100	满足	满足	满足	满足	优秀	合格	优秀	良好
	110～120	满足	满足	满足	满足	良好	优秀	优秀	优秀

可见，对于 4×40m 全刚构体系桥，在桥墩受上述车辆撞击作用时仍具有较好的动力特性及列车走行性，列车通过桥梁时的安全性和乘坐舒适性均满足要求。

5.3 桥墩损伤快速判别准则与处理指南

根据运营部门提出的管养需求，结合城市轨道交通高架桥梁特点，提出了桥墩损伤快速判别准则与处理指南。指南编制参考《城市桥梁检测与评定技术规范》（CJJ/T 233—2015）中表 4.6.1-2 快速判断被撞桥墩剥落掉角的损伤程度；参考《城市桥梁养护技术标准》（CJJ 99—2017）第 6.2.2 条规定，完好和轻微的损伤可由运营部门进行小修，损伤达到中等的，应由专业单位按规范进行评定及维修。

5.3.1 桥墩损伤快速判别准则

钢筋混凝土桥梁构件的根据现场车撞桥墩的损伤表征宜按表 5-9 评定。

墩身损伤程度评定　　　　　表 5-9

缺损程度评定	缺损状况描述		处理意见
	定性描述	定量描述	
完好	①无剥落、掉块；②无裂缝；③无变形	—	①不用修复；②地铁正常运营

续上表

缺损程度评定	缺损状况描述		处理意见
	定性描述	定量描述	
轻微	局部混凝土表面刮伤或局部混凝土剥落、掉角甚至露筋，但结构无裂缝	累计面积小于或等于构件面积的5%，或单处面积小于或等于0.5m²	①不用修复，或需少量修复；②地铁正常运营
中等	较大面积混凝土剥落或掉角、结构出现少量水平受力裂缝，未贯通	①累计面积大于构件面积的5%且小于或等于构件面积的10%，或单处面积大于0.5m²，小于1.0m²；②被撞中墩顶可能出现水平裂缝，被撞边墩的墩顶、中部可能出现少量水平裂缝，裂缝不贯通，缝长<截面宽度的1/2，裂缝宽度不超限	①专业队伍修复裂缝；②修复期间可正常运营
严重	①大面积混凝土剥落或掉块；②有较大面积裂缝；③结构变形、自振频率不满足限值	①累计面积大于或等于构件面积的10%且小于或等于构件面积的15%，或单处面积大于或等于1.0m²，小于1.5m²；②水平裂缝≥截面宽度的1/2；③缝宽超限；④连续刚构梁体在恒载作用下竖向变形超过L/2200（L为桥梁跨径）或恒载下墩顶横向位移大15mm；⑤实测自振频率小于原结构基频的90%	①组织专业单位现场评估并及时修复；②根据评估结果判断列车是否需要限速运行或停运
危险	①大面积混凝土剥落或掉块；②开裂严重；③有不可恢复变形	累计面积大于或等于构件面积的15%，或单处面积大于或等于1.5m²；局部钢筋屈服，结构自振频率衰减超过原结构基频的20%	组织停运，并须专业队伍评估并组织专项方案，完成后通过验收恢复运营

5.3.2 处置指南

1）桥墩混凝土外观检测

（1）现场检测时，宜对受检范围内构件外观缺陷进行全数检查；当不具备全数检查条件时，应注明未检查的构件或区域。

（2）桥墩损伤外观缺陷的相关参数可根据缺陷的情况按下列方法检测：①露筋长度可用钢尺或卷尺量测；②剥落、掉块可用钢尺量测，深度可用游标卡尺量测；③表面裂缝的最大宽度可用裂缝专用测量仪器量测，表面裂缝长度可用钢尺或卷尺量测；④桥墩受损外观缺陷应按缺陷类别进行分类汇总，汇总结果可用列表或图示的方式表述，并宜反映受损缺陷在受检范围内的分布特征。

2）桥墩混凝土剥落或掉块修复要求

（1）当表面风化剥落深度在30mm及以内时，应采用M15以上的环氧砂浆修补。

（2）当剥落深度超过30mm，且损坏面积较大时，应增设钢筋网浇筑混凝土层，浇筑混凝土前应清除松浮部分，用水冲洗，并宜采用锚钉连接。

3）桥墩裂缝检测要求与处理措施

（1）桥墩被车辆撞击后如产生可见裂缝，应进行裂缝检测，应根据桥梁普查结果绘制裂缝分布图或以照片形式记录裂缝分布情况。裂缝分布图中应标明代表性裂缝的长度、宽度和位置，必要时标明代表性裂缝的发展变化数据和观测点的深度值。

（2）代表性裂缝的选取应根据裂缝对构件承载力和耐久性的影响程度确定，一条裂缝上的观测点不宜少于3处。

（3）裂缝宽度应在混凝土构件表面量测，量测方向应与裂缝长度方向垂直，裂缝宽度可采用裂缝放大镜量测，其精度应不大于0.05mm。

（4）裂缝深度应采用超声波法检测，检测方法、仪器设备、结果评定应符合超声波法检测混凝土缺陷的相关要求。

（5）裂缝长度、位置、间距和发展变化的量测应符合相关技术规范的要求。

（6）当桥墩裂缝超过表5-9规定的限值时，应查明原因，并采取下列措施进行加固：①当裂缝宽度小于或等于0.2mm时，应进行封闭处理；②当裂缝宽度大于0.2mm且小于0.5mm时应灌浆，大于0.5mm的裂缝应修补。

综上，本节系参考城市桥梁相关规范，并结合本工程数值仿真分析结果，对钢筋混凝土桥墩构件现场车撞伤损表征进行了分级规定。本书提出的分级规定中有详细的定性描述、定量描述及处理建议。对于轻微损伤等级，可由运营部门直接判断。对于中等以上损伤等级的，给出裂缝、变形及自振频率变化的判断界限值。出现中等以上损伤的，应采取限速或停运的指令，并由专业单位进行分析评估并给出处理意见。

第 6 章

结构噪声预测与控制

在人口密集的大城市，高架桥已是城市轨道交通常见的结构形式，列车引起的结构振动与噪声对环境及人类健康的影响已经引起了公众的广泛关注。在进行高架桥设计时，不仅需要考虑结构的强度和变形问题，同时也应考虑振动与噪声问题。广州地铁14号线列车设计速度为120km/h，比常规地铁速度80km/h要高，同时区间采用新型的全刚构体系桥梁，在噪声控制方面尚无现成经验可以借鉴。为此，对全刚构体系桥梁的噪声特性开展理论与试验研究，评价新型桥梁体系的结构噪声，为结构降噪设计提供依据。

为了研究广州地铁14号线全刚构体系桥梁结构噪声，选择广州地铁4号线与6号线两座桥梁开展现场测试，了解城市轨道交通高架桥噪声特点。运用现场实测数据，验证桥梁结构噪声预测方法的准确性。基于噪声预测模型，对桥梁结构噪声进行评估分析。

6.1 城市轨道交通高架桥噪声的主要类型

高架城市轨道交通系统在列车运行时产生的噪声是综合的，主要包括轮轨噪声、结构噪声、空气动力噪声和集电系统噪声等，如图6-1所示。本章节以结构噪声为研究目标。

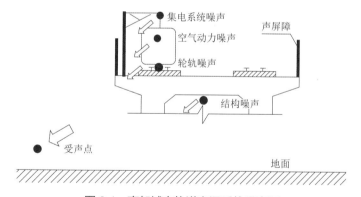

图 6-1 高架城市轨道交通系统噪声源

1）轮轨噪声

轮轨噪声是钢轨与车轮之间相互作用而产生的声响，这种相互作用在钢轨和车轮接触处产生轮轨力的作用，造成车轮和钢轨的振动向外辐射声波，主要包括尖叫噪声、冲击噪声和滚动噪声。尖叫噪声主要是列车通过小半径曲线时，车轴不能处于曲线的径向位置，引起车轮沿着钢轨滚动时横向滑过轨头，产生轮轨接触面的黏着和空转，引起车轮共振而产生强的窄频带的噪声。冲击噪声主要是车轮通过钢轨接头、道岔部分以及车轮踏面擦伤、剥离等轮轨表面的不连续性而引起的垂直激励，产生非线性的振动并辐射噪声。滚动噪声主要是由于列车运行时，由轮轨表面粗糙、凹凸不平以及钢轨表面伤痕、马鞍形磨耗及轮轨尺寸偏差等引起车轮和钢轨相互振动，并通过结构传递产生辐射噪声。目前在城市轨道列车的行驶范围内，轮轨噪声不仅在总声压级上的贡献最大，且作用的频段（450～1000Hz）

是人耳较为敏感的区域。

2）车辆动力系统噪声

车辆动力系统噪声可以分为牵引设备噪声和辅助设备噪声，其中牵引设备噪声包括牵引电机及其冷却风扇、齿轮箱等产生的噪声；辅助设备噪声主要包括发电机、压缩机、通风空调等产生的噪声。一般在起动或低速行驶条件下，牵引设备噪声为主要声源，其峰值频率一般为63~100Hz。

3）轨道和桥梁结构系统噪声

轨道和桥梁结构系统噪声是由高架结构及上部结构的振动而辐射的噪声。当列车行驶高架结构与轮轨相互作用所产生的振动通过钢轨和轨道传递给桥梁支承结构，激发高架结构桥梁、墩台的振动而辐射噪声，箱形梁等带有"空腔"的结构有"共鸣箱"的作用，其二次辐射的噪声不可忽视。高架城市轨道交通桥梁产生的结构噪声以低于200Hz的低频噪声为主，由于低频的绕射作用，其传播距离比高频噪声更远，传播范围更广。因为结构物的尺寸比较大，所以低频段的噪声辐射量较大，这种表现称之为低频特性。低频段的噪声衰减较慢，而高频段的衰减较快，故低频噪声的影响范围比高频噪声更广。

4）空气动力噪声

空气动力噪声是由于气流受空气动力扰动产生局部压力脉动，并以波的形式通过周围的空气向外传播而形成的，与车辆的速度和外部轮廓有关。随着列车速度的提高，列车车头以及在列车上各个凸出和凹入的部分、车顶的受电弓等，在空气中高速移动时，压力空气在非恒定的气流中发生变化，从而产生空气动力噪声。空气动力噪声随着速度的增大而增大，而城市轨道交通列车最高速度一般为80~160km/h，空气动力噪声不是主要的噪声源。

荷兰学者Dittrich M G通过研究认为：当列车速度小于60km/h时，列车牵引电机及辅助设备噪声占主要成分；当列车速度在60~200km/h之间时，轮轨噪声占主要成分；当列车速度大于200km/h时，空气动力噪声占主要成分，如图6-2所示。

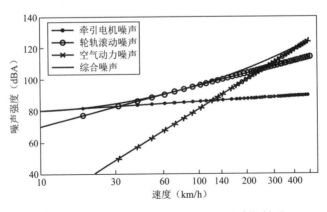

图6-2 不同噪声源噪声强度随车速的变化关系

6.2 典型高架桥噪声试验研究

为了研究全刚构体系桥梁结构噪声，首先选择已运营的广州地铁 4 号线 30m 简支梁桥梁开展现场测试，了解城市轨道交通高架桥噪声特点，并用试验结果验证噪声预测方法的可行性（见 6.3 节）。本节详细介绍地铁 30m 简支桥噪声测试情况。

6.2.1 30m 简支箱梁桥噪声测试及噪声传播规律分析

1）30m 简支梁桥基本情况

某线高架区间标准段采用跨径为 30m 的单箱单室斜腹板大箱梁，采用整孔预制架设和预制节段拼装两种工法。桥宽 9.3m，横桥向支座中心距为 2.95m，线间距 4m，桥梁中心处梁高 1.7m。桥梁结构采用 C50 混凝土。桥墩采用独柱花瓶式桥墩。每个墩下基础采用 4ϕ1.2m 或 4ϕ1.5m 直径的钻孔灌注桩。桥梁设 JHPZ 盆式橡胶支座。图 6-3 给出了该 30m 混凝土简支箱梁桥与轨道结构的构造图。

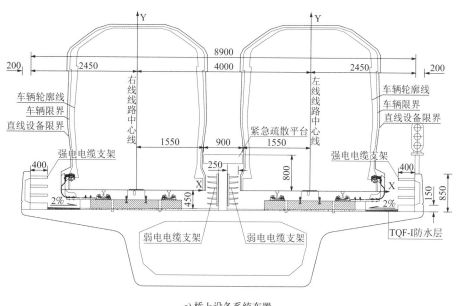

a) 桥上设备系统布置

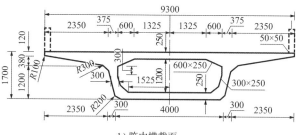

b) 跨中横截面

图 6-3

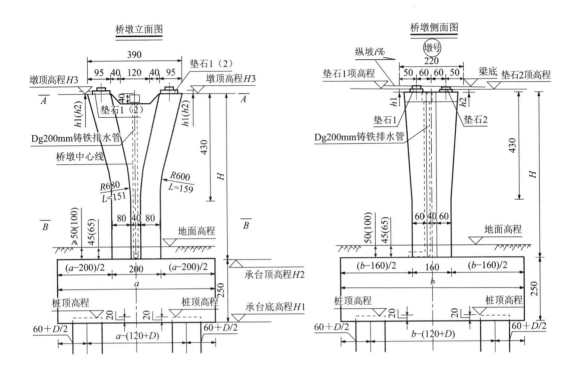

c) 下部结构

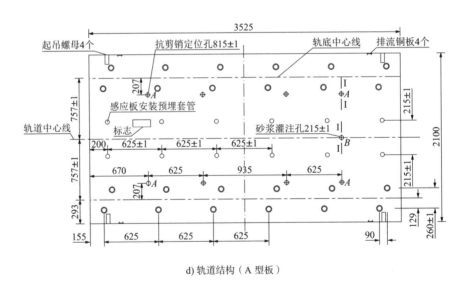

d) 轨道结构（A 型板）

图 6-3 轨道交通 30m 简支梁桥（尺寸单位：mm）

2）测点布置及测试工况

（1）测点布置。

广州地铁 4 号线 30m 简支梁位于森林公园内。该工点无声屏障、无减振措施，运行 4 节编组直线电机列车。墩高为 4~5m，场地较开阔，适合布置测点。

图 6-4 为简支梁桥试验测点布置，传感器数量：振动加速度传感器 8 个（$L/2$ 和 $L/4$ 截面各 4 个）；传声器 9 个（跨中截面 9 个）。

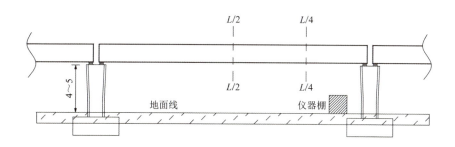

a) 测试断面示意

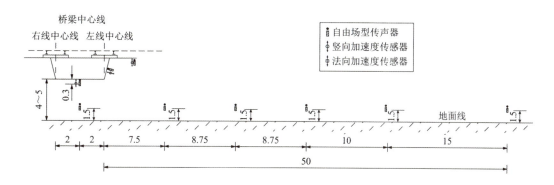

b) $L/2$ 截面传声器布置

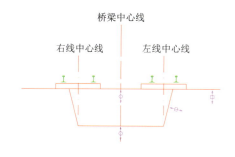

c) $L/2$ 与 $L/4$ 截面振动加速度传感器布置

图 6-4 简支梁桥试验测点布置（尺寸单位：m）

图 6-5 为 $L/2$ 截面测点布置详图，振动加速度传感器 4 个，分别位于底板中心、腹板中心、翼板边缘、顶板中心；传声器 3 个，分别位于底板中心、腹板中心、翼板边缘，距离梁体表面 0.3m 处。$L/4$ 截面振动加速度传感器布置与 $L/2$ 截面相同。具体测点编号见表 6-1。

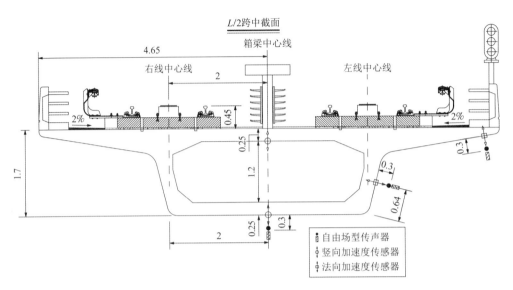

图 6-5 L/2 跨中截面桥上测点布置详图（尺寸单位：m）

简支梁桥试验测点编号　　　　　　　　　　　表 6-1

测点编号	测点描述
V0-1	L/2 底板
V0-2	L/2 腹板
V0-3	L/2 翼板
V0-4	L/2 顶板
V2-1	L/4 底板
V2-2	L/4 腹板
V2-3	L/4 翼板
V2-4	L/4 顶板
S0-1	距底板 0.3m（底板距地面 5.7m）
S0-2	距腹板 0.3m（距底板边缘 0.6m）
S0-3	距翼板 0.3m（距翼板边缘 1.0m）
S1-1	底板中心正下方，距地面 1.5m
S2-1	距近轨中心线 7.5m，距地面 1.5m
S3-1	距近轨中心线 16.25m，距地面 1.5m
S4-1	距近轨中心线 25m，距地面 1.5m
S5-1	距近轨中心线 35m，距地面 1.5m
S6-1	距近轨中心线 50m，距地面 1.5m

（2）测试工况。

本次试验数据均在 8:00—18:00 时间段采集，现场实测均针对过路列车进行，列车平均速度约为 67km/h，速度变异性小。由于列车在近轨（相对于测点而言）运行时的振动和噪声要大于远轨情况，故本书仅给出近轨运行情况下的测试结果。

3）4号线 30m 简支梁桥的测试结果

（1）梁体振动测试结果及分析。

图 6-6 与图 6-7 分别给出了 30m 简支梁 $L/2$ 截面和 $L/4$ 截面各测点的振动加速度时程图（采样频率 10240Hz，未做滤波处理）。测点 V0-1、V0-2、V0-3、V0-4 分别为 $L/2$ 截面底板、腹板、翼板、顶板的振动测点。测点 V2-1、V2-2、V2-3、V2-4 分别为 $L/4$ 截面底板、腹板、翼板、顶板的振动测点。

由图 6-6 与图 6-7 知，$L/2$ 和 $L/4$ 截面各位置的振动加速度由大到小分别是底板、顶板、翼板、腹板，其中，底板的振动加速度峰值大约为腹板的 3 倍。对比两个截面可知，$L/2$ 截面底板和顶板的振动加速度分别大于 $L/4$ 截面底板和顶板的振动加速度，而翼板和腹板的振动加速度在两个截面比较接近。

$L/2$ 截面和 $L/4$ 截面的振动加速度级频谱分别如图 6-8、图 6-9 所示，均为线性计权，频率范围 20～200Hz；图中阴影带表示所有测试结果的上下限范围（后面同此）。各测点的总振级见表 6-2。

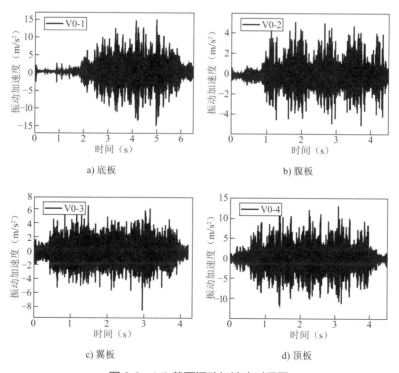

图 6-6　$L/2$ 截面振动加速度时程图

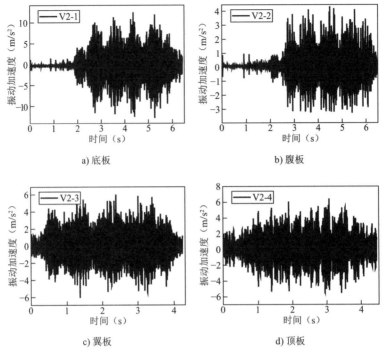

图 6-7 L/4 截面振动加速度时程图

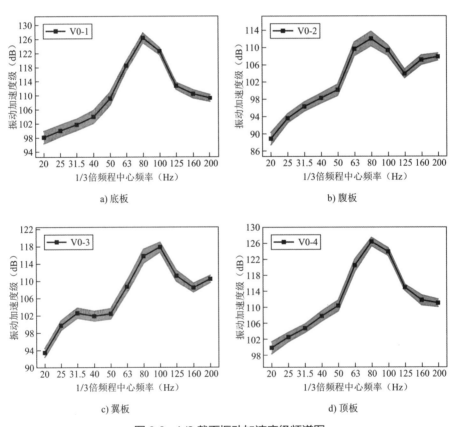

图 6-8 L/2 截面振动加速度级频谱图

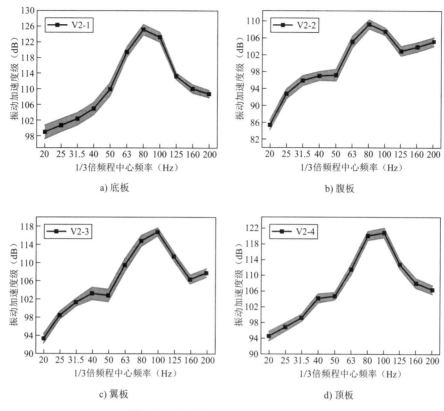

a) 底板　　　　　　　　　　　b) 腹板

c) 翼板　　　　　　　　　　　d) 顶板

图 6-9　L/4 截面振动加速度级频谱图

各测点总振级（单位：dB）　　　　　　　　　表 6-2

底板	腹板	翼板	顶板	底板	腹板	翼板	顶板
L/2 截面				L/4 截面			
128.7	117.0	121.6	129.4	128.5	114.2	120.7	124.5

由图 6-8 知，L/2 截面的振动优势频率范围为 50~160Hz。底板振动加速度级峰值出现在 80Hz，大小约为 127dB；顶板振动加速度级峰值出现在 80Hz，大小约为 126.5dB；腹板振动加速度级峰值出现在 80Hz，大小约为 113dB；翼板振动加速度级峰值出现在 100Hz，大小约为 118dB。

由图 6-9 知，L/4 截面的振动优势频率范围为 50~160Hz。底板振动加速度级峰值出现在 80Hz，大小约为 125dB；顶板振动加速度级峰值出现在 80dB，大小约为 121dB；腹板振动加速度级峰值出现在 80Hz，大小约为 109dB；翼板振动加速度级峰值出现在 100Hz 附近，大小约 116dB。

综上所述，L/2 截面与L/4 截面的振动优势频率范围一致，但L/2 截面的振动稍大于L/4 截面的振动。

图 6-10 给出了桥梁L/2 截面底板（V0-1）、腹板（V0-2）、翼板（V0-3）、顶板（V0-4）的振动加速度级对比。图 6-11 给出了梁体L/4 截面底板（V2-1）、腹板（V2-2）、翼板（V2-3）、顶板（V2-4）的振动加速度级对比。

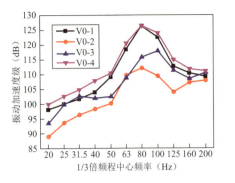
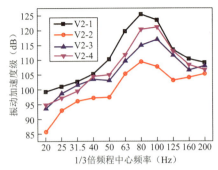

图 6-10　L/2 截面各板件振动加速度级对比　　图 6-11　L/4 截面各板件振动加速度级对比

由图 6-10 知，L/2 截面底板和顶板的振动频谱特性非常接近，顶板振动略大；翼板的振动大于腹板。总体而言，L/2 截面的振动由大到小依次为顶板、底板、翼板、腹板。

由图 6-11 知，L/4 截面底板的振动大于顶板，翼板的振动大于腹板。总体而言，L/4 截面振动的由大到小依次为底板、顶板、翼板、腹板。

（2）梁体表面附近噪声特性分析。

梁体 L/2 截面底板（S0-1）、腹板（S0-2）、翼缘（S0-3）表面附近声压时程图（采样频率 10240Hz，未做滤波处理）如图 6-12 所示。

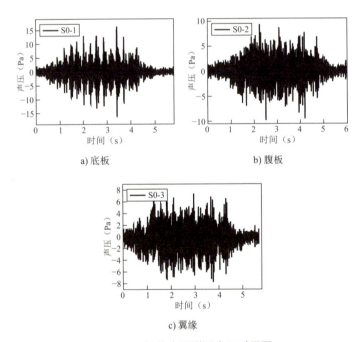

图 6-12　梁体表面附近声压时程图

梁体 L/2 截面底板（S0-1）、腹板（S0-2）、翼缘（S0-3）表面附近的声压级频谱图（均为线性计权，频率范围 20～200Hz）如图 6-13 所示。表 6-3 给出了梁体表面测点的总声压级。由图 6-13 知，L/2 截面底板、腹板、翼板附近的结构噪声优势频率范围为 50～125Hz。噪声由大到小依次为底板、翼板、腹板，翼板和腹板的噪声大小较接近。

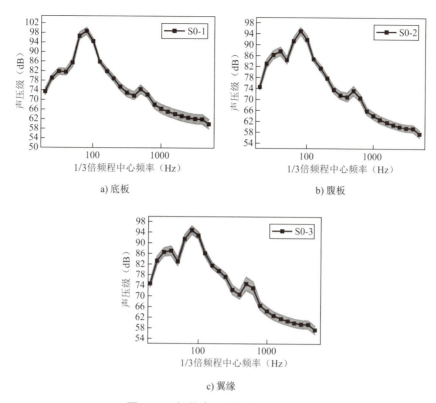

图 6-13 梁体表面附近声压级频谱图

各测点总声压级（单位：dB）　　　　　　　　　表 6-3

底板	腹板	翼缘
102.2	99.3	99.5

图 6-14 是梁体 $L/2$ 截面底板（S0-1）、腹板（S0-2）、翼缘（S0-3）表面附近的声压级对比图。由图中可知，腹板和翼缘附近的噪声较接近，在 50Hz 以下，底板附近噪声比腹板和翼缘附近的噪声小；在 50~100Hz，底板附近噪声比腹板和翼缘附近的噪声大；在 100~800Hz，底板附近噪声与腹板和翼缘附近的噪声接近；在 800Hz 以上，底板附近的噪声大于腹板和翼缘附近的噪声。综上所述，$L/2$ 截面底板附近的结构噪声最大。

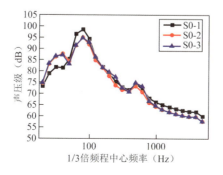

图 6-14　$L/2$ 截面各板件声压级频谱图

（3）梁下及梁侧噪声特性分析。

图6-15给出了梁体正下方及梁体侧面的声压时程图（采样频率10240Hz，未做滤波处理），测点S1-1、S2-1、S3-1、S4-1、S5-1、S6-1分别位于梁正下方、梁侧7.5m、梁侧16.25m、梁侧25m、梁侧35m、梁侧50m处，这些测点距离地面的高度均为1.5m。

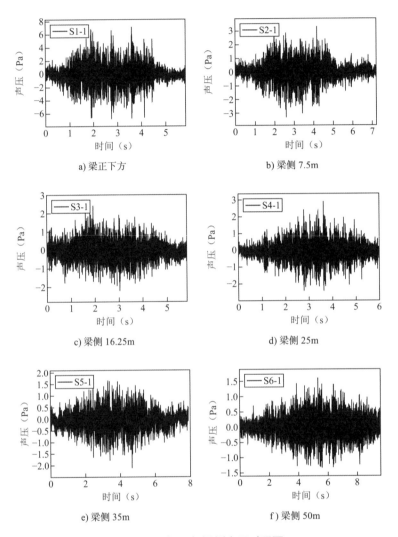

图6-15 梁下与梁侧声压时程图

梁下及梁侧的声压级的频谱如图6-16、图6-17所示。其中，图6-16采用线性计权，图6-17采用A计权。表6-4给出了各测点的总声压级。

由图6-16知，梁正下方及梁侧不同距离的噪声优势频率范围为50~125Hz，其中噪声由大到小依次为梁正下方、梁侧7.5m、梁侧16.25m、梁侧25m、梁侧35m、梁侧50m。

由图6-17知，梁正下方及梁侧不同距离的A计权声级优势频率范围为80~1000Hz。各测点A计权声级分别在80Hz和800Hz附近出现峰值，在梁正下方，80Hz附近的A计权声压级峰值大于800Hz附近的峰值，其他测点在800Hz附近的A计权声级峰值大于

80Hz 附近的峰值。噪声由大到小依次为梁正下方、梁侧 7.5m、梁侧 16.25m、梁侧 25m、梁侧 35m、梁侧 50m。表 6-5 给出了各频率点 A 计权衰减值。

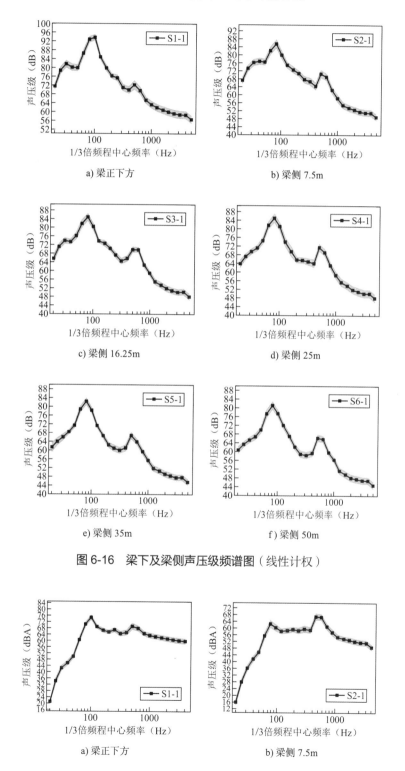

图 6-16 梁下及梁侧声压级频谱图（线性计权）

图 6-17

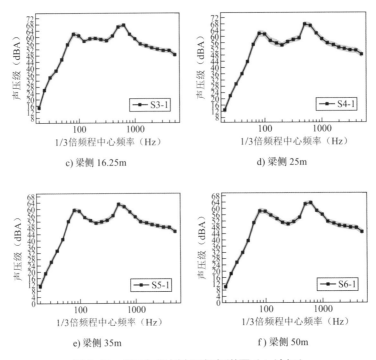

c) 梁侧 16.25m   d) 梁侧 25m

e) 梁侧 35m   f) 梁侧 50m

图 6-17 梁下与梁侧声压级频谱图（A 计权）

各测点的总声压级 表 6-4

梁正下方	梁侧 7.5m	梁侧 16.25m	梁侧 25m	梁侧 35m	梁侧 50m
线性计权（dB）					
97.6	89.5	88.2	88.2	85.9	84.8
A 计权（dBA）					
79.8	73.5	73.0	73.3	69.7	69.7

A 计权衰减值 表 6-5

1/3 倍频程（Hz）	20	25	31.5	40	50	63	80	100	125	160
A 计权衰减（dBA）	−50.5	−44.7	−39.4	−34.6	−30.2	−26.2	−22.5	−19.1	−16.1	−13.4
1/3 倍频程（Hz）	200	250	315	400	500	630	800	1000	1250	1600
A 计权衰减（dBA）	−10.9	−8.6	−6.6	−4.8	−3.2	−1.9	−0.8	0	0.6	1

图 6-18 给出了 $L/2$ 截面噪声沿桥梁横向的衰减图。由图中可知，线性计权［图 6-18a）］下，噪声沿桥梁横向距离的增加逐渐衰减，其中在 0～10m 距离范围内，噪声衰减最快，衰减值达到 9dBA，10m 以后的范围，噪声随距离的衰减变慢。由图 6-18b）可知，噪声经过 A 计权修正后，噪声总体衰减趋势不变，只是在 20～30m 距离范围内，A 计权声级有反弹趋势。

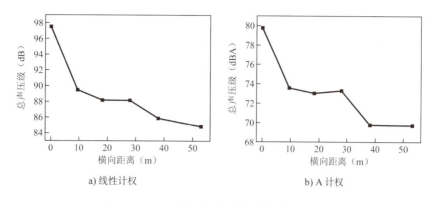

a) 线性计权   b) A 计权

图 6-18　$L/2$ 截面噪声沿桥梁横向衰减变化图

（4）地铁载客量对桥梁结构振动噪声的影响。

底板的振动与噪声在高峰期与非高峰期的对比关系如图 6-19 所示。其中高峰期数据采集于时段 11:00—12:00，非高峰期数据采集于时段 15:00—16:00。对比可知，列车载客量对 $L/2$ 截面底板的噪声与振动影响不大。在 50Hz 以下，高峰期 $L/2$ 截面底板振动略大于非高峰期，其余频率范围，$L/2$ 截面底板在高峰期与非高峰期的振动大小一致；在 400~600Hz，高峰期 $L/2$ 截面底板附近噪声略大于非高峰期，其余频率范围，$L/2$ 截面底板在高峰期和非高峰期的噪声大小一致。

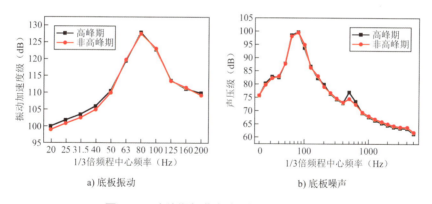

a) 底板振动   b) 底板噪声

图 6-19　高峰期与非高峰期振动与噪声对比

6.2.2　30m 简支箱梁桥结构噪声测试小结

本章对广州地铁 4 号线 30m 简支梁在列车通过时的桥梁结构振动及噪声测试结果进行了分析，得到的主要结论如下：

（1）列车过桥引起梁体振动的优势频率范围为 50~160Hz，其中桥梁 $L/2$ 截面与 $L/4$ 截面的峰值均出现在 80Hz 附近。$L/2$ 截面底板、腹板、翼板、顶板的总振级分别为 128.7dB、117.0dB、121.6dB、129.4dB；$L/4$ 截面底板、腹板、翼板、顶板的总振级分别为 128.5dB、114.2dB、120.7dB、124.5dB。

（2）通过对各板件进行振动对比分析可知，各板件振动由大到小依次为顶板、底板、翼板、腹板。顶板与底板振动较为接近，而腹板明显小于顶板振动。

（3）在线性计权下，列车过桥引起的桥梁结构噪声优势频率范围为 50~125Hz，峰值均出现在 80Hz 附近。$L/2$ 截面底板、腹板、翼板附近的总声压级分别为 102.2dB、99.3dB、99.5dB，即底板附近噪声最大，腹板最小。

（4）在线性计权下，梁下及梁侧噪声随横向距离增加逐渐衰减，S1-1~S6-1 的总声压级分别为 97.6dB、89.5dB、88.2dB、88.2dB、85.9dB、84.8dB。可以看出，噪声在横向距离 10m 范围内衰减较快，横向距离超过 10m 后衰减较慢。噪声经过 A 计权修正后，S1-1~S6-1 的总声压级分别为 79.8dBA、73.5dBA、73.0dBA、73.3dBA、69.7dBA、69.7dBA，其衰减总体趋势不变，但是在 20~30m 距离范围内，A 计权声级有反弹增大趋势。

（5）通过对比分析可知，地铁载客量对桥梁结构振动噪声影响不大。

6.3　桥梁结构噪声预测方法

6.3.1　车-线-桥耦合振动计算

车-线-桥空间耦合振动分析模型是由车辆计算模型、轨道计算模型和桥梁计算模型按一定的轮轨运动关系和线-桥作用联系起来而组成的系统，如图 6-20 所示。

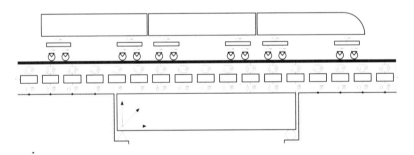

图 6-20　车-线-桥动力学模型（含路桥过渡段）

运用车辆动力学、轨道动力学和桥梁结构动力学的研究方法，将车辆、轨道和桥梁看作一个耦合动力体系，分别建立桥梁、轨道和车辆的运动方程，以轮轨关系、线-桥关系为联系纽带，建立车-线-桥系统振动方程，运用数值仿真方法求解该方程得到系统动力响应。

关于车辆、轨道以及车-线-桥系统振动方程的建立与求解，可参考车桥振动相关文献。这里主要介绍桥梁结构的建模方法。针对重点研究的 $4 \times 40m$ 全刚构体系桥，采用 4 节点板单元和 2 节点梁单元的混合有限元模型，可大大减少桥梁结构动力分析模型的单元数，极大地提高计算效率。研究表明：当混合有限元模型中采用板壳单元的梁段长度大于 5 倍计算截面高度时，可较精确地计算箱梁中高频振动响应。广州地铁 6 号线和 14 号线全刚构体系桥的梁高均为 2.0m，因此，将梁-板混合单元模型划分为板单元的梁段长度为 2.6m，可满足计算精度要求。研究表明：桥墩对梁部的中高频振动影响较小，且桥墩的声辐射也可忽略不计，因此，这里将桥墩以三维梁单元考虑。图 6-21 给出了广州地铁 14 号线 $4\times40m$ 全刚构体系桥的有限元模型。

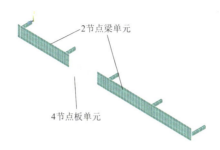

图 6-21　广州地铁 14 号线 $4\times40m$ 全刚构体系桥有限元模型

6.3.2　桥梁结构噪声预测模型

如图 6-22 所示，通过车-线-桥耦合振动分析，可以得到时域内桥梁结构的振动响应；再通过快速傅里叶变换，得到频域内的结构响应；最后在频域内，建立箱梁结构噪声的边界元模型，以结构振动位移作为声辐射边界条件，运用边界元法可求解结构声辐射。以上即为求解箱梁结构噪声的混合有限元-边界元方法。

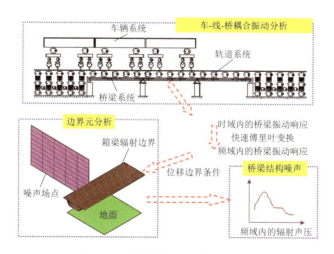

图 6-22　箱梁结构噪声仿真流程图

采用边界元法求解箱梁结构噪声时，将箱梁外表面记为 S，外部声场域记为 V。箱梁结构振动响应作为声辐射边界条件时，满足如下表达式：

$$\frac{\partial p}{\partial \boldsymbol{n}} = -j\rho_0\omega\boldsymbol{v}_n \tag{6-1}$$

式中：p——声压；

$\boldsymbol{n}$——S的外法向单位矢量；

j——单位虚数；

ρ_0——空气密度；

$\boldsymbol{v}_n$——流体与结构交界面处结构的法向振动速度矢量；

$\omega = 2\pi f$——圆频率，其中f为周期频率。

箱梁结构表面S上的声压满足亥姆霍兹积分方程：

$$C(P)p(P) = \int_S \left(p\frac{\partial G(Q,P)}{\partial \boldsymbol{n}} - G(Q,P)\frac{\partial p}{\partial \boldsymbol{n}} \right) dS \tag{6-2}$$

其中：

$$C(P) = \begin{cases} 1 & P \in V \\ 1 - \int_S \frac{\cos\beta}{4\pi r^2} dS & P \in S \\ 0 & P \notin (V \cup S) \end{cases} \tag{6-3}$$

$$G(Q,P) = \frac{e^{-jkr}}{4\pi r} \tag{6-4}$$

式中：k——波数，$k = \omega/c = 2\pi f/c$，c为声速；

β——矢量$\boldsymbol{n}$与矢径$\overrightarrow{QP}$的夹角，$r = |\overrightarrow{QP}|$；

Q、P——箱梁结构表面和声场中的任意点。

箱梁结构表面S经过划分后，在边界上形成m个单元、n个节点，每个单元的节点数为l，设单元上任意位置(x,y,z)的局部坐标为(ξ,η)，则：

$$\begin{cases} p(x,y,z) = \sum_{i=1}^{l} N_i(\xi,\eta) p_i \\ \boldsymbol{v}_n(x,y,z) = \sum_{i=1}^{l} N_i(\xi,\eta) \boldsymbol{v}_{ni} \end{cases} \tag{6-5}$$

式中：$N_i(\xi,\eta)$——插值形函数。

逐次以每个节点作为源点，对亥姆霍兹积分方程进行离散，可得：

$$\boldsymbol{Ap} = \boldsymbol{Bv} \tag{6-6}$$

式中：$\boldsymbol{A}$、$\boldsymbol{B}$——影响矩阵，与结构形状、尺寸、形函数及外激励频率有关；

$\boldsymbol{p}$——流体模型表面上节点压力矢量；

$\boldsymbol{v}$——流体模型表面法线方向上节点速度矢量。

$$\boldsymbol{p} = \boldsymbol{Zv} \tag{6-7}$$

式中：$\boldsymbol{Z} = \boldsymbol{A}^{-1}\boldsymbol{B}$——声阻抗矩阵。

当已知 p、v 时，即可用亥姆霍兹积分方程求得声场中任意点 P 的辐射声压：

$$p(P) = a^T p + b^T v \tag{6-8}$$

式中：a、b——插值函数矢量，与结构表面形状和 P 点的位置有关，由式(6-2)确定。

6.3.3 桥梁结构噪声预测模型验证

图 6-23 给出了广州地铁 4 号线桥梁结构噪声计算模型。由于缺少轨道不平顺实测数据，参照相关研究，本书采用美国六级谱。扣件动刚度取为 120MN/m，阻尼比取为 0.25。车辆为 4 节编组 L 型直线电机车，计算与试验速度均为 67km/h。

图 6-23　广州地铁 4 号线桥梁结构噪声计算模型

图 6-24 与图 6-25 分别给出了广州地铁 4 号线 30m 简支箱梁振动与噪声的理论值和试验值对比。可以看出：箱梁各板件振动的理论值与试验值吻合较好，各板件附近的噪声预测结果也比较准确；各板件振动和板件附近噪声的优势频率为 63～100Hz，峰值频率出现在 80Hz 处；在优势频率段，理论计算和实测结果的最大值的数值十分接近。

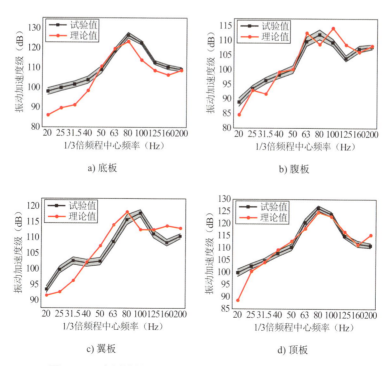

图 6-24　广州地铁 4 号线箱梁振动的理论值与试验值对比

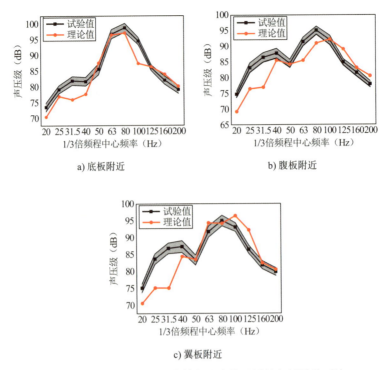

图 6-25 广州地铁 4 号线箱梁噪声的理论值与试验值对比

各板件附近总体噪声的理论值和试验值对比见表 6-6，二者相差 1.4~2.1dB，误差在 5%以内，满足工程精度需求。

广州地铁 4 号线箱梁噪声总体值（单位：dB） 表 6-6

位置	底板附近	腹板附近	翼板附近
试验值	102.1	99.2	99.4
理论值	100.6	97.1	100.8

6.4 广州地铁 14 号线全刚构体系桥梁结构噪声特性

6.4.1 不同桥型的结构振动与噪声对比

6.2 及 6.3 节对 4 号线 30m 简支箱梁的现场测试及理论分析进行了详细的介绍。用经过验证的结构噪声预测模型对广州地铁 6 号线连续刚构及 14 号线全刚构体系桥梁结构振动噪声进行理论分析。本节对上述三条线路桥梁结构振动和噪声的理论分析结果进行对比。其中，6 号线桥型基本与 14 号线类似，均为 3×40m 双薄壁连续刚构，6 号线桥梁结构构造如图 6-26 所示。6 号线与 4 号线车辆均为 4 节编组直线电机列车，计算速度均为 70km/h。6 号线轨道结构也采用与 4 号线的相同预制混凝土道床板。

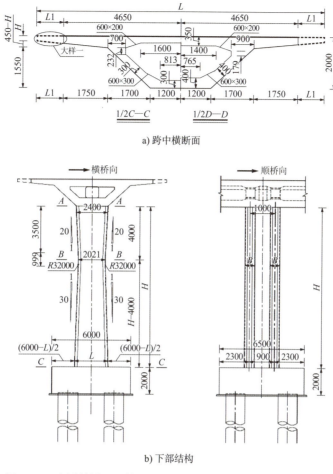

a) 跨中横断面

b) 下部结构

图 6-26　广州地铁 6 号线 3×40m 连续刚构（尺寸单位：mm）

图 6-27 给出了 6 号线和 14 号线桥梁结构噪声计算边界元模型。6 号线车辆为 4 节编组直线电机列车（轴重 13t），计算速度取为 70km/h。14 号线采用与 6 号线相同的轨道不平顺谱，车辆为地铁 B 型车（轴重 14t）。为了便于对比，此处将 14 号线的计算速度也取为 70km/h。

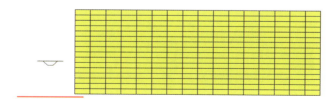

图 6-27　结构噪声边界元计算模型

1）振动对比

图 6-28 给出了广州地铁 4 号线 30m 简支箱梁、6 号线 3×40m 连续刚构和 14 号线 4×40m 全刚构体系桥各板件振动的对比。

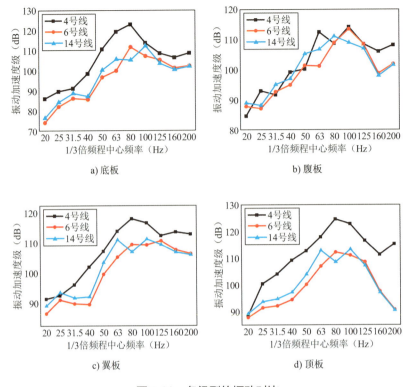

图 6-28 各梁型的振动对比

从图 6-28 中可以看出：3 种梁型各板件振动加速度频谱变化规律比较相似，优势频率为 63~125Hz，峰值频率在 80Hz 和 100Hz 处；4 号线各板件振动加速度级在数值上大于 6 号线和 14 号线，而 14 号线各板件振动加速度级在数值上略大于 6 号线；3 种梁型的腹板振动加速度级比较接近。

2）噪声对比

选取 3 个典型近场场点进行讨论，如图 6-29 所示。场点详述如下：①底板近场场点：位于跨中桥梁中心线下，距底板 0.3m 处；②腹板近场场点：位于跨中腹板中心，距腹板 0.3m 处；③翼板近场场点：位于跨中翼板中心，距翼板 0.3m 处。

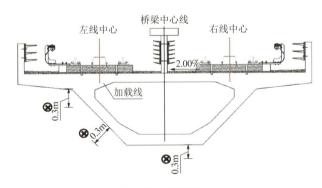

图 6-29 考察场点

图 6-30 给出了 4 号线 30m 简支箱梁、6 号线 3×40m 连续刚构和 14 号线 4×40m 全刚构体系桥各板件近场声压级的对比。结果表明：3 种梁型各板件近场声压级频谱变化规律一致，优势频率为 63~125Hz，峰值频率在 80Hz 和 100Hz 处；4 号线各板件近场声压级在数值上大于 14 号线和 6 号线；在 20~80Hz 范围内，14 号线底板近场声压级大于 6 号线，而在 80~200Hz 范围内的情况则相反。

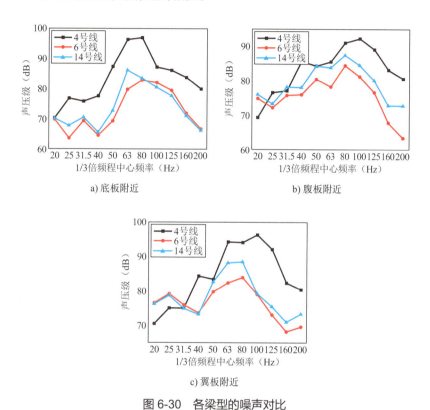

图 6-30 各梁型的噪声对比

对比图 6-28 与图 6-30 可知，各板件近场声压级频谱变化规律与振动加速度级频谱一致，这也说明近场辐射声压主要是由于板件振动产生的。

声功率表示声源的声辐射能力大小，和距离声源的距离无关。因此，将声功率作为箱梁声学优化的评价指标具有一定的优势。图 6-31 给出了 4 号线 30m 简支箱梁、6 号线 3×40m 连续刚构和 14 号线 4×40m 全刚构体系桥辐射声功率级的对比。由图中可知：3 种梁型辐射声功率级频谱变化规律比较相似，优势频率为 63~100Hz，峰值频率在 80Hz 处；在 20~80Hz 范围内，4 号线箱梁辐射声功率级在数值上略大于 14 号线，而 14 号线辐射声功率级大于 6 号线；在 80~200Hz 范围内，4 号线箱梁辐射声功率级远大于 6 号线和 14 号线，而 6 号线辐射声功率级略大于 14 号线。

3 种梁型的噪声对比见表 6-7。对比可知：3 种梁型辐射声功率的规律为：4 号线 > 14 号线 > 6 号线，4 号线比 14 号线和 6 号线分别大 3.1dB、5.8dB；对于底板近场辐射总体声压级，4 号线比 14 号线和 6 号线分别大 11.1dB、12.9dB；对于腹板近场辐射总体声压级，

4号线比14号线和6号线分别大4.9dB、8.3dB；对于翼板近场辐射总体声压级，4号线比14号线和6号线分别大8.1dB、11.6dB。

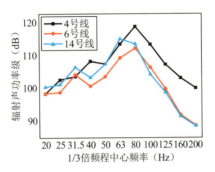

图6-31 各梁型的声功率对比

各梁型的噪声对比（单位：dB） 表6-7

梁型	总体声压级			总体声功率级
	底板附近	腹板附近	翼板附近	
4号线	100.6	97.1	100.8	121.6
6号线	87.7	88.8	89.2	115.8
14号线	89.5	92.2	92.7	118.5

3）成因分析

（1）轮轨力（外因）。

为探讨14号线与6号线箱梁振动噪声差异的原因，图6-32给出了列车通过桥梁时，6号线和14号线箱梁在单个车轮下的轮轨相互作用力频谱图。可以看出：10~90Hz范围内，14号线轮轨相互作用力先与6号线接近，而后大于6号线，在80Hz处出现最大值；90~250Hz范围内，6号线轮轨相互作用力先大于14号线，而后与其趋于一致。轮轨力的频谱变化规律与6号线和14号线各板件振动加速度级的变化规律一致，而6号线与14号线箱梁截面非常接近，由此得出，轮轨力的差异是造成6号线与14号线各板件振动加速度差异的重要原因。

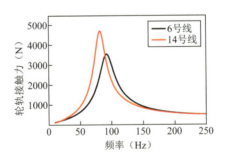

图6-32 6号线和14号线的轮轨力对比

（2）箱梁振动传递特性（内因）。

为探讨4号线简支梁与6号线连续刚构箱梁振动噪声差异的原因（6号线与14号线结构形式类似，箱梁振动传递特性也类似，故不再探讨），图6-33给出了4号线和6号线现场锤击试验各板件振动速度，激励源为跨中顶板中心（6号线为中跨跨中顶板中心）。可以看出：4号线底板、翼板速度导纳在其峰值频率处远大于6号线，说明相同荷载情况下4号线结构底板、翼板振动较6号线强烈，这就是两种梁型振动与噪声产生差异的原因。对于腹板，6号线连续刚构速度导纳略大于4号线，因为连续刚构腹板倾斜角度较大；对于顶板，在20~63Hz范围内，6号线速度导纳大于4号线，在63~200Hz范围内，则情况反之。

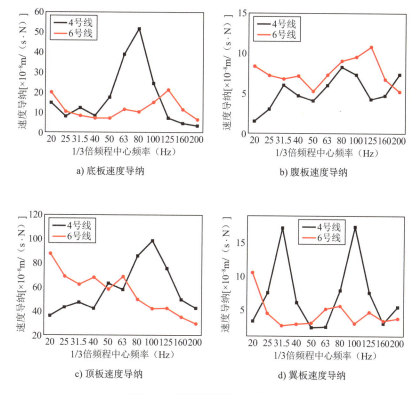

图6-33 两种梁型速度导纳对比

4）主要结论

对比分析了三种梁型振动与噪声差异，得到结论如下：

（1）三种梁型振动加速度与近场辐射声压级频谱变化规律一致，优势频率为63~125Hz，峰值频率在80Hz和100Hz处，说明近场辐射声压主要是由于板件振动产生的。

（2）在20~80Hz范围内，14号线振动加速度级和近场辐射声压级在数值上大于6号线；在80~200Hz范围内，6号线各板件振动加速度级和近场辐射声压级略大于14号线，而后趋于一致。造成6号线与14号线振动与辐射噪声差异的主要原因是轮轨接触力的不同。

（3）4号线与其他两种梁型产生差异的主要原因是箱梁振动传递特性的不同，4号线各板件（除腹板外）振动传递较6号线、14号线大。

（4）连续刚构箱梁的振动和噪声都比简支梁小，因而是较为安静、环境友好的结构体系。

6.4.2 箱梁振动与噪声的影响因素分析

1）速度影响分析

为探讨车速对箱梁声辐射的影响，以14号线为例进行介绍。14号线轨道结构采用长枕埋入式。对比分析在不同车速通过时，箱梁各板件附近的声压级的变化规律，如图6-34所示。表6-8给出了不同速度下，箱梁各板件附近的声压级的总体值。

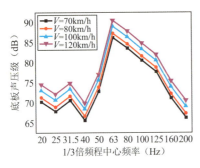
a) 底板

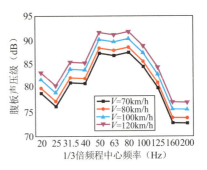
b) 腹板

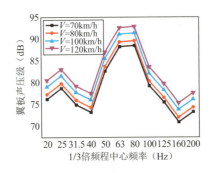
c) 翼板

图 6-34 车速对箱梁噪声的影响

不同速度下箱梁各板件附近的总体声压级　　表 6-8

速度（km/h）	底板附近（dB）	腹板附近（dB）	翼板附近（dB）
70	89.5	93.7	92.7
80	90.5	94.8	93.8
100	92.3	96.6	95.6
120	93.8	98.0	97.1

从图 6-34 与表 6-8 中可以得出：不同速度下，桥梁结构噪声随频率的变化规律相同，各板件附近的声压级的峰值频率在 63Hz 和 80Hz 左右；随着速度的增大，各板件附近的声压级逐渐增大，且在各频率点线性声压级增加的数值比较接近；从 70km/h 到 80km/h，各板件附近的总体声压级平均增加了 1.1dB；从 80km/h 到 100km/h，各板件附近的总体声压级平均增加了 1.8dB；从 100km/h 到 120km/h，各板件附近的总体声压级平均增加了 1.5dB。

2）板厚影响分析

为探讨桥梁结构参数对箱梁声辐射的影响，以 14 号线为例，轨道结构采用长枕埋入式，计算速度为 70km/h，分析了顶板、底板和腹板的厚度变化时，各场点声压级和辐射声功率的变化规律。

（1）顶板。

图 6-35a）~c）给出了顶板厚度分别为 0.20m、0.25m（原设计厚度）、0.30m 时，各板件附近的声压级的变化曲线图。分析可知：随着顶板厚度的增大，各板件附近的声压级在优势频段 63~100Hz 范围内减小明显；在其他频段，顶板厚度的影响相对较小。

图 6-35d）给出了箱梁结构辐射声功率级的变化曲线图。分析可知：随着顶板厚度的增加，箱梁辐射声功率级逐渐减小；在中心频率 40~100Hz 范围内，箱梁辐射声功率级受顶板厚度变化影响较大，在其他频段影响较小；顶板厚度的增加可以使得箱梁的阻抗增加，但随着厚度的增大，减小的幅度逐渐变小。

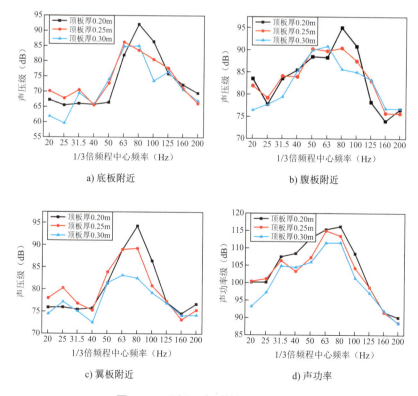

图 6-35 顶板厚度对箱梁噪声的影响

表6-9给出了不同顶板厚度时各板件附近的总体声压级。可以看出：顶板厚度由0.2m增加至0.25m时，底板、腹板、翼板附近的总体声压级分别降低4.2dB、1.6dB、3.1dB；顶板厚度由0.25m增加至0.3m时，底板、腹板、翼板辐射总体声压级分别降低0.8dB、1.0dB、5.0dB。

不同顶板厚度时各板件附近的总体声压级　　　　　表6-9

厚度（m）	底板附近（dB）	腹板附近（dB）	翼板附近（dB）
0.2	93.7	98.3	95.8
0.25	89.5	96.7	92.7
0.3	88.7	95.7	87.7

（2）腹板。

腹板厚度分别为0.2m、0.3m（原设计厚度）、0.4m时，各板件附近的声压级的变化曲线如图6-36a）~c）所示。分析可知：在40~100Hz频段，各板件附近的声压级随腹板厚度的增大而明显减小；在20~40Hz频段，各板件附近的声压级随腹板厚度的增大而出现增大的趋势；在125~200Hz范围内，影响较小。

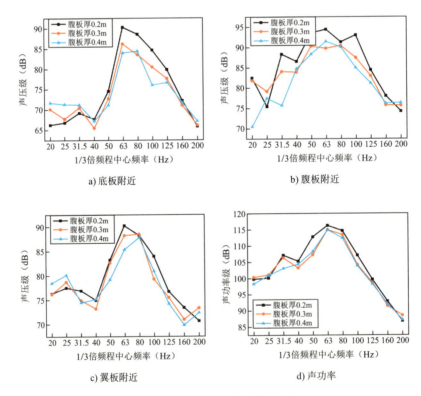

a) 底板附近　　　b) 腹板附近　　　c) 翼板附近　　　d) 声功率

图6-36　腹板厚度对箱梁噪声的影响

图6-36d）给出了箱梁结构辐射声功率级的变化曲线图。分析可知：随着腹板厚度的增

加，箱梁辐射声功率级逐渐减小；在中心频率 40～100Hz 范围内，箱梁辐射声功率级受腹板厚度变化影响较大，在其他频段影响较小；随着腹板厚度的增大，在 31.5Hz 处的小峰值消失，这是因为板厚的变化改变了此频率的局部振动特性。

不同腹板厚度时各板件附近的总体声压级见表 6-10。可以看出：腹板厚度由 0.2m 增加至 0.3m 时，底板、腹板、翼板附近的总体声压级分别降低 4.0dB、3.3dB、1.2dB；顶板厚度由 0.3m 增加至 0.4m 时，底板、腹板、翼板辐射总体声压级分别降低 1.1dB、0.6dB、1.1dB。

表 6-10 不同腹板厚度时各板件附近的总体声压级

厚度（m）	底板附近（dB）	腹板附近（dB）	翼板附近（dB）
0.2	93.5	100.0	93.9
0.3	89.5	96.7	92.7
0.4	88.4	96.1	91.6

（3）底板。

图 6-37a）～c）给出了底板厚度分别为 0.2m、0.3m（原设计厚度）、0.4m 时，各板件附近的声压级的变化曲线图。分析可知：在峰值频率 63Hz 处，各板件附近的声压级随底板厚度的增大略有减小；在其他频率处，底板厚度的变化对各板件辐射声压级的影响很小。

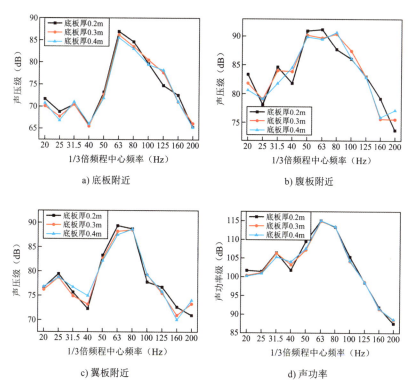

a) 底板附近　　b) 腹板附近　　c) 翼板附近　　d) 声功率

图 6-37　底板厚度对箱梁噪声的影响

箱梁结构辐射声功率级的变化如图6-37d)所示。分析可知：随着底板厚度的增加，箱梁辐射声功率级略有减小；底板厚度对20～63Hz频段的影响稍大，对63～200Hz频段的影响很小。

不同底板厚度时各板件附近的总体声压级见表6-11。可以看出：底板厚度由0.2m增加至0.3m时，底板、腹板、翼板辐射总体声压级分别降低0.5dB、-0.1dB（增大）、0.6dB；底板厚度由0.3m增加至0.4m时，底板、腹板、翼板辐射总体声压级分别降低0.6dB、0.3dB、0.1dB。

不同底板厚度时各板件附近的总体声压级　　　　表6-11

厚度（m）	底板附近（dB）	腹板附近（dB）	翼板附近（dB）
0.2	89.9	96.6	93.3
0.3	89.5	96.7	92.7
0.4	88.9	96.4	92.6

（4）底板宽度（腹板倾角）。

图6-38a)～c)给出了底板宽度分别为2.0m、2.4m、2.6m、2.8m、3.0m时，各板件附近的声压级变化曲线图。轨道结构采用长枕埋入式，计算速度为70km/h。底板宽度变化，腹板倾角也对应变化。

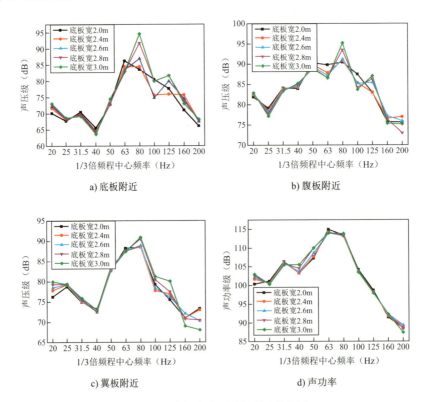

图6-38　底板宽度对箱梁噪声的影响

分析可知：在峰值频率 80Hz 处，各板件附近的声压级随底板宽度的增大而增大；在 20~63Hz 频段，底板宽度的变化对各板件附近的声压级的影响很小。随着底板宽度的增大，底板附近的声压级呈现出先减小后增大的规律，先减小是因为腹板的支承作用变强，传递到底板的振动能量减少，故其辐射声压级减小；后增大是因为底板宽度增大，辐射面积增大，故辐射声压级增大。随着底板宽度的增大，各板件辐射声压级在125Hz处出现一个小峰值，是因为底板宽度的增大导致该频率处振动模态增多。

箱梁结构辐射声功率级的变化曲线如图 6-38d) 所示。分析可知：在 40~50Hz 频段内，随着底板宽度的增加，箱梁辐射声功率级略有增加；在其他频段，底板宽度的变化对箱梁辐射声功率级的影响很小。

不同底板宽度时各板件附近的总体声压级见表 6-12。可以看出：底板宽度由 2.0m 增加至 2.4m 时，底板、腹板、翼板辐射总体声压级分别降低 0.9dB、0.5dB、0.1dB；底板宽度由 2.4m 增加至 2.6m 时，底板、腹板、翼板辐射总体声压级分别增大 1.0dB、0.1dB、0.1dB；底板宽度由 2.6m 增加至 2.8m 时，底板、腹板、翼板辐射总体声压级分别增大 3.4dB、0.7dB、0.9dB；底板宽度由 2.8m 增加至 3.0m 时，底板、腹板、翼板辐射总体声压级分别增大 2.3dB、0.9dB、0.4dB。

不同底板宽度时各板件附近的总体声压级 表 6-12

宽度（m）	底板附近（dB）	腹板附近（dB）	翼板附近（dB）
2.0	89.5	96.7	92.7
2.4	88.6	96.2	92.6
2.6	89.6	96.3	92.7
2.8	93.0	97.0	93.6
3.0	95.3	97.9	94.0

6.4.3 结论

通过车-线-桥耦合振动理论与桥梁结构噪声预测模型，对两种桥梁结构体系的箱梁振动计算与结构噪声进行预测，得到以下结论：

（1）同样轮轨系统下，40m 跨连续刚构桥梁结构的振动噪声要比 30m 简支箱梁小。因而常规跨径连续刚构是更为安静的一种结构体系。

（2）通过对 40m 跨连续刚构箱梁各板件在不同设计参数下的振动与噪声对比，验证了所采用的结构设计尺寸在减振降噪方面的合理性。

（3）提出了从降低结构噪声的环保角度指导各板件结构尺寸设计的新思路，对未来城市轨道交通线路的设计有很好的借鉴作用。

第7章

全刚构体系桥梁施工技术

作为长大区间桥梁标准形式，全刚构体系桥梁在广州地铁中已有约47km的工程应用。近几年，全刚构体系桥梁在高速铁路、城际铁路、公路工程中也开始推广应用。目前，我国全刚构体系桥梁的主要施工方法有预制架设法与桥位制梁法。其中，预制架设法包括逐跨拼装、悬臂拼装、整孔预制等成桥方法；桥位制梁法包括支架现浇、移动模架现浇、悬臂浇筑等成桥方法。采用何种施工方案，与工程规模、建设条件、设备工艺密切相关。同时，全刚构体系桥梁施工方法的选择，对桥梁成桥体系的力学状态也有较大影响。

本章主要以广州地铁14号线工程作为研究背景，结合其他实际工程，系统介绍用于全刚构体系桥梁施工的逐跨拼装、悬臂拼装、支架现浇、悬臂浇筑等施工方法，并对各种工法进行综合性对比。

7.1 逐跨拼装工法

逐跨拼装工法是将连续刚构桥梁的桥跨纵向划分为若干节段，采用架桥机现场拼装成桥的施工方法。该方法涉及的工序包括节段预制、节段运输、拼装架设、连续成桥等。

7.1.1 梁场建设

1）梁场选址原则

节段梁场选址较为灵活，以下原则可供参考。

（1）场址应尽量选择在桥梁线位旁。可设于供应范围中部，有利于减少节段梁运距，降低运输成本。

（2）场址宜地形平坦，交通便利，保证节段梁、机械设备和材料运输方便，方便通水、通电，便于迅速展开施工。

（3）场址应贯彻保护农田、少占耕地、拆迁量少的原则。

（4）场址宜地质良好，以减少基础加固等临时工程量，节约建设费用。

（5）场址选择还应兼顾运架梁的影响，应充分调查和研究运架梁可能遇到的障碍物，确保制梁、运梁不受其他因素的干扰。

2）梁场布置的基本要求

（1）预制场总平面布置应结合现场用地范围，考虑生产规模、工艺及设备等因素，力求工艺流程合理，结构紧凑。

（2）预制梁场的生产能力根据架梁总工期、架设标段范围节段梁的数量、架桥机配置数量及架梁进度确定。

（3）预制梁场一般由钢筋加工区、节段梁生产区、存梁区、测量区、办公及生活区等功能分区组成，在钢筋加工绑扎区、制梁区及存梁区需配置若干台门式起重机等起吊设备。

（4）现代化的预制场，在钢筋存料场地设置有钢筋自动下料生产线。根据一个节段钢筋绑扎速率，确定钢筋绑扎区的台位数，通过台位数计算钢筋加工和存料场的占地。

（5）根据节段自外模整理、钢筋入模、测量调整台座、浇筑混凝土、养护、测量、移梁至存梁区所需的制梁周期和预制场制梁能力要求，计算所需的制梁台座数量。

（6）制梁台座应根据每跨标准梁不同的节段类型进行区分并进行编号，每个制梁台座配一个节段梁的内模存放区、匹配梁区，同时还需在每个制梁台座旁设置一个测量塔。根据制梁台座数量、节段外形尺寸及台座间距要求，计算制梁区的占地。

（7）存梁台座一般采用双层存梁方案，以便减少台座占地。先根据存梁周期确定存梁区存放节段的台位数，再根据节段尺寸和节段间距计算存梁区的总占地。

3）梁场规模计算

预制梁场的规模直接影响梁场的投资，因此应根据工期、桥梁规模、架梁进度等合理确定梁场的规模。计算台座数量一般根据施工总工期、架梁工期、架梁进度、制梁工艺、制架梁开始时间确定，还应考虑工期调整及其他不确定因素影响设置一定数量的预留。

（1）制梁台座数量计算。

制梁台座的数量一般要与架设进度匹配。初步设计阶段可用如下两种方法进行估算。

估算方法1：

$$N_1 = \alpha \times \beta \times T_1 \tag{7-1}$$

式中：N_1——预制场预制台座的数量；

α——架桥机数量（台）；

β——架桥机架设进度 [片/(d·台)]；

T_1——单片节段梁占用制梁台座时间（d/片）。

估算方法2：

$$N_1 = \frac{\left(\dfrac{n}{t}\right)}{\left(\dfrac{30}{T_1}\right)} \tag{7-2}$$

式中：N_1——预制场预制台座的数量；

n——预制场生产节段总数量（片）；

t——架桥机架设总工期（月）；

T_1——单片节段梁占用制梁台座时间（d/片）。

按照架桥机的性能及桥梁结构的跨长不同，一台架桥机架设节段拼装梁的进度一般为3～5d/孔。本节所述的40m连续刚构桥，较普通30m简支梁复杂。因此，设计阶段40m连续刚构桥可以按5d/孔架设进度计算。另外，考虑增加制梁台座扩大生产力的成本较高，从经济角度，在工期允许的情况下，尽可能提前制梁增加存梁数量。

以广州地铁14号线土建7标段为例，该梁场承担4301个节段梁（310孔）预制，供应2个架梁标段，每个架梁标段各配置2台架桥机，计划架梁工期为14个月。考虑1孔

40m 有 14 个预制节段（边跨 15 个节段），需要梁场每天供应一台架桥机的节段梁数量为 3~5 片（按 3 片计算），每台架桥机对应的制梁台座数量为 3~5 个（按 3 个计算）。节段梁占用制梁台座的时间一般为 1.5~2d（按 1.5d 计算）。

根据方法 1 计算，制梁台座数量 $N_1 = 4 \times 3 \times 1.5 = 18$（个）台座。

根据方法 2 计算，制梁台座数量 $N_1 = \frac{\left(\frac{4301}{14}\right)}{\left(\frac{30}{1.5}\right)} \approx 15$（个）台座。

现场实际配置了 14 个台座。

（2）存梁台座数量计算。

确定存梁台座数量时，一般考虑能存放 2 个月所架设的节段梁数量。仍以广州地铁 14 号线土建 7 标段为例，计算存梁台座数量以供参考。

该标段共计配置 4 台架桥机，每台架桥机架梁平均进度为 5d/孔，即 6 孔/月，则 4 台架桥机 2 个月所能架设的节段梁孔数为 $4 \times 6 \times 2 = 48$（孔）。

每孔梁平均按 14 片节段梁计，48 孔梁所含节段数共计：$48 \times 14 = 672$（片）。

存梁台座按双层存梁计，共计需要存梁台座数量 672/2 = 336（个）。

（3）梁场机械设备。

短线法施工预制梁场需配备的主要机械设备见表 7-1。其中，设备数量是根据预制场平面布置，并考虑与台座数量匹配最终确定的。

预制梁场需配备的主要机械设备 表 7-1

序号	设备名称	单位	数量
1	45t 门式起重机	台	2
2	80t 门式起重机	台	2
3	10t 门式起重机	台	6
4	侧模板	套	7
5	固定端模	套	7
6	内模	套	18
7	慢速 10t 卷扬机	台	4
8	插入式振动棒	个	6
9	浇筑灰斗	个	3
10	数控钢筋加工机具	套	1
11	钢筋绑扎胎具	个	12
12	张拉设备	套	6
13	压浆设备	套	2
14	全站仪	台	3

续上表

序号	设备名称	单位	数量
15	水准仪	台	1
16	400kW 发电机组	台	1
17	变压器	台	1

4）梁场平面布置实例

以广州地铁 4 号线 7 标段为例，预制场的平面布置图与现场情况如图 7-1、图 7-2 所示。该预制场设置在地铁竹料站附近地块内，呈长方形，垂直于线路布置，占地约 $50143m^2$。

图 7-1　预制梁场卫星地图

A-钢筋加工区；B-节段梁生产区；C-存梁区；D-办公及生活区

图 7-2　预制场鸟瞰图

7.1.2　节段预制

1）基本流程

箱梁节段预制选用短线匹配法，以单孔（边跨或中跨）的所有梁段作为一个预制循环单元。为最大程度提高模板的效率和周转速度，单孔共两个循环子单元，以跨中节段为起点，分别向桥跨的两端进行，至单孔两端的湿接缝（边跨为边墩伸缩缝）结束。在首个台座完成跨中区段首片梁浇筑和匹配后（首个循环），通过制存梁区交换至另一台座进行另一循环。

节段梁短线匹配法预制工艺流程如图 7-3 所示。

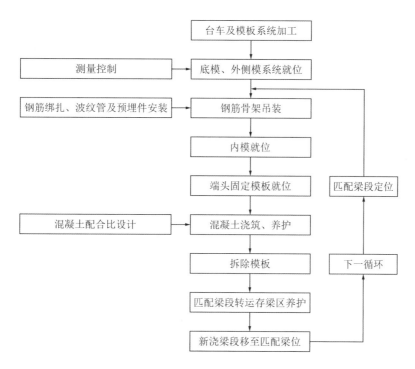

图 7-3 短线匹配法预制工艺流程

2）节段箱梁预制施工步骤

步骤 1：完成底模一、底模二、侧模、端模架、固定外模、内模钢构件拼装，进行液压系统安装并调试。底模小车滑移至待浇梁段下方顶升起底模一，完成底模一及侧模精确定位，然后底模小车退出待浇梁段位置。吊装钢筋、调整预应力，安装活动端模，滑移内模进入待浇梁段位置完成调整就位，完成首片梁浇筑，如图 7-4a）所示。

步骤 2：外模拆除、下落外移，内模拆除、滑移退出至端模架外侧范围，底模小车滑移进入已浇梁段位置。底模小车顶升后带动底模一及已浇梁段向外侧滑移，进入匹配梁段位置。底模二从匹配梁段外侧范围利用 10t 门式起重机起吊至待浇梁段位置，如图 7-4b）所示。为方便演示预制步骤，步骤 2~6 示意图中侧模及侧模架未标示。

步骤 3：底模小车滑移至待浇梁段下方顶升起底模二，完成底模二及侧模精确定位，如图 7-4c）所示。

步骤 4：底模小车退出待浇梁段位置。吊装钢筋、调整预应力，滑移内模进入待浇梁段位置完成调整就位，完成第二片梁浇筑，如图 7-4d）所示。

步骤 5：内模拆除、滑移退出至端模架外侧范围。底模小车顶升后带动底模一及匹配梁段向存梁区滑移，进入 60t 门式起重机范围。利用 60t 门式起重机起吊匹配梁段至整修台座，如图 7-4e）所示。

243

步骤6：底模小车带动底模一滑移返回匹配梁段范围外侧范围。底模小车单独滑移至底模二下方，底模小车顶升后带动底模二及二次已浇梁段向外侧滑移，进入匹配梁段位置，见图 7-4f）。

重复以上步骤 2、3、4，完成后续节段作业。

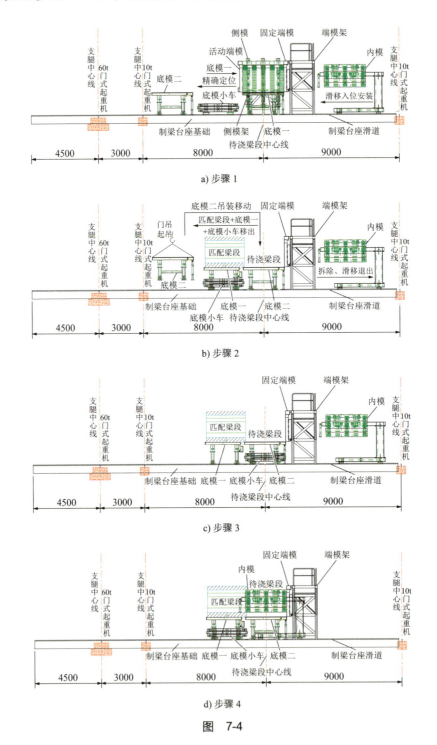

图 7-4

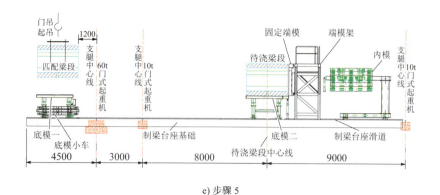

e) 步骤 5

f) 步骤 6

图 7-4 节段箱梁预制施工步骤（尺寸单位：mm）

3) 制梁台座技术要求

短线法节段预制模板系统分为固定端模及支架、活动端模（首节段预制）、侧模及侧模架、内模及内模架、底模及底模小车、液压系统等，总体结构形式如图 7-5 所示。

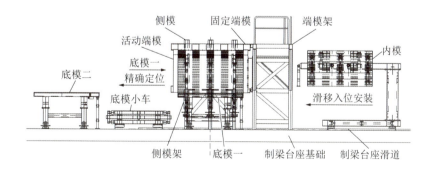

图 7-5 预制台座与模板系统图

（1）底模及底模小车。

每个台座处（即一个预制点）共有两套底模支撑平台（分别用于匹配梁段和待浇节段）及一台底模小车。它们之间相互换位，移出时采用 5t 卷扬机拉动底模台车，移进时采用门式起重机起吊。底模上设有与侧模及固定端模联结固定装置。

底模小车安装有竖、横向各 4 台液压千斤顶，可用于底模和匹配梁段的三维位置调整。底模和底模小车构造如图 7-6 所示。

图 7-6　底模与底模小车

（2）侧模及支架。

侧模为节段箱梁的腹板及翼缘板模板，侧模支撑于侧模架结构上，侧模支架上设有多组螺旋调节系统，侧模可绕底部设置的铰转动，既确保了侧模与混凝土匹配梁段的紧密结合，又便于模板的安装与拆除。侧模顶、底口设精轧螺纹钢对拉杆。侧模及侧模架构造如图 7-7、图 7-8 所示。

图 7-7　节段梁侧模与侧模架构造图　　图 7-8　底模与侧模（拼装后）

（3）内模。

为了适应各节段内腔尺寸的变化，内模设计成小块组合模板，根据各节段预制需要进行组合。内模主要由顶板底模、腹板内侧模及倒角模组成，各模板之间采用可调撑杆支撑。整个内模系统固定在内模架纵梁上，可由液压系统完成竖向伸缩及横向开启闭合，并通过专用 5t 卷扬机进行前后滑移。

浇筑箱梁顶板混凝土产生的部分竖向力由支撑结构传递给纵梁（纵梁前端支撑在匹配梁段的底板上，后端则通过内模架支撑于台座基础）。内模、内模架构造如图 7-9、图 7-10 所示。

图 7-9　内模与内模架

图 7-10　液压折叠式内模

（4）端模。

待浇梁段端模包括固定端模和活动端模（或匹配梁段的接缝面）。端模和端模支架构造如图 7-11 所示。

图 7-11　端模与端模架

固定端模位于侧模系统的一端，与固定在地面的支撑锚固支架连接，安装时端模与底模、侧模通过螺栓联成一体。

活动端模用于一个预制循环单元的首个节段梁预制，活动端模通过螺栓和对拉螺杆与侧模和固定端模连接固定。

除每个预制循环单元的首个节段梁预制外，其余待浇梁段的两个端面则分别为固定端模和匹配梁段的接缝面。匹配梁段的接缝面定位则通过专业监控程序提供动态梁段控制数据，以此指导并实施匹配梁段的精确定位。

4）三维控制技术

根据设计要求和施工方案按正装迭代法计算得到主梁各节段无应力状态下的预制线形，为箱梁节段预制提供每个节段的控制参数。

由于采用短线预制，相邻节段的定位需满足相当高的精度要求，对预制模板及台座的要求较高。在预制过程中，施工控制系统会对每一预制节段的精度进行判断和修正，各节段误差不产生积累，使预制梁段满足预制精度要求。

在施工中，当实际线形与理论线形出现偏差时，通过误差分析和预测可对后续拼装节段的相对定位高程和几何尺寸进行调整，以保证整桥线形平顺，达到设计要求。

在箱梁节段预制阶段，线形控制主要集中体现在箱梁模板精度控制和匹配梁段精确定位两个环节。此外，测量精度控制也是确保线形符合设计要求的必要条件。在预制之前，需要准确计算拼装阶段桥梁变形情况，为几何控制程序提供预拱度数据。控制程序包含了桥梁整体线形、分段情况等必要信息，工程测量控制方式是按照控制程序进行。

几何控制程序的基本概念是预制单元现场坐标与预制单元空间坐标的相互转换，几何尺寸误差由程序控制在一定的范围，并在随后的梁段预制过程进行调整。

（1）短线匹配预制线形控制的实现。

短线预制法是在工厂或施工现场的同一地方用位置可调的模板逐块浇筑梁段的施工方法，浇筑时必须同已经浇筑完成的前一梁段形成"匹配"拼缝。短线预制法成功的关键在于匹配梁段位置数据精度控制，同时还必须具备精确的测量方法和准确的控制数据库及正确的算法。当浇筑不同特定几何线形的梁段时，其实现方法如下：

①需要浇筑直线梁段n时，匹配梁段$n-1$只需要沿直线从浇筑位置移动到匹配位置，如图7-12a）所示；

②需要浇筑竖曲线梁段n时，必须先将匹配梁段$n-1$移动开，然后在立面上转动一定角度α，如图7-12b）所示；

③需要浇筑平曲线梁段n时，必须先将匹配梁段$n-1$平移到一定的位置，然后在平面上转动一定的角度β，如图7-12c）所示。

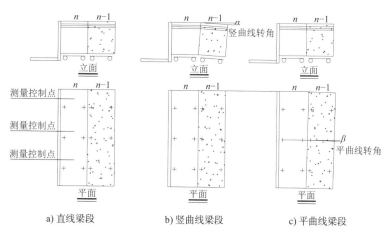

a) 直线梁段　　　　　b) 竖曲线梁段　　　　　c) 平曲线梁段

图 7-12　不同线形梁段的浇筑方法

（2）模板精度控制。

模板精度控制主要包括固定端模、底模以及外侧模的控制，重点在于控制固定端模的精度。

①固定端模：固定端模模面须保持竖向垂直并与预制单元中线呈 90°角，其上缘须保持水平。端模高程应用靠近腹板处的两测量控制点进行检查。水平误差和与中线的垂直度误差必须控制在 1mm 之内。

固定端模上共设 4 个控制点：2 个轴线控制点、2 个水平高程兼平面位置控制点，如图 7-13 所示。2 个轴线控制点位于固定端模板的顶面和内腔底面正中，通过仪器观察两点是否与基线重合以及两点到基点的水平距离是否相等，可以控制固定端模竖向垂直度并使其中线居中，通过测量两个水平高程点（对称设置在腹板位置处且兼平面位置控制点）到基点的距离以及相对高程，可控制固定端模整个模面与待浇梁段的中轴线垂直并使其顶面水平。

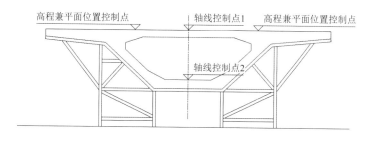

图 7-13　固定端模控制点示意图

梁段浇筑完成后，下一梁段浇筑前，均需对固定端模精度进行校核。一般情况下，固定端模是无须移动的。若施工过程中发现固定端模位置达不到规定要求，则必须调校合格后方能进行下一道工序施工。固定端模的调整十分耽误工期（一般调整一次至少需要 1 周）。因此，在施工过程中要注意对固定端模的保护。

②底模：对于等高箱梁，底模需水平安置并与固定端模下缘闭合良好。底模中线必须与固定端模面在水平与竖向均要呈 90°角。

③外侧模：要检查外侧模和固定端模闭合是否良好。

（3）匹配梁段定位。

短线匹配法施工是一个循环过程，现以即将新浇筑一个梁段为起点（此时，前一阶段的匹配梁段已经定位，且其精度符合要求）说明匹配梁段定位全过程。

匹配梁段的定位主要通过 6 个控制测点来实现，测点布置如图 7-14 所示。

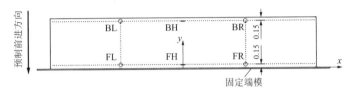

图 7-14 测点布置图（尺寸单位：m）

用沿节段中心线的两个测点（FH 与 BH）控制平面位置，用沿腹板设置的 4 个测点（FL、FR、BL 与 BR）控制高程。所有控制测点在新浇筑梁段混凝土凝结前安放在梁段顶板上。测点 FH 与 BH 预埋 U 形圆钢，另外 4 个测点预埋镀锌十字头螺栓。这些预埋件必须尽量设置在规定的位置，但是并不要求位置绝对准确，因为它们只是相对位置的参考。

6 个控制测点数据与匹配梁段位置坐标数据均被输入程序，作为新浇筑梁段在匹配梁段位置的原始数据，由此计算新浇筑梁段作为匹配梁段的目标位置数据。其计算原理为空间几何变换，同时要求考虑误差调整和补偿。空间几何变换能够较方便地实现，而误差的调整和补偿的算法以及相关控制指标则是程序的精华所在。

梁段预制过程中误差调整方法为：假设 i 号节段制作成型后，匹配节段 $i-1$ 号相对于初始定位位置发生一偏移角 θ，如图 7-15 所示。但拼装时，是先拼装 $i-1$ 号节段，再拼装 i 号节段，因此 $i-1$ 号可看作没有转动，而是 i 号节段转动了 $-\theta$，i 号节段的 i 端移至 i' 位置，为了使以后的线形与理论线形接近，$i+1$ 号节段线形改为 $i' \sim i+1$。也就是说，修正 $i+1$ 号节段的线形只要改变 i 号节段 i 端在整体坐标系的坐标以及 i 号节段 3 个坐标轴与整体坐标系的方向余弦即可。

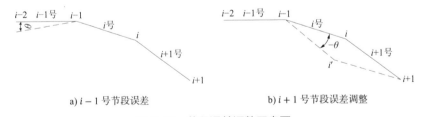

a) $i-1$ 号节段误差　　　　　　b) $i+1$ 号节段误差调整

图 7-15 节段误差调整示意图

将原来的匹配梁段吊运、存放后，此新浇筑梁段成为下一个待浇筑梁段的匹配梁段。

新匹配梁段初步定位：匹配梁段的初步定位是通过卷扬机和底模台车来完成的。定位时，启动 5t 卷扬机，通过导向滑车和设置于底模台座端面上的动滑车牵引底模台车做纵向较长距离的移动，使梁段行至目标位置的大致范围。此时梁段的平面位置主要是通过钢卷尺丈量匹配梁匹配端至固定端模的距离来实现。

匹配梁段精确定位：匹配梁段的精确定位是通过测量仪器观察梁段顶面上的6个控制点，并通过10t手拉葫芦和底模台车上的油压千斤顶进行调整。手拉葫芦主要是进行精确控制其纵向距离的微调，油压千斤顶主要是精确调整梁段高程和轴线偏角。整个调整过程由专人统一指挥，每一步调整操作均要求缓慢、细致。

新的梁段浇筑完毕后，测试点埋设完毕，随即进行下一阶段的测量工作。测量人员对两节梁段的控制点均进行两组独立的测量，并取平均值。测量数据按表格填写。将测量数据的平均值输入到程序中，算出匹配节段（新浇节段）的目标位置。

此时，程序自动进行精度判断（浇筑之前放样数据满足误差要求后，只需存档）。在这些数据输入程序后，程序自动对匹配梁段所达到的精度进行验证判断，如能达到要求，程序则显示通过；对超出精度要求范围的，程序要求重新调整定位（新浇筑梁段报废，再次浇筑该梁段）；对符合精度要求，但偏差值较大的，程序则会以红色数字警示，并在下一节梁段或多节梁段定位时进行调整（偏差值过大时，可能无法一次调整到位）。

综上所述，匹配梁段的定位一共有两个测量步骤：

①测量原始数据：包括匹配梁段和新浇筑梁段的数据；

②调整定位过程：按程序输出结果，准确定位新浇筑梁段作为匹配梁段的目标位置。

现场的测量人员分别将述测量与调整过程简称为"测""调"。可以看出，短线预制线形控制的技术难点在于程序如何确定目标位置。理论上，每一个节段的目标位置可以按照空间几何关系简单变换出来。但是，各种测量因素和施工阶段的不确定性造成的误差以及前一梁段出现精度范围内的误差后，如何调整下一梁段的位置就是控制程序的精华所在。

匹配梁段定位具体控制流程如图7-16所示。

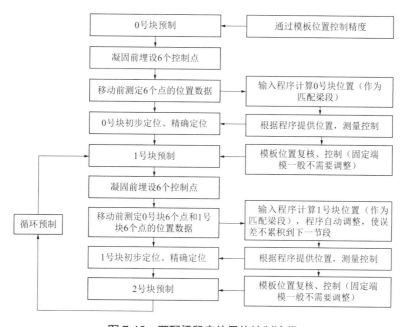

图7-16 匹配梁段定位具体控制流程

（4）控制测量精度的措施。

因短线匹配梁对测量精度要求较高，为降低和减少不利因素对测量精度的影响，主要采取以下措施：

①避免6级以上大风中进行测量作业；

②避免在高温时段进行测量作业；

③对测量塔采用土工布包裹，防止阳光直射，避免阴阳面产生温差变形；

④在测量塔上搭设遮阳棚，避免阳光直照仪器；

⑤测量塔采用钢管桩，四周采用混凝土包裹，减少地基沉降对测量塔的影响；

⑥定期对测量塔进行校核；

⑦观察时采取两人单独独立观测，获取两组独立数据，并取平均值，以降低测量误差，提高精度；

⑧购买高精度测量仪器，对在超出其测量精度要求的气象条件下工作能够提出警示，并自动停止工作；

⑨按测量规范规定定期对测量仪器进行检查和校正。

（5）线形控制难点与解决办法。

在运用上述线形控制理论进行实际操作过程中，还会存在诸多难点，需要采取相应的解决办法。

难点之一：测量系统自身精度的控制，包括测量仪器和测量控制点精度的控制。

相应的解决办法：①采用高精度测量仪器；②测量控制塔采用钢管桩基础，且设置遮阳棚确保测量控制塔尽量不因阳光照射而产生温差变形。

难点之二：定位过程的控制。

相应的解决办法：在应用6个控制点坐标准确定位节段时，实际操作中测量人员总结出一套快捷简便而且稳定的实施办法，具体如下：①根据程序输出的控制坐标位置，换算出6个点的高程以及梁边缘到固定端模的距离；②操作人员利用卷扬机将梁段移动到大致位置，此时尽量满足梁边缘到固定端模的距离；③利用架设在固定端模上的水准仪进行高程控制，同时控制梁段两边到固定端模的距离，此过程为反复调整的过程，通过千斤顶（4个竖向千斤顶，4个横向千斤顶）系统微调实现；④反复调整6个点的高程直至满足要求为止；⑤水平移动或水平转动梁段，使固定端模到梁边线的距离满足要求（此时对高程影响很小）；⑥测量人员在测量控制塔复核6个控制点坐标，进行微调（一般不涉及高程调整），直至6个控制点的坐标均在允许的误差范围之内，调整完毕，具体流程如图7-17所示。

运用调整技术完全能够满足快速调位的需要，但是要求参加调位的测量技术人员、调整操作工人熟练操作和调整。经过一定的实践，无论是测量人员还是操作工人都能够熟悉整个控制过程，一节梁段调整控制时间一般不会超过 30min，为快速生产提供了有力的保障。

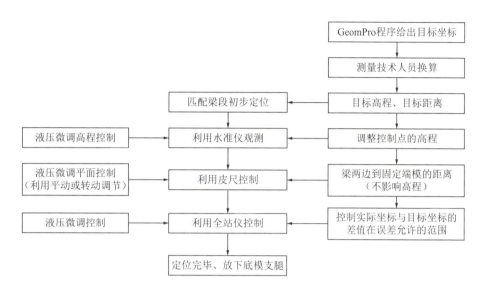

图 7-17　定位控制流程

5）钢筋工程、混凝土工程

节段梁钢筋采取先在钢筋台座上绑扎成型［图 7-18a)］，再整体吊装入模的方式进行。在匹配梁就位及模板调整固定后，钢筋骨架整体吊装入模［图 7-18b)～f)］，各类型预埋件安装完成并经工程师工序检查验收合格、签认同意后，转入下一步工序，即梁体混凝土浇筑施工。

节段梁混凝土采用商品混凝土。商品混凝土经混凝土搅拌运输车运输至现场，经车泵泵送混凝土或卸料到料斗内后，由 10t 门式起重机吊料斗入模［图 7-18g)］。箱梁混凝土的浇筑顺序为先浇筑底板，再浇筑腹板，最后浇筑顶板（含翼板）。

a) 在绑扎台座上绑扎钢筋骨架

b) 模板打磨处理

图　7-18

c) 预制节段梁匹配

d) 胎模架钢筋骨架成型

e) 钢筋笼吊装

f) 钢筋入模

g) 混凝土浇筑

图 7-18 节段梁的钢筋与混凝土工程

6）存梁养护

（1）节段转运、存放。

当匹配节段完成匹配任务后，即可转运及存放。匹配节段转运时，先利用布置在底模上的水平千斤顶将其与新浇节段分离，再利用运行卷扬机通过牵引系统将其牵引至合适的位置，然后利用门式起重机起吊运至储存区存放，如图 7-19 所示。若节段混凝土的强度未达到起吊强度，则需继续养护。

图 7-19 预制节段吊装至存梁区

箱梁节段分两层存放。节段存放时，应预先检查节段的编号标识情况，以确保节段能按预定的顺序存放，方便出运。节段梁按照墩号+梁段号的组合编号，如新和—太平区间 YDK42+405.287～565.287 处一联 4×40m 刚构的节段编号为 XT15-16-D1 或 XT15-16-B5，如此确保每一节段都有唯一的编号，避免运、架梁时出错。节段编号在混凝土终凝后用红油漆喷涂于节段内侧腹板上醒目位置。

一般情况下，先堆存的节段先安装，为了按顺序出梁，防止出运时上、下层箱梁节段倒腾，按每相邻两节段堆存一次，即一节段在作为匹配梁段施工完下一梁段时，吊到整修台座上临时存放和修补，待下一相邻节段作为匹配梁施工完成后，先将下一相邻节段吊至堆存区台座上进行堆存(整修在预制台座上和堆存台座上完成)，然后再将修整台座的节段吊至其上面进行堆存，从而避免出运时的忙乱。

箱梁节段存放期间，对各节段进行进一步的检查修整，对受损的剪力键进行修补，对湿接缝及合龙段两侧的梁端面进行凿毛处理等。

（2）混凝土养护。

混凝土浇筑完成终凝后应及时养护，养护方法要适应施工季节的变化。当环境相对湿度小于 60% 时，养护不少于 14d；相对湿度在 60% 以上时，养护不少于 10d。当环境温度低于 5℃时，梁体表面应喷涂养护剂，采取保温措施，禁止对混凝土洒水。

自然养护时在表面覆盖土工布，梁体洒水次数应能保持混凝土表面充分潮湿。场内设供水系统，通过水管路连接至各养护区域，负责养护供水。匹配梁采用人工洒水养护，存梁区的养护采用自动喷淋系统洒水养护。

7）单片梁段制梁进度

单片梁段预制周期中各工序的基本流程时间如下：①钢筋吊装、调整 4h（底外模、匹配梁已完成调整到位）；②内模安装、调整 6h；③浇筑混凝土、养护 16h；④外模内模拆除、匹配梁段滑移、已浇梁段滑移、底模换位 4h；⑤底外模、匹配梁精确调整到位 6h（同时完成下一节段内模更换）。单片梁段基本流程时间累计为 36h，考虑到规模化制梁开始前的初期阶段以及在个别梁段内模更换造成第⑤项时间较长等两方面因素，单片梁段预制周期适当放宽至 48h。

7.1.3 节段运架

1）节段运输

节段在预制场内达到设计强度并且龄期达到 28d 后方可进行架设。节段箱梁架设之前，在预制梁场经梁场门式起重机从存梁区提梁，放置于运梁车上，运至架桥机下方进行起吊，如图 7-20 所示。

图 7-20 节段运输

节段设计时已考虑其运输时道路承受能力，节段长度在 2.4~2.6m 之间，重量不超过 50t。根据节段外形尺寸及重量，运梁车选用载重量为 60t 的平板车运输。

节段在平板车上存放时，支点高差不得大于 4mm。为保证节段运输过程中支点受力平均、不产生水平移动，事先在拖车上安装限位装置，并在节段摆放完成后拉上缆风（倒链配合钢丝绳收紧）。

2）架桥机

节段拼装连续刚构桥梁采用桥下喂梁、高位张拉后整体落梁的安装方式，架桥机一般采用上行式结构，架桥机由承重主梁、起重天车、支腿、辅助天车、液压系统、电气系统等组成。广州地铁 14 号线高架桥采用的节段拼装架桥机型号及数量详见表 7-2。

广州地铁 14 号线各标段架桥机配置及架设情况　　　表 7-2

标段	架设长度（m）	架设孔数	架设工期（月）	架桥机型号	架桥机数量（台）	架设功效（d/孔）
3	4178	113	19	TP40/700	1	3.5~4
4	5419	142	16	DP50/40	2	3.5~5
5	3694	96	24	DP50/40	1	5
6	6478	166	13	HPS40	1	5
6	6478	166	13	LG4060	2	5
7	5472	146	22	TP40/700	2	4~5

（1）TP40/700 节段拼装架桥机。

TP40/700 节段拼装架桥机全长 79.2m，重约 395t，如图 7-21 所示。支腿由前支腿、前承重支腿、后支腿、后承重支腿组成。主箱架由两根箱形梁通过马鞍横梁联结成一体，分置在前承重支腿、后承重支腿上，是架桥机施工荷载的承重结构。导梁采用双板梁结构，导梁全长上设有天车走行轨道，天车通过该轨道可以越过前墩或者后墩完成前墩取梁或者尾部喂梁两种取梁方式。吊杆根据使用需要分为两段，用连接器连接。架桥机过孔时只需拆除下部的吊杆。

图 7-21 TP40/700 型架桥机现场照片

该架桥机起重天车起吊能力 60t，架桥机整机承载重量 700t，适应曲线半径 500m，适应最大纵坡 2.8%。

（2）DP50/40 节段拼装架桥机。

DP50/40 型节段拼装架桥机全长 97.94m，重约 445t，如图 7-22 所示。该架桥机主要由主框架、1 号支腿、2 号支腿、3 号支腿、4 号支腿、天车、端吊挂、中吊挂、辅助天车、液压系统以及电气系统等组成。

图 7-22 DP50/40 型架桥机现场照片

该架桥机整体结构紧凑，纵横向均为对称结构，可方便实现反向施工。架桥机四条支腿支撑主梁，天车在主桁架内侧轨道上移动，端吊挂及中间吊挂布置在主桁架顶面，各支腿均配置液压升降机构。

该架桥机起重天车起吊能力50t，架桥机整机承载重量700t，适应曲线半径600m，适应最大纵坡2.8%。

（3）HPS40架桥机。

HPS40架桥机全长80m，重约500t，主要由主梁、鼻梁、上横梁、下挂梁、前支腿、中支腿、后支腿、后纵移系统、中小车、托架与纵梁系统等组成，如图7-23所示。架桥机每一部分都配有相应的液压或机械系统。HPS40移动模架造桥机起重天车起吊能力50t，架桥机整机承载重量600t，适应最小曲线半径500m，适应最大纵坡4%。

图7-23　HPS40架桥机现场照片

（4）LG4060型架桥机。

LG4060架桥机用于架设40m及以下跨度，节段重在60t以内，该整机重量约345t，如图7-24所示。该机属简支型，导梁能上下升降，前后伸缩，左右摆动。

图7-24　LG4060型架桥机现场照片

该架桥机主梁采用桁架结构，主要由主桁架、0号柱、1号柱、2号柱、3号柱、纵移机构、前后横联、整机落梁行车、扁担、电器、液压等组成。

该架桥机起重天车起吊能力60t，架桥机整机承载重量630t，适应最小曲线半径500m，适应最大纵坡4%。

3）拼装关键工艺

（1）节段拼装施工流程。

节段拼装工法首先施工基础、桥墩及墩顶现浇段，剩余梁体采用架桥机进行节段拼装。

各跨节段就位后先张拉简支束,简支束张拉完成后梁体下落至临时支墩上,然后浇筑中墩顶湿接缝混凝土,待湿接缝混凝土达到设计强度后再张拉连续束。连续束张拉、灌浆及封锚完成后浇筑边墩顶后浇混凝土,成桥后再进行桥面二期施工。

节段拼装连续刚构桥拼装施工流程如图 7-25 所示。

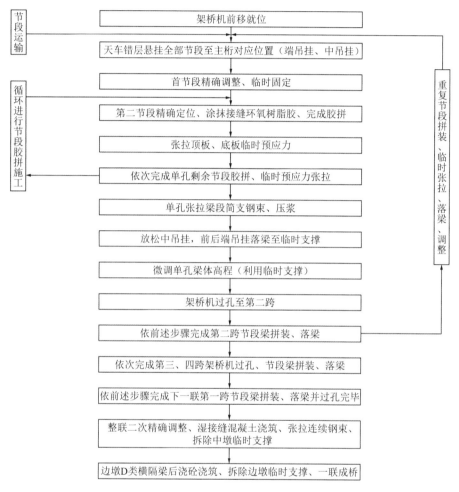

图 7-25 节段梁拼装施工流程图

具体施工步骤如下。

步骤 1:完成基础、承台、桥墩施工;浇筑中墩墩顶节段,完成临时支撑;架桥机移位到施工跨,如图 7-26 所示。

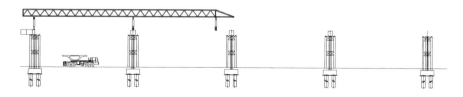

图 7-26 施工步骤 1

步骤 2：运梁车喂梁，依次吊装第一跨全部节段，预留涂环氧树脂的空间；调整线形；校准边墩墩顶段位置，将其临时固定，确保不发生位移、转动；依次涂抹节段间环氧树脂，张拉临时紧固装置；高位张拉梁段内简支钢束；放松中间吊杆，箱梁处于简支状态，落梁在临时支撑上，解除端吊杆，并利用支撑顶调梁措施对梁底高程进行微调；架桥机前移，分别架设第二、三跨梁并高位张拉简支钢束，落梁，如图 7-27 所示。

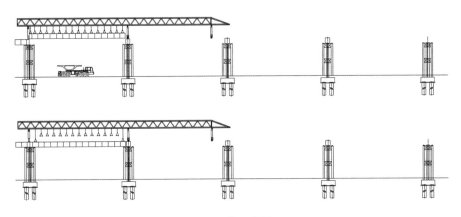

图 7-27 施工步骤 2

步骤 3：架桥机移至第四跨，运梁车喂梁，依次吊装全部节段，预留涂环氧树脂的空间；调整线形；校准端头节段位置，将其临时固定，确保不发生位移、转动；依次涂抹节段间环氧树脂，张拉临时紧固装置；高位张拉梁段内简支钢束；放松中间吊杆，箱梁处于简支状态，落梁在临时支撑上，解除端吊杆，并利用支撑顶调梁措施对梁底高程进行微调，如图 7-28 所示。

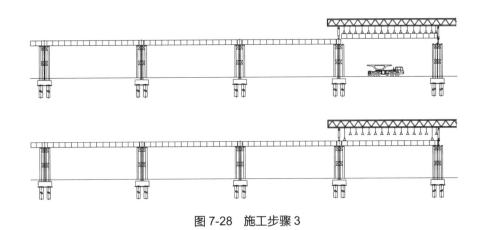

图 7-28 施工步骤 3

步骤 4：利用临时支撑上的调梁措施调整主梁高程，浇筑预制主梁与中墩墩顶现浇段间湿接缝；湿接缝处混凝土达到养护条件（混凝土达到 90% 强度且不小于 5d 龄期），张拉主梁连续钢束及顶板短束；拆除中墩处临时支撑；拆除边墩处临时支撑；浇筑边墩顶梁内后浇混凝土；拆除全桥临时支撑，完成本联施工；安装桥面设备，如图 7-29 所示。

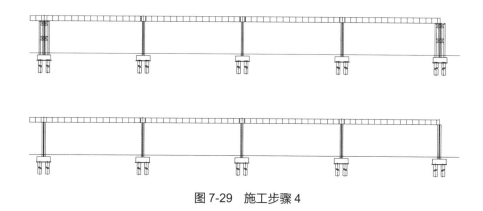

图 7-29 施工步骤 4

（2）拼装技术要求。

①线形初步调整和相邻节段位置控制。

在悬挂过程中，按照吊装顺序对单孔节段进行初步线形调整，并对相邻节段位置进行距离控制。在节段悬挂过程中，根据线形监控单位提供的三维坐标对节段的高程、轴线进行初步调整。

相邻节段位置控制主要是为胶拼做准备，胶拼起点处首块距离第 2 块的距离为 20cm，其他梁段的间距为 5cm。因上述空间的预留，单孔整体长度会加长，在吊装顺序中第 2 块采取在下层 2.25m 高度临时错开布置，并且跨中最后一块因受剩余空间限制也采取错层悬挂。

②架桥机主桁变形监控。

为了观察因节段箱梁悬挂对架桥机产生的变形影响，并为后续箱梁调节提供数据支持，在每悬挂一片节段箱梁时，测量组应对架桥机主桁进行变形监测。

按照测量组的要求，在架桥机主桁悬挂区域，且测量仪器能观测到的地方每隔 5m 做标记，方便测量组进行测量。

③首节段精确调整和临时固定。

考虑到首节段临时固定的难度，兼顾边跨 D 类节段精确调整的因素，单孔节段梁首节段胶拼起点在一联四跨中均设置在架梁方向的后端。

在单孔全部节段完成悬挂作业后，随即对胶拼起点处首节段进行精确调整。依线形监控单位提供的首节段控制数据，利用天车对首节段的三维坐标进行调整。首节段必须严格控制其平面坐标的偏差，特别是边跨 D 类节段的调整尤为重要。在首节段调整过程中，为尽量减少临时荷载对线形的影响，在箱梁顶面、内腔除临时张拉用底座、精轧螺纹等材料外其他无关材料不得随意堆码。

为避免首节段发生位移影响后续节段胶拼，必须对首节段进行临时固定，临时固定措施设置在已架梁段或中墩墩顶现浇段上,具体采取限位型钢支架对节段底板边缘进行纵桥向和横桥向的约束。首节段根据临时固定情况先进行精确调整,反复微调,直至满足测量精度要求,在精确定位完成后再进行临时固定。

④节段梁逐个胶拼步骤。

节段梁单孔第二节段及剩余节段的精确调整、胶拼步骤如下:

a. 测量数据交接:将首个节段定位数据提供给线形监控单位,形成第二节段数据;

b. 匹配初对位:利用天车对第二节段与首节段进行初对位;

c. 环氧树脂涂刷:梁体水平移开20cm,涂胶时确保涂刷均匀;

d. 匹配合龙:完成涂胶后,通过起重天车将该节段移动合龙至完全匹配;

e. 临时预应力张拉:同步对称张拉顶板、底板临时预应力束;

f. 吊具转换:利用100t千斤顶张拉重新安装ϕ32mm精轧螺纹吊杆,拆除吊具。

⑤节段梁精确调整。

安装第二节段的吊具,解除ϕ32mm精轧螺纹吊点,将箱梁重量转换到吊具上,利用天车将箱梁缓慢地靠近首个节段,利用天车的横调油缸与纵调油缸对箱梁进行三向调节。

一般以匹配面高程与首个节段一致、剪力键与首个节段吻合为宜。由技术人员检查节段梁高程、中线和匹配面的情况,检查预应力孔道接头对位情况,合格后用白板笔做好标记,方便涂胶后对位。然后梁体移开20cm,准备环氧树脂涂刷。

在节段间完成涂胶后,经现场技术人员检查合格后,通过起重天车将梁段合龙至完全匹配(保证预拼时所做的标记线一致)。

操作工人应使用木楔或橡胶垫在两梁段接缝间临时塞垫,防止梁段撞伤。待节段稳定后,移除塞垫物。

⑥单孔节段梁落梁固定。

单跨简支钢束张拉压浆完毕后,放松中间吊杆,箱梁处于简支状态,依靠架桥机两端的端吊挂使整孔箱梁下落。

当箱梁下落距临时支架顶端3~5cm时停止下落,此时启动架桥机的纵横移泵站,操作架桥机的纵横移油缸使箱梁准确对位后(对位基准依据线路纵向中心线和梁面控制高程),继续下落箱梁至临时支墩顶部。

利用架桥机落梁至墩旁支架上,解除端吊挂。利用临时支墩上的4台250t千斤顶对箱梁高程进行精确调整。箱梁精确调整到位后,利用墩旁支架上的砂筒和钢垫块进行支撑。完成单孔节段梁架设。

(3)环氧树脂黏结剂。

预制节段之间的黏结材料选用无溶剂型改性环氧树脂黏结剂,由A、B两种组分拌和而成,其中PART "A"——环氧基,为黑色,PART "B"——固化剂,为白色,两者按3:1(重量比)的比例拌和,拌和后的性状为灰色膏状混合物,其技术性能指标见表7-3。

节段预制桥梁胶黏剂性能指标及检验方法　　　　表7-3

项目			性能指标	检验方法
物理性能	可施胶时间（min）		≥20	《城市轨道交通预应力混凝土节段预制桥梁技术标准》（CJJ/T 293—2019）附录A
	可黏结时间（min）		≥60	《城市轨道交通预应力混凝土节段预制桥梁技术标准》（CJJ/T 293—2019）附录A
	触变指数		≥4.0	《建筑结构加固工程施工质量验收规范》（GB 50550—2010）
	吸水率（%）		≤0.5	《塑料 吸水性的测定》（GB/T 1034—2008）
	水中溶解率（%）		≤0.1	《塑料 吸水性的测定》（GB/T 1034—2008）
	热变形温度（℃）		≥50	《塑料 负荷变形温度的测定 第2部分：塑料和硬橡胶》（GB/T 1634.2—2019）
力学性能	抗剪强度（MPa）		≥12	《城市轨道交通预应力混凝土节段预制桥梁技术标准》（CJJ/T 293—2019）附录B
	抗压强度（MPa）（适用温度下限条件下固化速度）	12h	≥20	《树脂浇筑体性能试验方法》（GB/T 2567—2021）
		24h	≥60	
		7d	≥75	
	抗拉弯强度（MPa）		开裂全部发生在混凝土之内	《城市轨道交通预应力混凝土节段预制桥梁技术标准》（CJJ/T 293—2019）附录C
	钢对钢拉伸抗剪强度（MPa）		≥15	《胶粘剂 拉伸剪切强度的测定（刚性材料对刚性材料）》（GB/T 7124—2008）
	钢对C45混凝土的正拉黏结强度（MPa）		≥2.5，且为混凝土内聚破坏	《工程结构加固材料安全性鉴定技术规范》（GB 50728—2011）
不挥发物含量	（105±2）℃、（180±5）min		≥99%	《工程结构加固材料安全性鉴定技术规范》（GB 50728—2011）
	耐湿热老化能力		经50℃、98%湿度恒定作用90d后，在常温下试件的钢-钢拉伸抗剪强度的下降幅度不得超过参比试件强度的10%	《工程结构加固材料安全性鉴定技术规范》（GB 50728—2011）

每个节段间环氧树脂黏结剂的用量需根据截面面积计算。涂胶时间应尽量缩短，以控制在20min为宜。

（4）管道压浆。

在钢束张拉完成后应及时进行压浆和封锚。压浆应采用管道压浆料或管道压浆剂，同时采用真空压浆工艺。

孔道压浆料水胶比不超过0.34，初凝时间大于4h，终凝时间小于24h，浆体不得泌水，流动度应为14～22s，强度不低于设计规定值，压入管道浆体应饱满密实，24h自由膨胀率应大于-1%、小于5%。水泥浆应掺高效减水剂、阻锈剂，严禁掺入氯化物或其他对预应力筋有腐蚀作用的外加剂。水泥浆自调制至压入孔道的延续时间，视气温情况而定，一般不宜超过30～45min，水泥浆在使用过程和压注过程中应经常搅动。

在压浆之前，首先采用真空泵抽吸预应力孔道中的空气，使孔道内的真空度达到80%以上，然后在孔道的另一端再用压浆机以大于0.7MPa的正压力将水泥浆压入预应力孔道。

在压浆前关闭所有排气阀门（连接至真空泵的除外）并启动真空泵10min。显示出真空负压力的产生，真空度应能达到-0.08～-0.1MPa。如未能满足此数据，则表示波纹管未能完全密封，需在继续压浆前进行检查及更正工作。在保持真空泵运作的同时，开始往压浆端的水泥浆入口压浆。继续压浆直至水泥浆到达安装在负压容器上方的三相阀门。操作阀门以隔离真空泵及水泥浆，将水泥浆导向废浆桶的方向。继续压浆直至所溢出的水泥浆形成流畅性及一致性，没有不规则的摆动。关闭真空泵，关闭设在压浆泵出浆处的阀门。将设在压浆盖帽排气孔上的小盖打开。打开压浆泵出浆处和阀门直至所溢出的水泥浆形状均匀。在压浆盖帽的排气管上安装小盖，并保持压力在 0.5MPa 下继续压浆 0.5min。关闭设在压浆泵出浆处的阀门，关闭压浆泵。

压浆顺序先下后上，同一管道压浆应连续进行，一次完成。并使浆体温度控制在 5～30℃之间，否则应采取措施以满足要求。

压浆完毕后，对纵向张拉齿块锚头周围混凝土凿毛冲洗，并用不低于设计强度的混凝土封锚。

预应力管道压浆浆体性能指标及检验方法详见表 7-4。

预应力管道压浆浆体性能指标及检验方法　　　　表 7-4

技术指标		指标要求	检验方法
凝结时间（h）	初凝	≥4	《水泥标准稠度用水量、凝结时间、安定性检验方法》（GB/T 1346—2011）
	终凝	≤24	
流动度（s）	初始流动度	10～18	《铁路后张法预应力混凝土梁管道压浆技术条件》（TB/T 3192—2008）
	30min 流动度	12～20	
泌水率（%）	24h 自由泌水率	0	《铁路后张法预应力混凝土梁管道压浆技术条件》（TB/T 3192—2008）
	3h 毛细泌水率	≤0.1	
压力泌水率（%）	0.22MPa（当管道垂直高度小于或等于1.8m）	≤1	《铁路后张法预应力混凝土梁管道压浆技术条件》（TB/T 3192—2008）
	0.36MPa（当管道垂直高度大于1.8m）	$m \leq 2$	
充盈度		合格	《铁路后张法预应力混凝土梁管道压浆技术条件》（TB/T 3192—2008）
7d 强度（MPa）	抗折	≥6.5	《水泥胶砂强度检验方法（ISO 法）》（GB/T 17671—2021）
	抗压	≥35	
28d 强度（MPa）	抗折	≥10	
	抗压	≥50	
24h 自由膨胀率（%）		0～3	《铁路后张法预应力混凝土梁管道压浆技术条件》（TB/T 3192—2008）
对钢筋锈蚀作用		对钢筋无锈蚀作用	《混凝土外加剂》（GB 8076—2008）
含气量（%）		1～3	《普通混凝土拌合物性能试验方法标准》（GB/T 50080—2016）
氯离子含量（%）		≤0.06	《混凝土外加剂匀质性试验方法》（GB/T 8077—2012）

7.1.4 连续成桥关键工艺

1)湿接缝浇筑

节段拼装连续刚构桥梁的中墩墩顶设置现浇段,现浇段与节段拼装预制段之间设有20cm宽的湿接缝。在完成一联桥全部箱梁的胶拼、简支钢束张拉、落梁后,方可进行湿接缝的施工。

湿接缝混凝土浇筑前应确保接缝处梁端凿毛清洗已完成,同时预应力管道已安装牢固且不漏浆,模板内杂物已清理干净。

湿接缝钢筋绑扎照片如图 7-30 所示。

a) 湿接缝施工　　　　　　　　　b) 湿接缝钢筋绑扎

图 7-30　湿接缝构造与施工

湿接缝混凝土应在低温时段浇筑,由于湿接缝较窄,应采用特殊振捣措施确保混凝土浇筑密实,同时还应严格控制混凝土坍落度,防止混凝土浇筑时难以振捣。湿接缝混凝土养护采用土工布覆盖,洒水养护。

2)预应力连续束张拉

在湿接缝混凝土达到 90% 以上设计强度、龄期不得少于 7d 后,方可张拉连续钢束。

3)中墩临时支墩拆除

连续钢束张拉、压浆完成后,对中墩临时支墩实施拆除,即对支墩顶部的砂筒进行卸载,将砂筒内的砂通过预留孔放出,达到临时支墩与节段梁梁底脱离的目的即可。具体的钢管柱和连接系可根据现场实际在后续工序中拆除倒运。

4)边墩顶横梁后浇混凝土浇筑、边墩临时支墩拆除

中墩临时支墩完成砂筒卸载后,即可浇筑边墩横隔梁后浇段混凝土,浇筑前需检查排水管预埋及雨水斗安装。

当后浇混凝土达到 90% 以上设计强度、龄期不得少于 7d 后,实施边墩临时支墩拆除,完成全联成桥。

边墩顶横梁后浇段混凝土在张拉完剩余预应力钢束后进行浇筑,实现边墩与梁固结,减小了预应力二次效应对墩梁的不利影响。节段拼装连续刚构桥结构划分如图 7-31 所示。

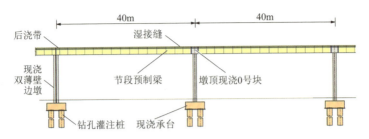

图 7-31 节段拼装连续刚构桥结构划分图

5）施工重难点

连续刚构的边墩厚度尺寸小，而桥墩钢筋配置较多，桥墩钢筋顶部伸入边节段梁内，加上节段梁内的钢筋交织，现场绑扎后的钢筋较为密集，如图 7-32 所示，一方面钢筋绑扎难度加大，另一方面也增大了混凝土振捣不密实的风险。

图 7-32 边墩顶后浇段钢筋布置

对于此类情况，为控制现场施工质量，首先要重视钢筋绑扎质量，边墩外侧竖向钢筋要锚入节段梁端部横向钢筋内侧，确保钢筋的混凝土保护层厚度；此外，还要加强混凝土振捣和养护，确保混凝土振捣密实。

7.1.5 成本分析

广州地铁 14 号线土建 6 标段及土建 7 标段共用一个预制场，预制梁全长约 12km，以两个标段 12km 典型高架工程为研究对象，假定工期 24 个月，预制工期 17 个月，场外运距按 10km 考虑。

考虑制造、运输、安装及材料等因素，预制节段拼装连续刚构每 1km 总费用约 4958.585 万元，建设期经济性特点如下：

（1）上部结构预应力混凝土梁体土建费用占比总费用约 61.12%，下部结构土建费用占比总费用约 32.04%，预制场建设费用占比总费用约 3.76%，其他费用占比总费用 3.08%；

（2）预制梁制作费用占比总费用约 31.18%，运输及架设费用占比总费用约 16.25%，节段预制技术咨询费用占比总费用约 2.12%；

（3）钢筋费用占比总费用约 28.71%，混凝土费用占比总费用约 35.22%，预应力钢绞线费用占比总费用约 9.48%。

7.1.6 工法特点及适用条件

逐跨拼装工法具有架桥设备吨位重、费用高、转场不便的特点，但在运架通道上没有堵点时，可实现桥上运梁，施工速度快，线形控制容易，比较适合堵点少、线路比较平缓的城市轨道交通线路。

7.2 悬臂拼装工法

悬臂拼装工法又称为对称悬臂拼装或平衡悬臂拼装，是从墩顶 0 号块开始，两侧对称地拼装节段直至合龙的施工方法。悬臂拼装施工所涉及的节段预制与运输等工序与逐跨拼装工法一样，相关内容不在本节赘述。本节重点介绍悬臂拼装工法所采用的设备及现场架设拼装的施工步骤。

7.2.1 平衡悬臂拼装施工设备

节段预制桥梁可采用的架设设备包括轮胎式提梁机、上行式架桥机、桥面起重机、履带式起重机等（图 7-33），可依据实际项目特点，因地制宜进行选择。

a) 轮胎式提梁机

b) 上行式架桥机

c) 桥面起重机

d) 履带式起重机

图 7-33 平衡悬臂拼装施工设备

7.2.2 悬臂拼装工法总体施工流程

以一座三跨连续刚构桥为例，介绍采用桥面起重机及架桥机施工的总体施工流程，其他平衡悬臂拼装施工设备参照执行。

1）桥面起重机施工的总体施工流程

步骤1：在A、B、C、D墩搭设临时钢管柱，同时在A、B、C、D墩顶现浇0号块，如图7-34a）所示。

步骤2：分别使用两台起重机将B、C墩的1号节段摆放到位，并进行1号湿接缝现浇，等强度达到设计要求后张拉T1预应力钢束，如图7-34b）所示。

步骤3：分别使用两台起重机将A、D墩的1号节段摆放到位，并进行1号湿接缝现浇，如图7-34c）所示。

步骤4：B墩安装桥面起重机，利用桥面起重机对称起吊2号节段，并在张拉2号节段预应力钢束完成后前移桥面起重机，如图7-34d）所示。

步骤5：在B墩利用桥面起重机对称起吊3～7号节段，并依次张拉3～7号节段内的预应力钢束。同时边跨用起重车进行2～6号节段安装，完成相应预应力钢束张拉，如图7-34e）所示。

步骤6：在C墩安装桥面起重机，利用桥面起重机对称起吊2～7号节段，并在依次张拉2～7号节段预应力钢束。同时边跨用起重机进行2～6号节段安装，完成相应预应力钢束张拉，如图7-34f）所示。

步骤7：使用两台起重机在边跨吊装7号节段，并张拉相应预应力钢束，并拆除桥面起重机，如图7-34g）所示。

步骤8：浇筑边跨和中跨合龙湿接缝，等强度达到设计要求后进行一联梁通长预应力束张拉，形成完整的一联刚构体系，如图7-34h）所示。

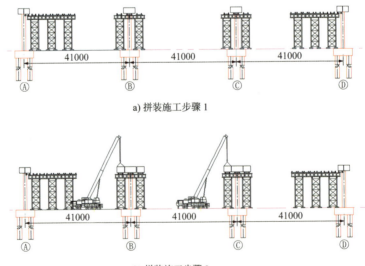

a) 拼装施工步骤1

b) 拼装施工步骤2

图 7-34

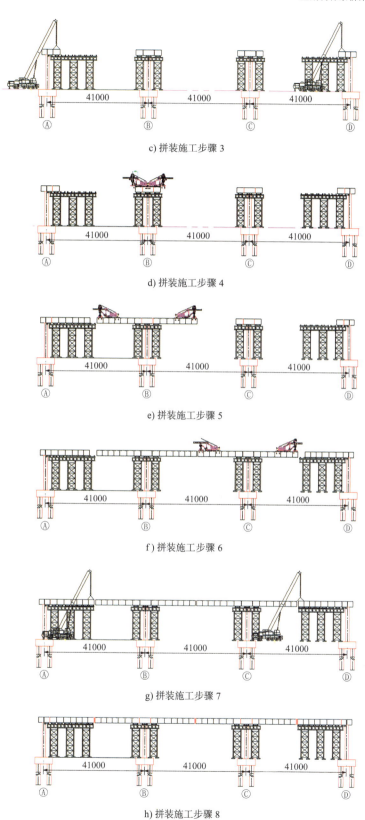

图 7-34 桥面起重机拼装总体施工流程（尺寸单位：mm）

2）架桥机拼装总体施工流程

步骤1：在A、B、C、D墩搭设临时钢管柱，同时在A、B、C、D墩顶现浇0号块，如图7-35a）所示。

步骤2：分别使用两台起重机将B、C墩的1号节段摆放到位，并进行1号湿接缝现浇，等强度达到设计要求后张拉1号节段的预应力钢束，如图7-35b）所示。

步骤3：分别使用两台起重机将A、D墩的1号节段摆放到位，并进行1号湿接缝现浇，如图7-35c）所示。

步骤4：安装架桥机，开始A墩边跨2~4号节段拼装，并且张拉相应的预应力钢束，如图7-35d）所示。

步骤5：吊装A墩边跨5~7号节段拼装，并且7号节段放置到6号节段上，如图7-35e）所示。

步骤6：对称吊装B墩T构2~7号节段拼装，并且7号节段放置到6号节段上，并依次张拉T2~T7预应力钢束，如图7-35f）所示。

步骤7：吊装A墩边跨剩余7号节段，并张拉相应的预应力钢束，之后架桥机开始过孔，如图7-35g）所示。

步骤8：吊装D墩边跨2~4号节段，并张拉相应的预应力钢束，如图7-35h）所示。

步骤9：吊装D墩边跨5~7号节段，并张拉7号节段放置到6号节段上方，如图7-35i）所示。

步骤10：进行C墩T构2~7号节段对称拼装，并依次张拉相应的预应力钢束，如图7-35j）所示。

步骤11：进行D墩边跨7号节段拼装，并张拉相应的预应力钢束，如图7-35k）所示。

步骤12：进行剩余湿接缝施工，等强度达到设计要求后完成剩余预应力张拉，进行下一联施工，如图7-35l）所示。

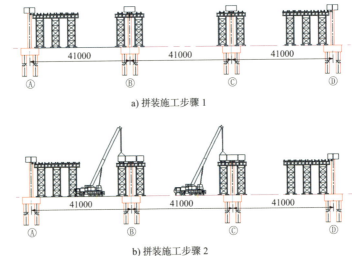

a) 拼装施工步骤1

b) 拼装施工步骤2

图 7-35

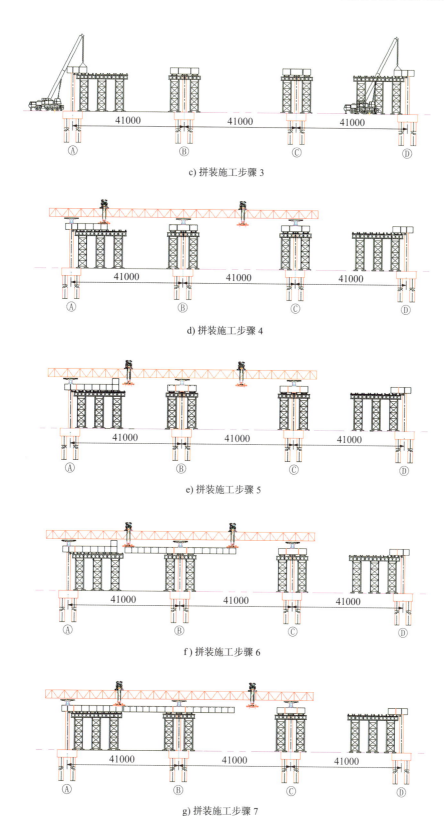

c) 拼装施工步骤3

d) 拼装施工步骤4

e) 拼装施工步骤5

f) 拼装施工步骤6

g) 拼装施工步骤7

图 7-35

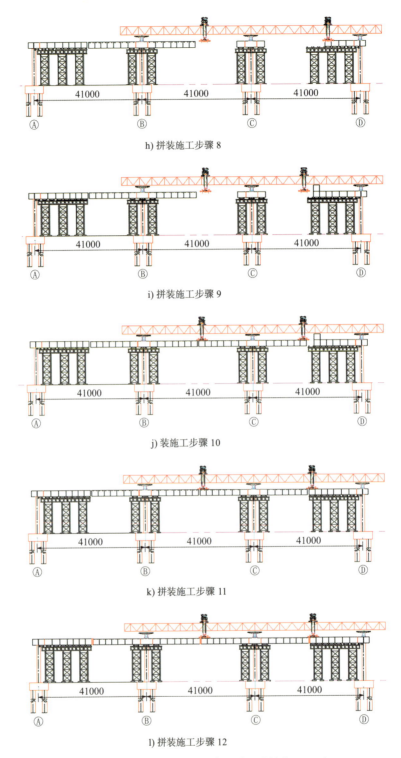

h) 拼装施工步骤 8

i) 拼装施工步骤 9

j) 装施工步骤 10

k) 拼装施工步骤 11

l) 拼装施工步骤 12

图 7-35 架桥机拼装的总体施工流程（尺寸单位：mm）

7.2.3 线形控制要求

一跨或一个悬臂的起始节段通常在梁场内是使用固定端模和活动端模定义其几何线形

位置。起始节段浇筑后完成初测,其梁面测点的位置将是下一榀节段的匹配位置参考基准,同时也是整个预制序列在架设过程中平面和高程的参考位置。起始节段在架设安装的时候,其精准定位和复核十分重要,任何误差都会将沿悬臂长度成比例放大。施工单位应具备专业的线形控制团队,采用线形控制软件进行架设坐标计算,且在起始节段架设定位时将施工误差控制在1mm以内。

7.2.4 工法特点及适用条件

桥面起重机悬臂拼装工法的架桥设备吨位轻、费用低、转场灵活,可多点同步施工。但还需考虑边跨不平衡段搭设临时支架及地基处理费用,线形控制要求高、不易控制。该工法较为适用于桥下地质较好、运输便利、有多点同步施工需求的工程。

架桥机悬臂拼装工法的架桥设备吨位重、费用高、转场不便,但可优化为采用架桥机拼装边跨不平衡段,避免桥下设置临时支架以及增加地基处理费用。该方法比较适合于软基、跨江海、峡谷等区域桥梁施工。

7.3 支架现浇工法

对于部分无法采用预制节段拼装的全刚构体系桥梁,可采用满堂支架现浇或者少支架现浇的工法。根据主梁浇筑顺序、不同的墩梁固结方式及预应力张拉方式,可以采用逐跨现浇、主梁梁端设置后浇段、边墩墩顶设置后浇段等三种工法。

7.3.1 逐跨现浇

1)施工工法简介

逐跨现浇工法是从主梁的一端往主梁的另一端逐跨进行浇筑混凝土、张拉预应力最后成桥。以3跨一联连续刚构为例具体介绍该工法的施工步骤。

步骤1:完成墩基础及墩身施工,进行地基处理,搭设整联施工支架,如图7-36所示。

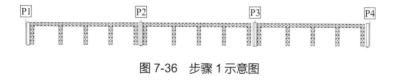

图7-36 步骤1示意图

步骤2:立模板,绑扎钢筋,安装箱梁预应力管道,待支架的非弹性变形消除后,进行第一段箱梁混凝土的浇筑;当梁体混凝土强度达到设计值的95%,弹模达到设计值的100%且混凝土龄期不小于10d后,对称张拉第一段腹板束,如图7-37所示。

图 7-37 步骤 2 示意图

步骤 3：立模板，绑扎钢筋，安装箱梁预应力管道，待支架的非弹性变形消除后，进行第二段箱梁混凝土的浇筑；当梁体混凝土强度达到设计值的 95%，弹模达到设计值的 100% 且混凝土龄期不小于 10d 后，对称张拉第二段腹板束，如图 7-38 所示。

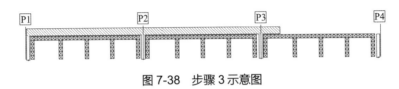

图 7-38 步骤 3 示意图

步骤 4：立模板，绑扎钢筋，安装箱梁预应力管道，待支架的非弹性变形消除后，进行第三段箱梁混凝土的浇筑，如图 7-39 所示。

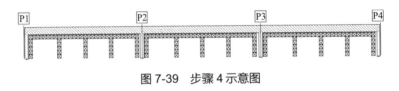

图 7-39 步骤 4 示意图

步骤 5：对称张拉顶板束及底板束，先顶板束后底板束，先长束后短束，如图 7-40 所示。

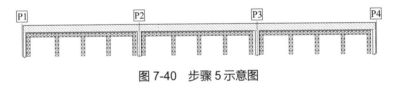

图 7-40 步骤 5 示意图

步骤 6：拆除支架，完成本联施工，进行桥面工程的施工，如图 7-41 所示。

图 7-41 步骤 6 示意图

2）工法特点及适用条件

该工法与常规现浇梁的逐跨现浇施工方法一致，都是从主梁的一端往另一端逐跨现浇张拉，具有施工工法成熟、腹板钢束能够通过支点等优点。但是，如果采用逐跨往一个方向张拉的工法，相邻桥跨要等其预应力张拉完成后，才能进行浇筑，施工效率相对较低。实际工程中，主梁的张拉空间往往受限，导致施工作业面少，无法提高施工效率。在结构受力上，由于预应力张拉时，墩梁均已完成固结，张拉的水平力作用于桥墩上，对于矮墩，往往需要增加较多的配筋才能够满足受力要求。因此，该工法适用于桥墩较高的情况。

对于现浇连续梁的数量较少、不控制工期，且仅一端具备张拉条件的全刚构体系桥梁，可采用逐跨现浇工法。

7.3.2 主梁梁端设置后浇段

1）施工工法简介

为便于预应力张拉，在主梁梁端设置 1~2m 宽的后浇段，一次性浇筑完成后浇段之间的主梁，然后两端张拉该段主梁的预应力，再施工主梁后浇段实现墩梁固结。该工法预应力的特点是腹板钢束无法通过支点，只能在顶底板张拉部分钢束完成，如图 7-42 所示。

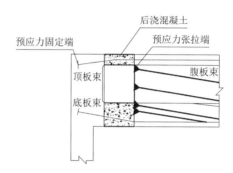

图 7-42 梁端预应力张拉立面示意图

以 3 跨一联连续刚构为例具体介绍该工法的施工步骤。

步骤 1：完成墩基础及墩身施工，进行地基处理，搭设整联施工支架，如图 7-43 所示。

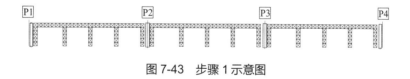

图 7-43 步骤 1 示意图

步骤 2：立模板，绑扎钢筋，安装箱梁预应力管道，待支架的非弹性变形消除后，进行箱梁混凝土的浇筑（后浇段之间的主梁）。当梁体混凝土强度达到设计值的 95%，弹模达到设计值的 100% 且混凝土龄期不小于 7d 后，释放多余纵向水平约束，对称张拉腹板束、底顶板束，先长束后短束，如图 7-44 所示。

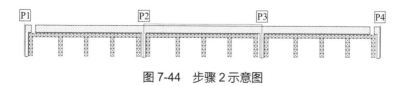

图 7-44 步骤 2 示意图

步骤 3：立模板，绑扎钢筋，浇筑墩顶主梁后浇合龙段的箱梁混凝土。合龙段混凝土浇筑时间应在一天中温度最低时，并使混凝土浇筑后温度开始缓慢上升为宜。当梁体混凝土强度达到设计值的 95%，弹性模量达到设计值的 100% 且混凝土龄期不小于 7d 后，依次对称张拉底、顶板合龙钢束，先长束后短束，如图 7-45 所示。

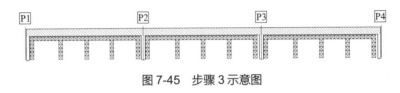

图 7-45　步骤 3 示意图

步骤 4：拆除支架，完成本联施工，如图 7-46 所示。

图 7-46　步骤 4 示意图

2）工法特点及适用条件

该工法是在主梁的端部设置后浇段，在第一阶段施工的主梁两端先对腹板预应力钢束进行锚固张拉，再张拉箱内的顶板束、底板束；然后施工后浇段，实现边墩与主梁固结；最后张拉剩余的顶底板钢束。该工法最大的优点是相邻两联桥可以同步搭设支架施工，预应力张拉均在本联桥自身范围内操作，相邻桥之间彼此不干扰，张拉空间不冲突，可施工的作业面多，但是腹板钢束未通过支点，受力不如逐跨现浇工法好。

7.3.3　边墩墩顶设置后浇段

边墩墩顶设置后浇段工法考虑让主梁腹板预应力能够通过支点，在边墩墩顶设置后浇段，一次性浇筑主梁后，在端部设置深锚槽（图 7-47），两端张拉预应力，然后施工墩顶后浇段实现墩梁固结。

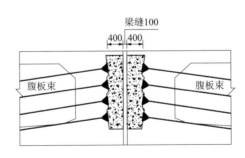

图 7-47　梁端预应力张拉锚槽示意图（尺寸单位：mm）

边墩墩顶设置后浇段可设置为 40cm，如图 7-48 所示。在预应力张拉完成后，在桥梁顶面的预留孔，采用后浇超高性能混凝土（UHPC）进行浇筑。

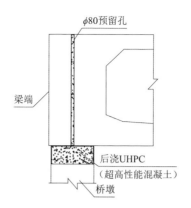

图 7-48 后浇节点设计立面示意图（尺寸单位：mm）

1）施工工序

边墩墩顶设置后浇段工法步骤具体如下。

步骤 1：完成墩基础及墩身施工，进行地基处理，搭设整联施工支架，如图 7-49 所示。

图 7-49 施工步骤 1 示意图

步骤 2：立模板，绑扎钢筋，安装箱梁预应力管道，待支架的非弹性变形消除后，进行箱梁混凝土的浇筑，一次浇筑成型。当梁体混凝土强度达到设计值的 95%，弹模达到设计值的 100% 且混凝土龄期不小于 7d 后，释放多余纵向水平约束，对称张拉腹板束、底顶板束，先长束后短束，如图 7-50 所示。

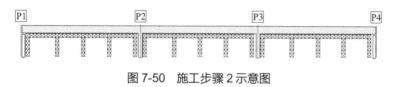

图 7-50 施工步骤 2 示意图

步骤 3：浇筑边墩墩顶段超高性能混凝土（UHPC），如图 7-51 所示。

图 7-51 施工步骤 3 示意图

步骤 4：拆除支架，完成本联施工。进行桥面工程的施工，如图 7-52 所示。

图 7-52 施工步骤 4 示意图

2）工法特点及适用条件

该工法是在边墩墩顶设置后浇段，腹板钢束全部通过支点，在还未与桥墩固结的主梁梁端进行两端张拉，然后再张拉完剩余的箱内钢束，最后从桥梁顶面的预留孔使用流动性好的超高性能混凝土（UHPC）进行后浇混凝土施工，实现墩梁固结。该工法最大的优点是相邻两联桥可以同步搭设支架施工，预应力张拉均在本联桥自身范围内操作，相邻桥之间彼此不干扰，张拉空间不冲突，可施工的作业面多，腹板钢束能够通过支点，受力较好。特别需要注意的是，虽然腹板束在端部张拉，但是两联桥之间需设置对位的深 40cm 的锚槽，加上梁缝的 10cm，合计 90cm 的张拉空间，能满足千斤顶下放的要求，只是 40cm 的深锚槽会造成桥墩伸入主梁的主筋与锚槽存在冲突影响张拉的情况，桥墩钢筋设计时考虑避开锚槽。

对于现浇连续刚构桥的数量较多、需要加快施工进度、对工期要求较高的情况，可与主梁梁端设置后浇段工法进行综合比选后再行采用。

7.3.4 现浇工法小结

本节介绍了三种适用于全刚构体系桥的现浇施工工法。现将三种工法的优缺点进行总结，详见表 7-5。设计人员可结合不同工程的特点选用全刚构体系桥梁的现浇工法。

三种现浇工法的比较 表 7-5

工法名称	工艺简介	优点	缺点	适用条件	应用案例
逐跨现浇	从主梁的一端往另一端逐跨现浇张拉	工法成熟，腹板钢束通过支点，受力较好	施工作业面少，效率低	现浇连续刚构桥数量较少、对工期要求不高，且墩高又比较高的情况	广州地铁 14 号线双线现浇连续刚构桥
主梁梁端设置后浇段	在主梁梁端设置后浇段，浇筑主梁后再两端张拉，再施工主梁后浇段实现墩梁固结	施工作业面多，效率高	腹板钢束未通过支点	现浇连续刚构桥数量较多、对工期要求较高的情况	广州地铁 14 号线单线现浇连续刚构桥
边墩墩顶设置后浇段	在边墩墩顶设置后浇段，浇筑主梁后再两端张拉，然后施工主梁后浇段实现墩梁固结	施工作业面多，效率高，腹板钢束能够通过支点，受力较好	需要设置 40cm 的锚槽，容易打断桥墩深入主梁的钢筋；墩顶后浇段需要采用自密实流动性好的高性能混凝土	现浇连续刚构桥数量较多、对工期要求较高的情况	福州火车站至长乐机场城际铁路现浇连续刚构桥

7.4 悬臂浇筑工法

当桥梁需上跨道路及水域时，受通航净宽及桥下道路影响，往往需要采用大跨径桥梁，不具备采用满堂支架或者少支架施工工法的条件。此时，可采用悬臂浇筑施工法架设全刚构体系桥梁。

悬臂施工法是利用已建成的桥墩沿桥跨方向对称施工,其施工的必要条件是:施工中需要墩与梁固结,桥墩要承受施工产生的不对称弯矩。悬臂施工时随梁段增长,梁内出现的负弯矩不断增大,对梁上缘需逐段施加预应力,使其与完成的梁段连成整体。

7.4.1 悬臂浇筑工法总体施工流程

悬臂浇筑工法的全刚构体系除边墩与主梁固结方式与常规悬臂浇筑的连续刚构工法不同外,基本施工顺序基本一致。边墩与主梁固结方式可以参照 7.3.2 节中的主梁梁端设置后浇段工法,也可以参照节段拼装工法。该工法在广州地铁 14 号线跨越道路的大跨径节点桥梁中有应用。福厦高速铁路跨泉州湾的引桥也采用悬臂浇筑工法施工 3×70m 全刚构体系,其相邻跨边墩同时施工,通过张拉临时钢束来抵抗不平衡力矩,避免在桥下采用支架。该工法较为适合跨江或者跨海的全刚构体系桥梁。

施工步骤具体如下。

步骤 1:施工主桥基础及桥墩(相邻跨边墩同时施工,且与本联边墩采取相应措施,临时固结,边墩临时固结),如图 7-53 所示。在墩旁架设临时支架,并进行预压,张拉 0 号段预应力束,并压浆;张拉边墩临时固结预应力螺纹钢筋以及墩顶主梁纵向临时预应力束,注意临时锚固螺纹钢筋和临时索张拉后不得灌浆,便于后期拆除,如图 7-54 所示。

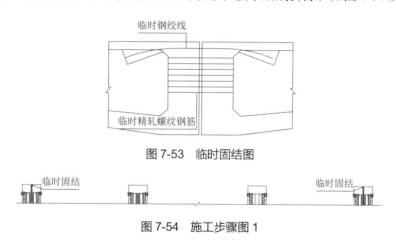

图 7-53 临时固结图

图 7-54 施工步骤图 1

步骤 2:中墩张拉 0 号段永久预应力束后形成稳定的 T 形结构,且在墩顶安装挂篮,如图 7-55 所示。

图 7-55 施工步骤图 2

步骤 3:边墩其余梁段与相邻跨对称梁段,依次依靠挂篮对称悬臂灌注,张拉临时预应力束;中墩依靠挂篮向两侧依次悬臂灌注,形成双 T 形结构,如图 7-56 所示。

图 7-56　施工步骤图 3

步骤 4：依次挂篮对称悬臂灌注，形成最大悬臂 T 形结构，如图 7-57 所示。

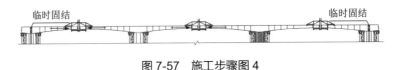

图 7-57　施工步骤图 4

步骤 5：合龙顺序为先中跨合龙后边跨合龙。利用悬吊支架，先合龙中跨，张拉中跨预应力索，后合龙边跨，张拉边跨合龙索，如图 7-58 所示。

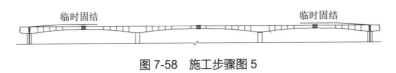

图 7-58　施工步骤图 5

步骤 6：拆除边跨相邻墩临时固结约束，缓慢释放边跨与相邻边跨的悬灌临时索，直至全部拆除边跨与相邻边跨临时锁定约束。张拉余下的边跨预应力束，拆除挂篮、临时支架，成桥，如图 7-59 所示。

图 7-59　施工步骤图 6

7.4.2　工法特点及适用条件

该工法是在施工现场绑扎钢筋、浇筑混凝土，施工周期较长，不符合高质量发展要求，较适用于部分跨江及跨路局部节点桥，不适合大规模应用。

第 8 章

标准段全刚构体系桥梁试验

桥梁结构静动载试验是验证桥梁结构承载能力、动力特性的重要手段，也是评定桥梁结构技术状况的重要方法。本章选取广州地铁 14 号线典型的 4×40m 全刚构体系桥梁作为研究对象，开展静动载试验及列车的线路动力学试验。

通过桥梁静动载试验及车辆动力学性能试验，验证了全刚构体系桥梁结构的强度、刚度和稳定性；满足轨道平顺性、列车运行安全性和旅客乘坐舒适性的要求。结构体系的创新达到了预期的设计目标。

8.1 标准段全刚构体系桥梁静载试验

8.1.1 试验对象与目的

针对广州地铁 14 号线数量最多的标准段全刚构体系桥梁，选择施工 7 标段某 4×40m 全刚构桥为试验对象开展静力试验。试验桥梁墩号为 ZZ46～ZZ50，桥梁墩梁固结。本联为标准双线线路，采用 B 型车，6 辆编组，设计最高速度为 120km/h。主梁混凝土强度等级为 C60，桥墩混凝土强度等级为 C50。

桥梁静载试验的主要目的是检验桥梁结构的静力性能，并结合桥梁检查和检算资料，对桥梁结构的承载能力、安全性和使用功能做出准确的分析评定，确定桥梁承载能力是否满足设计要求。

8.1.2 理论计算

为了与试验结果进行比较，利用 midas Civil 软件建立了该桥的空间结构有限元计算分析模型（图 8-1），建模细节详见第 2 章，计算控制截面（图 8-2）的内力与控制点的位移等，相关理论计算结果见后续各表。

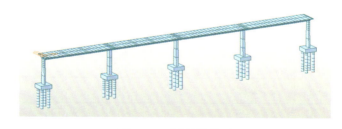

图 8-1 理论计算模型

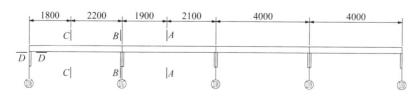

图 8-2 控制截面示意图（尺寸单位：cm）

8.1.3 试验方案

1）加载程序与加载效率分析

为了获得结构试验荷载与变位及应力关系的连续性和防止结构意外损伤，加载方式为单次逐级递加到最大荷载，然后卸到零级荷载。确定加载位置与加载工况主要依据的原则是：尽可能用最少的加载重物达到要求的试验荷载效率，同时应考虑简化加载工况，缩短试验时间，在满足试验荷载效率的前提下对加载工况进行适当合并，每一加载工况以某一检验项目为主，同时兼顾其他检验项目。

根据施工现场条件选用局部集中荷载法。本次试验采用重物（混凝土块）堆载，单个重物块重 5t。桥梁加载工况及顺序见表 8-1。

试验加载工况与测试内容　　　　表 8-1

工况	试验目的	加载载位	测试内容
一	使边跨C—C截面及墩顶D—D截面最大弯矩达到加载效率	载位1：8个混凝土块加载到位	（1）梁体变形； （2）控制截面应变； （3）裂缝观测； （4）墩柱沉降观测； （5）残余挠度及残余应变
		载位2：在载位1基础上，再加载8个混凝土块（累计80t）	
		载位3：在载位2基础上，再加载8个混凝土块（累计120t），如图8-3所示	
二	使墩顶处梁B—B截面最大负弯矩达到加载效率	载位4：在载位3基础上，再加载8个混凝土块（累计160t）	
		载位5：在载位4基础上，再加载6个混凝土块（累计190t）	
		载位6：在载位5基础上，再加载6个混凝土块（累计220t）	
		载位7：在载位6基础上，再加载6个混凝土块（累计250t），如图8-4所示	
三	使中跨跨中A—A截面最大正弯矩达到加载效率	载位8：将7、3、2、1号块依次卸载，如图8-5所示	
		完全卸载	
四	使中墩处梁B—B截面剪力达到加载效率	载位9：8个混凝土块（40t）加载到位	
		载位10：在载位9基础上，再加载8个混凝土块（累计80t）	
		载位11：在载位10基础上，再加载8个混凝土块（累计120t）	
		载位12：在载位11基础上，再加载8个混凝土块（累计160t），如图8-6所示	
		完全卸载	

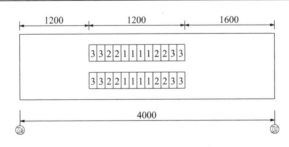

图 8-3　工况一加载示意图（尺寸单位：cm）

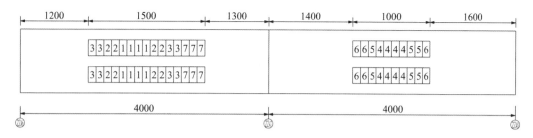

图 8-4 工况二加载示意图（尺寸单位：cm）

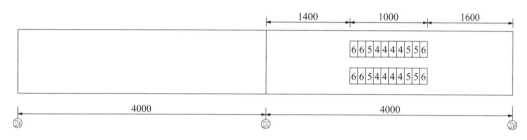

图 8-5 工况三加载示意图（尺寸单位：cm）

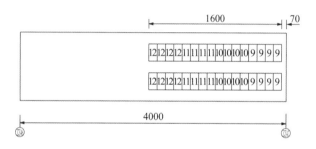

图 8-6 工况四加载示意图（尺寸单位：cm）

按照《铁路桥梁检定规范》（铁运函〔2004〕120号），静力荷载试验的加载效率 η 的取值范围为 $0.80 \leqslant \eta \leqslant 1.00$。设计活载为 6 辆编组的 B 型车辆活载。本次试验加载效率见表8-2，相应的加载控制截面如图 8-2 所示。

各截面加载效率　　　　　　　　　　　　　　　表 8-2

控制截面位置测试内容	测试工况				
	工况一	工况二	工况三	工况四	
	边跨跨中正弯矩（kN·m）（C—C截面）	边墩 ZZ46 墩顶弯矩（kN·m）（D—D截面）	中墩 ZZ47 处主梁负弯矩（kN·m）（B—B截面）	中跨跨中正弯矩（kN·m）（A—A截面）	中墩 ZZ47 处主梁剪力（kN）（B—B截面）
设计活载作用下控制截面最大内力	7318	1162	−10780	5871	1588
加载内力	6966	958	−8879	4993	1359
加载效率 η	0.95	0.82	0.82	0.85	0.82

2)测点布置

(1)挠度测点布置。

分别在桥底与桥面布置主梁挠度测点;梁底共布置 2 个挠度测点,如图 8-7 所示,采用百分表测量;桥面挠度测量测点布置如图 8-8 所示,采用 N3 型水准仪测量。

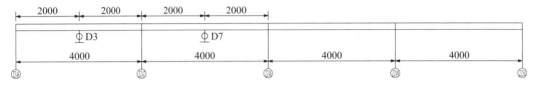

图 8-7　桥梁梁底挠度测点布置示意图(尺寸单位:cm)

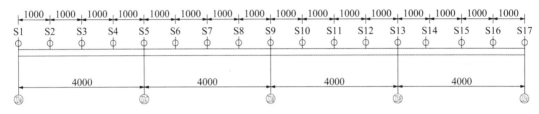

图 8-8　桥梁桥面挠度测点布置示意图(尺寸单位:cm)

(2)应变测点布置。

采用振弦应变计测试截面弯曲应变,采用应变片测试剪应变。应变测点布置如图 8-9~图 8-12 所示。应变数据采集以 DT85G 采集系统与弦式应变计测量弯曲应变,以 DH3816N 采集系统与应变片测量剪应变。

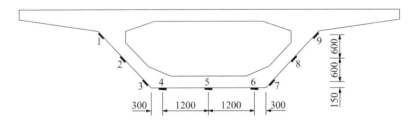

图 8-9　跨中截面(A—A、C—C)弯曲应变测点布置示意图(尺寸单位:mm)

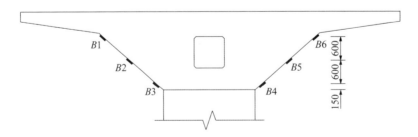

图 8-10　墩顶截面(B—B)弯曲应变测点布置示意图(尺寸单位:mm)

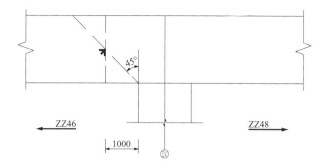

图 8-11　墩顶截面（B—B）剪应变测点布置示意图（尺寸单位：mm）

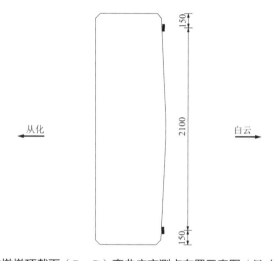

图 8-12　边墩墩顶截面（D—D）弯曲应变测点布置示意图（尺寸单位：mm）

（3）墩柱沉降测点

试验过程中在 ZZ46、ZZ47、ZZ48、ZZ49、ZZ50 号墩墩底处各设置一个沉降观测点，采用 N3 型水准测量。

8.1.4　试验主要结果及结构性能评定

1）挠度实测结果及评定

对于所有工况，主梁关键测点的实测满载挠度、卸载挠度（支点沉降修正）、校验系数以及残余比见表 8-3。对于预应力钢筋混凝土结构，桥梁 ZZ46～ZZ50 联挠度校验系数介于 0.73～0.75 之间，均小于 1，满足桥梁静载试验挠度校验系数通常值的规定。计算结果表明桥梁处于弹性工作状态，符合设计规范要求。桥梁试验跨的实测挠度残余比介于 0.00～0.02，均小于 0.20，表明桥梁变形恢复能力良好，满足规范要求。

主梁关键测点挠度校验系数及残余比　　　　表 8-3

工况	测点号	满载实测值（mm）	卸载实测值（mm）	弹性挠度值（mm）	满载理论值（mm）	校验系数	残余比
一	S3	7.71	−0.02	7.72	10.31	0.75	0.00
	D3	7.69	−0.02				

续上表

工况	测点号	满载实测值（mm）	卸载实测值（mm）	弹性挠度值（mm）	满载理论值（mm）	校验系数	残余比
二	S3	7.89	−0.02	7.92	10.50	0.75	0.00
	D3	7.90	−0.02				
	S7	2.96	0.07	2.9	3.98	0.73	0.02
	D7	2.97	0.06				
三	S7	5.09	0.07	5.03	6.82	0.74	0.01
	D7	5.10	0.06				
四	S3	5.38	0.11	5.27	7.12	0.74	0.02
	D3	5.37	0.10				

2）应变测试结果及评定

对于工况一~工况三，主梁与边墩关键测点实测满载弯曲正应变、卸载弯曲正应变、校验系数以及残余比见表8-4。对于工况四，主梁剪应变测点实测满载剪应变、卸载剪应变、校验系数以及残余比见表8-5。桥梁ZZ46~ZZ50联应变校验系数介于0.52~0.82之间，均小于1，满足桥梁静载试验应变校验系数通常值的规定，表明桥梁处于弹性工作状态，且安全冗余度较高。实测应变的残余比介于0.04~0.06之间，均小于0.20，表明桥梁变形恢复能力良好，满足规范要求。

主梁及边墩关键测点弯曲正应变校验系数及残余比　　　　表8-4

工况	测试截面	测点号	满载实测值（με）	卸载实测值（με）	弹性应变值（με）	满载理论值（με）	校验系数	残余比
一	C—C	C4	95	4	91	112	0.81	0.04
		C5	94	3				
		C6	96	4				
	D—D	D1	88	3	86	105	0.82	0.04
		D2	90	4				
二	B—B	B3	−72	−4	−68	−90	0.76	0.05
		B4	−71	−3				
三	A—A	A4	65	2	63	79	0.80	0.04
		A5	65	3				
		A6	67	3				

剪应变校验系数及残余比　　　　表8-5

测试截面	测点号	满载实测值（με）	卸载实测值（με）	弹性值（με）	满载理论值（με）	校验系数	残余比
B—B	B1	17	1	16	31	0.52	0.06

3）墩柱沉降结果及评定

ZZ46、ZZ47、ZZ48、ZZ49、ZZ50号墩墩底处在各工况满载条件下的沉降测试结果，实测值总体小于理论计算值，表明桥墩状态良好，满足设计要求。

4）裂缝观测结果及分析

试验过程中梁体表面未出现明显的裂缝，满足规范要求。

综合全部静载试验结果可知：试验桥跨静载试验的荷载效率、试验桥跨挠度及其残余比、控制截面应变值及其残余比均在通常值范围内。试验过程中梁体表面未发现明显裂缝，桥梁承载能力满足设计列车荷载的使用要求。

8.2 标准段全刚构体系桥梁动载试验

8.2.1 试验对象与目的

针对广州地铁 14 号线数量最多的标准段全刚构体系桥梁，选择施工 7 标段某 4×40m 连续刚构桥为试验对象开展动载试验。试验桥梁墩号为：TZ17～TZ21，桥梁墩梁固结。本联为标准双线线路，采用 B 型车，6 辆编组，列车试验最高运行速度为 115km/h。主梁混凝土强度等级为 C60，桥墩混凝土强度等级为 C50。

根据《铁路桥梁检定规范》（铁运函〔2004〕120 号）及《城市轨道交通桥梁设计规范》（GB/T 51234—2017）要求，测试桥梁固有动力特性与强迫振动下桥梁动力响应，考察桥梁结构的动力性能。

8.2.2 理论计算

为了与试验结果进行比较，按照相关设计图纸，利用 midas Civil 软件建立桥梁 TZ17～TZ21 联的空间结构有限元计算分析模型（图 8-13），桥梁采用梁单元模拟，模型节点数 283 个，单元数 257 个。桥梁二期恒载为 90kN/m，将荷载转化为质量计算桥梁的自振频率与振型等，相关理论计算结果见后续各表。

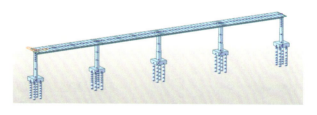

图 8-13 桥梁 TZ17～TZ21 联 midas Civil 计算模型

8.2.3 桥梁固有动力特性测试

1）试验内容

桥梁固有动力特性的测试参数包括桥梁固有频率、振型以及阻尼比。固有动力特性通过脉动试验进行测量。

2）测点布置

本次桥梁固有动力特性测试测点布置如图 8-14 所示，共布置测点 24 个。测点均布置于箱梁底板的顶面，如图 8-15 所示。

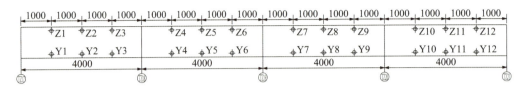

图 8-14 桥梁 TZ17~TZ21 联固有动力特性测试测点布置（尺寸单位：cm）

图 8-15 固有动力特性测试测点布置断面图

3）试验结果

通过实测分析，得出桥梁竖向前三阶振型，如图 8-16~图 8-18 所示。桥梁竖向前三阶实测频率与阻尼比见表 8-6。从图表可知：桥梁竖向第一阶频率为 2.881Hz，阻尼比 0.014，其振型为反对称竖向弯曲。

桥梁实测竖向前三阶频率与阻尼比　　　　表 8-6

桥名	阶次	实测频率（Hz）	计算频率（Hz）	阻尼比
TZ46~TZ49 联	第一阶	2.881	2.209	0.014
	第二阶	3.027	2.331	0.010
	第三阶	3.223	2.809	—

运用理论模型计算出桥梁自振频率与振型，如图 8-19~图 8-21 所示。桥梁竖向第一阶频率实测值 2.881Hz 大于理论值 2.209Hz，表明桥梁整体刚度大于设计值，满足规范要求。

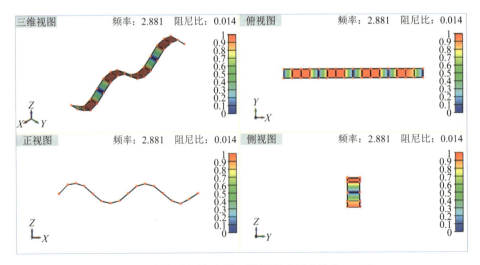

图 8-16 桥梁实测竖向第一阶振型（频率单位：Hz）

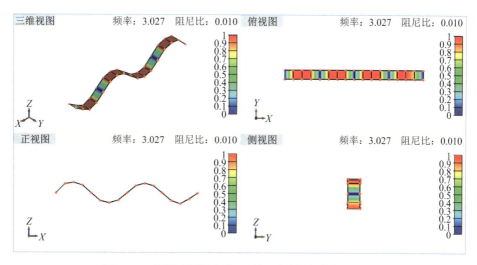

图 8-17　桥梁实测竖向第二阶振型（频率单位：Hz）

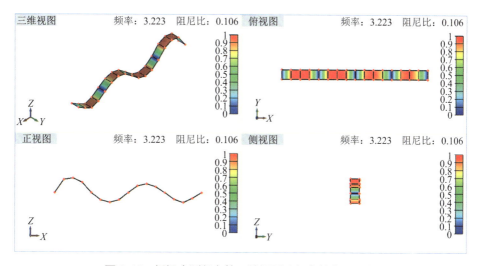

图 8-18　桥梁实测竖向第三阶振型（频率单位：Hz）

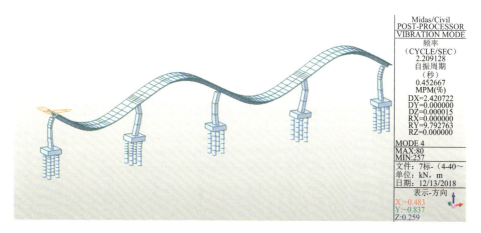

图 8-19　理论计算竖向第一阶振型（$f_1 = 2.209$Hz）

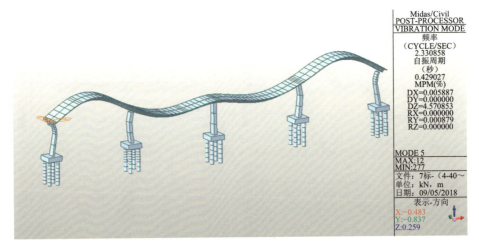

图 8-20 理论计算竖向第二阶振型（$f_2 = 2.331$Hz）

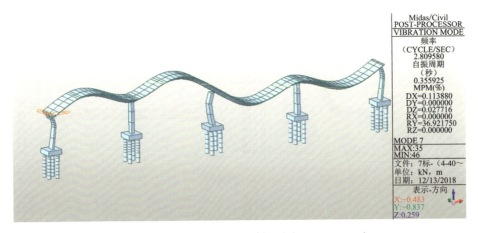

图 8-21 理论计算竖向第三阶振型（$f_3 = 2.809$Hz）

8.2.4 行车试验、制动试验及会车试验

强迫振动下桥梁动力响应的测试参数包括动应变、梁体竖向与横向振幅等。动力响应测试包括三个工况：行车试验、制动试验及会车试验，均采用正常运营车辆。试验列车行车速度等级为 40km/h、60km/h、80km/h、100km/h、115km/h。制动试验中，列车在车速 80km/h 时制动，最后列车停在测试跨桥梁上。会车试验中，相向运行的两辆列车车速均为 115km/h。

桥梁 TZ17～TZ21 联动载测点布置如图 8-22 所示。其中主梁横竖向振动测点各 1 个；TZ21 墩顶设置横桥向与纵桥向振动测点，TZ21 墩底设置 1 个动应变测点。各振动测点均采用速度挡采集振动信号。

图 8-22 桥梁 TZ17～TZ21 联动载测点布置示意图

按照《城市轨道交通桥梁设计规范》（GB/T 51234—2017）第 6.0.5 条的规定，主梁跨中横向水平振幅$A_{\max} = L/4000 = 10\text{mm}$。钢筋混凝土桥墩的实测墩顶顺桥向水平振幅及横桥向水平振幅应满足《城市轨道交通桥梁设计规范》（GB/T 51234—2017）第 6.0.8 条规定：顺桥向水平位移$\Delta_x \leqslant 5\sqrt{L} = 31.623\text{mm}$，横桥向水平位移$\Delta_y \leqslant 4\sqrt{L} = 25.298\text{mm}$。

行车试验、制动试验及会车试验的动力响应实测值列于表 8-7。从表中数据可以看出，该桥梁各项实测参数满足《城市轨道交通桥梁设计规范》（GB/T 51234—2017）的要求，桥梁 TZ17～TZ21 联动力性能满足规范要求。

各工况作用下试验参数实测值　　　　　表 8-7

工况	行车试验					制动试验	会车试验
速度（km/h）	40	60	80	100	115	80	115
跨中横向水平振幅（mm）	0.23	0.37	0.37	0.66	0.68	0.13	0.73
桥墩墩顶顺桥向水平振幅（mm）	0.26	0.24	0.33	0.43	0.37	1.27	0.43
桥墩墩顶横桥向水平振幅（mm）	0.13	0.19	0.37	0.44	0.43	0.22	0.47

8.3　列车动力学性能试验

8.3.1　试验对象与目的

广州地铁 14 号线列车采用 4 动车 + 2 拖车的编组方式，动力学性能试验包括运行安全性、乘坐舒适性。选择头车（14A002）和其后的动车（14B002）以及动车（14C002）作为被试车辆，如图 8-23 所示。列车最大轴重 14t，最高运行速度 120km/h，最高试验速度 132m/h。

图 8-23　测试车辆

1）试验列车载荷及试验工况

工况 A：空车（AW0）载荷、车辆悬挂系统正常。

工况 B：空车（AW0）载荷、空簧泄气。

工况 C：超员（AW3）载荷、车辆悬挂系统正常。

工况 D：超员（AW3）载荷、空簧泄气。

2）试验时间

2018 年 10 月 18—25 日。

3）试验速度

试验速度分别为 20km/h、30km/h、40km/h、50km/h、60km/h、70km/h、80km/h、90km/h、100km/h、110km/h、120km/h、132km/h。

部分试验区段因线路原因需要限速，且试验速度级已超过该区段的限速，试验列车通过该区段的速度按线路最高限速执行。试验前列车运行里程为 5535km。

4）试验设备

试验测试系统为基于计算机网络的数据测试系统。所有安全性测试的传感器及所有舒适性测试的传感器通过屏蔽线连接到 IMC 数据采集器，两台 IMC 数据采集器通过同步线相连，其中一台 IMC 输出同步信号。数据采集器通过交换机与计算机进行通信，实现数据采集，试验过程中记录测试数据。

5）传感器安装位置

如图 8-24 所示，两条测力轮对分别换装在被试车辆拖车（14A002）和动车（14B002）的 1 位轴位置。

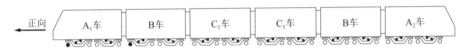

图 8-24 试验列车编组（图中黑色●表示测力轮对）

车体加速度：在各被试车的车体 1、2 位转向架中心一侧地板面 1000mm 处安装横向、竖向加速度传感器。

构架加速度：在测力轮对一侧轴箱上方垂直对应的转向架构架的上平面安装一个横向和一个竖向加速度传感器。

轴箱加速度：在测力轮对一侧轴箱体上分别安装一个横向和竖向加速度传感器。

位移：在各被试车的一位转向架的 4 个轴箱一系簧和 2 个二系簧附近的竖向减振器上安装位移传感器，在一位转向架和车体之间的横向减振器上安装位移传感器。

8.3.2 试验评价

试验结果的评价参照《铁道车辆动力学性能评定和试验鉴定规范》（GB/T 5599—1985）和《城市轨道交通车辆组装后的检查与试验规则标准》（GB/T 14894—2005）要求，并符合如下规定。

1）运行安全性

脱轨系数（车辆悬挂系统正常）：$Q/P \leqslant 0.8$，试验过程中，当Q/P达到1.2时停止提速。

脱轨系数（空簧为泄气状态）：$Q/P \leqslant 1.2$，试验过程中，当Q/P达到1.2时停止提速。

轮重减载率（车辆悬挂系统正常）：$\Delta P/\overline{P} \leqslant 0.6$，试验过程中，当$\Delta P/\overline{P}$达到0.8时停止提速。

轮重减载率（空簧为泄气状态）：$\Delta P/\overline{P} \leqslant 0.65$，试验过程中，当$\Delta P/\overline{P}$达到0.8时停止提速。

轮轴（轨）横向力：$H \leqslant (10 + P_0/3)$，其中，P_0为左右车轮静载荷之和，单位为kN，不同车辆状态对应的轮轴（轨）横向力见表表8-8；试验过程中，当H值达到$0.85 \times (10 + P_0/3)$时停止提速。

被试车辆轮轴横向力限值（单位：kN）　　　　表8-8

被试车辆车辆状态	A（14A002）	B（14B002）
空载（AW0），悬挂正常	38.52	39.10
空载（AW0），空簧泄气	38.54	39.07
超员（AW3），悬挂正常	52.73	56.22
超员（AW3），空簧泄气	53.04	56.19

2）蛇行稳定性

采用转向架构架横向加速度评价转向架的抗蛇行稳定性。当构架加速度滤波0.1～10Hz后其峰值有连续6次以上达到或超过8m/s²时，评定转向架失稳，即停止提速。

3）舒适性

车辆悬挂系统正常下舒适性指标规定为：新造车（经5000～8000km运营）Sperling指标$W \leqslant 2.5$；空簧泄气状态下的舒适性试验为研究型试验，试验结果仅供参考。

8.3.3　车辆运行安全性与舒适性试验结论

被试车辆（拖车、动车）在空车（AW0）载荷工况，车辆悬挂系统正常、空车（AW0）载荷工况，空簧泄气、超员（AW3）载荷工况，车辆悬挂系统正常、超员（AW3）载荷工况，空簧泄气下运行，最高试验速度等级为132km/h。试验结果表明：拖车、动车的运行安全性指标符合规范要求，符合120km/h速度级安全运行的要求。在车辆悬挂系统正常状态下，拖车、动车的运行舒适性指标在120km/h及以下均值均小于2.50。拖车、动车的转向架构架未发现横向晃动，满足蛇行稳定性要求。

参 考 文 献

[1] 郭敏, 何建梅, 陈亮. 广州地铁 14 号线全刚构桥梁设计关键技术 [J]. 都市快轨交通, 2020, 33(4): 84-89.

[2] 何建梅, 郭敏, 郭向荣, 等. 基于风车桥耦合振动分析的刚构拱桥优化设计 [J]. 都市快轨交通, 2020, 33(5): 118-122.

[3] 陈亮, 陈逸民, 郭敏, 等. 无支座连续刚构桥地震易损性分析[J]. 都市快轨交通, 2022, 35(5): 111-116.

[4] 宋立忠, 郭敏, 王欣欣, 等. 城市轨道交通箱梁中高频导波特性分析[J]. 振动与冲击, 2019, 38(18): 207-214.

[5] 何建梅, 郭敏. 城市轨道交通连续梁拱抗震性能分析 [J]. 城市道桥与防洪, 2019, 10(10): 69-70, 87, 12.

[6] 石秋君. 既有铁路桥梁支座病害分析及改造方法 [J]. 铁道建筑, 2017, 57(10): 12-14.

[7] 张巧兰. 桥梁支座使用寿命的影响因素分析 [J]. 山西建筑, 2018, 44(1): 160-161.

[8] 白殿涛. 既有铁路桥梁支座病害调查及原因分析 [J]. 智能城市, 2018, 4(8): 137-138.

[9] 李杨海. 公路桥梁支座实用手册 [M]. 北京: 人民交通出版社, 2009.

[10] 刘月莲, 林有贵. 公路桥梁养护管理与维修加固 [M]. 北京: 人民交通出版社, 2009.

[11] JR M P B. Integral and semi-integral bridges [M]. New Jersey: Wiley-Blackwell, 2009.

[12] MARURI R F, PETRO S H. Integral abutments and jointless bridges(IAJB)2004 survey summary: Integral Abutment & Jointless Bridges [C]. Baltimore, Maryland, 2005: 12-29.

[13] BA42/96. The Design of Integral Bridges of Design Manual for Roads and Bridges [S]. The Department for Regional Development Northern Ireland, 1996.

[14] WHITE H L. Integral Abutment Bridges: Comparison of Current Practice Between European Countries and the United States [C]. Transportation Research Board Annual Meeting, 2008.

[15] 《中国公路学报》编辑部. 中国桥梁工程学术研究综述·2014[J]. 中国公路学报, 2014, 27(5): 1-96.

[16] 陈宝春, 庄一舟, 黄福云. 无伸缩缝桥梁[M]. 北京: 人民交通出版社股份有限公司, 2019.

[17] 马竞, 金晓勤. 我国第一座整体式全无缝桥梁——广东清远四九桥的设计思路 [J]. 中南公路工程, 2002(2): 32-34.

[18] 朱六兵. 无支座连续刚构体系在六号线中的应用 [J]. 建筑监督检测与造价, 2017,

10(2): 38-41, 50.

[19] 何永平, 陈清华. 郑州四环节段预制主体桥梁架设工艺及架设装备选择[J]. 四川水泥, 2019(6): 29-31.

[20] 文望青, 王德志, 武兵, 等. 高速铁路无支座整体式刚构设计[J]. 桥梁建设, 2020, 50(2): 86-91.

[21] 姜文恺, 曾敏, 张学强, 等. 宜昌至郑万高速铁路联络线黄柏河特大桥节段拼装整体式刚构桥设计[J]. 世界桥梁, 2020, 48(S1): 57-61.

[22] 许磊. 连续刚构桥施工监控关键技术及墩身受力分析[D]. 石家庄: 石家庄铁道大学, 2019.

[23] 赵少杰, 唐细彪, 任伟新. 桥梁事故的统计特征分析及安全风险防控原则[J]. 铁道工程学报, 2017, 34(5): 59-64.

[24] 王枫, 吴华勇, 赵荣欣. 国内外近三年桥梁坍塌事故原因与经验教训[J]. 城市道桥与防洪, 2020(7): 73-76, 13.

[25] 陈诚. 桥梁设计船撞力及损伤状态仿真研究[D]. 上海: 同济大学, 2006.

[26] 刘思明, 崔堃鹏, 夏禾, 等. 基于LS-DYNA的车辆对桥墩撞击力仿真分析[J]. 铁道标准设计, 2013(8): 70-74.

[27] 王娟, 钱江, 周德源. 城市桥梁下部结构抗重型车辆撞击的数值仿真分析[J]. 湖南大学学报（自然科学版）, 2016, 43(7): 88-95.

[28] 刘山. 车辆撞击下钢筋混凝土桥墩的撞击力及损伤研究[D]. 北京: 北方工业大学, 2017.

[29] 李界全, 张南, 高闶. 桥墩撞击力计算及影响因素研究[J]. 公路工程, 2018, 43(2): 23-29.

[30] 赵武超, 钱江. 重型车辆撞击桥墩的破坏模式及抗撞性能分析[J]. 防灾减灾工程学报, 2019, 39(1): 67-74, 88.

[31] 王向阳, 吴琼, 张林凯. 基于LS-DYNA的车-桥墩碰撞及可靠度研究[J]. 公路交通科技, 2020, 37(5): 64-72.

[32] KENT D C, PARK R. Flexural members with confined concrete[J]. Journal of the Structural Division, 1971, 97(7): 1969-1990.

[33] HILLERBORG A, MODEER M, PETERSSON P E. Analysis of crack formation and crack growth in concrete by means of fracture mechanics and finite elements[J]. Cement and Concrete Research, 1976, 6(6): 773-781.

[34] ESMAEILY A, XIAO Y. Behavior of reinforced concrete columns under variable axial loads: analysis[J]. ACI Structural Journal, 2005, 102(5): 736-744.

[35] 中华人民共和国国家质量监督检验检疫总局, 中国国家标准化管理委员会. 汽车、挂

车及汽车列车外廓尺寸、轴荷及质量限值: GB 1589—2016[S]. 北京: 中国标准出版社, 2016.

［36］中华人民共和国交通运输部. 公路护栏安全性能标准: JTG B05-01—2013[S]. 北京: 人民交通出版社, 2013.

［37］American Association of State Highwayand Transportation Officials .AASHTO LRFDBridge Design Specifications, 8th edition[S]. 2017.

［38］陆新征, 何水涛, 黄盛楠. 超高车辆撞击桥梁上部结构研究-破坏机理、设计方法和防护对策[M]. 北京: 中国建筑工业出版社, 2011.

［39］中华人民共和国交通运输部. 公路桥涵设计通用规范: JTG D60—2015[S]. 北京: 人民交通出版社股份有限公司, 2015.

［40］国家铁路局. 铁路桥涵设计规范: TB 10002—2017 [S]. 北京: 中国铁道出版社, 2017.

［41］European Committee for Standardization.Eurocode 1: action on structures-part 1-7 general actions-accidental actions: BS EN 1991-1-7[S]. 2006.

［42］李建中, 管仲国. 基于性能桥梁抗震设计理论发展[J]. 工程力学, 2011, 28(sII): 24-30, 53.

［43］曾庆元. 弹性系统动力学总势能不变值原理[J]. 华中理工大学学报, 2000, 28(1): 1-3, 14.

［44］周智辉, 魏标, 邹云峰, 等. 桥梁振动[M]. 北京: 人民交通出版社股份有限公司, 2021.

［45］罗绛豪, 郭向荣, 许三平, 等. 既有时速350km高速铁路运营时速400km常规跨径桥梁列车走行性研究[J]. 铁道标准设计, 2020, 64(suppl): 45-50.

［46］KUNNATH S K, GROSS J L. Inelastic response of the Cypress viaduct to the Loma Prieta earthquake[J]. Engineering Structures. 1995, 17(7): 485-493.

［47］HANSON N W, CONNER H W. Seismic Resistance of Reinforced Concrete Beam-Column Joints[J]. Journal of the Structural Division, 1967, 93(ST5): 535-560.

［48］TSONOS A G. Lateral load response of strengthened reinforced concrete beam-to-column joints[J]. Structural Journal, 1999, 96(1): 46-56.

［49］PRIESTLEY M J N, SEIBLE F, CALVI G M. Seismic Design and Retrofit of Bridges[M]. John Wiley & Sons, Inc., 1996.

［50］California Depertment of Transportation. Seismic Design Criteria V1.7[S]. 2013.

［51］The American Association of State Highway and Transportation Officials .AASHTO Guideline Specifications for LRFD Seismic Bridge Design[S]. 2011.

［52］中华人民共和国交通运输部. 公路桥梁抗震设计规范: JTG/T 2231-01—2020[S]. 北

京：人民交通出版社股份有限公司, 2020.

[53] 中华人民共和国住房和城乡建设部. 城市桥梁抗震设计规范: CJJ 166—2011 [S]. 北京: 中国建筑工业出版社, 2011.

[54] 中华人民共和国住房和城乡建设部. 城市轨道交通桥梁设计规范: GB 51234—2017 [S]. 北京: 中国建筑工业出版社, 2017.

[55] 中华人民共和国住房和城乡建设部. 城市轨道交通预应力混凝土节段预制桥梁技术标准: CJJ/T 293—2019 [S]. 北京: 中国建筑工业出版社, 2019.

[56] 李小珍, 张迅. 铁路桥梁结构噪声辐射理论及应用 [M]. 北京: 科学出版社, 2019.

[57] 西南交通大学牵引动力重点实验室. 广州轨道交通 14 号线动力学试验报告(TPL-BG-2018-Z013) [R]. 成都: 西南交通大学, 2018.

[58] 程杰. 无支座连续刚构轨道结构受力分析及温度跨度研究 [D]. 北京: 北京交通大学, 2015.

[59] 周四思. 《铁路桥涵设计规范》解读与思考 [M]. 北京: 中国铁道出版社, 2019.

[60] 陈亮, 郭敏. 大悬臂 T 型钢筋混凝土桥墩的裂缝成因分析 [J]. 广东土木与建筑, 2018, 25(2): 32-35.

[61] 陈亮. 预制节段拼装连续刚构桥墩梁固结处受力性能分析 [J]. 黑龙江交通科技, 2019, 305(7): 119-121.

[62] MARX S, SEIDL G. Integral railway bridges in Germany [J]. Structural Engineering International, 2011, 21(3): 332-340.

[63] LIU W, HAO L, DAI G, et al. Numerical study on track–bridge interaction of integral railway rigid-frame bridge [J]. Applied Sciences, 2021, 11: 922.

[64] KUNNATH S K, GROSS J L. Inelastic response of the cypress viaduct to the Loma Prietaearthquake [J]. Engineering Structures. 1995, 17(7): 485-493.

[65] HANSON N W, CONNER H W. Seismic resistance of reinforced concrete beam-column joints [J]. Journal of the Structural Division, ASCE, 1967, 93(ST5): 535-560.

[66] TSONOS A G. Lateral load response of strengthened reinforced concrete beam-to-column joints [J]. ACI Structural Journal. 1999, 96(1): 46-56.

[67] THEWALT C R, STOJADINOVIC B. Behavior of bridge outrigger knee joint systems [J]. Earthquake Spectra, 1995, 11(3): 477-509.

[68] PRIESTLEY M J N, SEIBLE F, CALVI G. Seismic design and retrofit of bridges [M]. New York: Wiley, 1996.

[69] CALIFORNIA DEPARTMENT OF TRANSPORTATION. Caltrans SDC 1.6 [S]. Seismic Design Criteria V1.7, 2013.

[70] AASHTO. Guideline Specifications for LRFD seismic bridge design [S]. American

Association of State Highway and Transportation Officials, 2011.

[71] 王李麒, 林元铮, 宗周红, 等. 钢-混凝土组合连续刚构桥墩梁连接节点抗震性能比较研究[J]. 世界地震工程, 2018, 34(1): 31-39.

[72] 武兵, 王德志, 师新虎. 福厦高铁无支座整体式刚构桥地震响应研究[J]. 世界桥梁, 2020, 48(S1): 85-88.

[73] 师新虎, 蓝先林, 范安军. 多跨无支座整体式刚构桥地震反应分析[J]. 交通科技, 2022(3): 101-106, 121.

[74] SHEN Y, FREDDI F, LI Y X, et al. Enhanced strategies for seismic-resilient post-tensioned reinforced concrete bridge piers: experimental tests and numerical simulations[J]. Journal of Structural Engineering, 2023, 149(3): 04022259.

[75] SHEN Y, FREDDI F, LI Y X, et al. Parametric experimental investigation of unbonded post-tensioned reinforced concrete bridge piers under cyclic loading[J]. Earthquake Engineering and Structural Dynamics, 2022, 51(15): 3479-3504.

[76] 舒兴平, 张晗, 张再华. 基于带肋角钢的装配混凝土柱-钢梁连接节点抗震性能试验研究[J]. 铁道科学与工程学报, 2020, 17(10): 2626-2634.

[77] 吴文朋, 李立峰, 王连华, 等. 基于IDA的高墩大跨桥梁地震易损性分析[J]. 地震工程与工程振动, 2012, 32(3): 117-123.

[78] CHOI E, DESROCHES R, NIELSON B. Seismic fragility of typical bridges in moderate seismic zones[J]. Engineering structures, 2004, 26(2): 187-199.

[79] 胡聿贤. 地震工程学[M]. 北京: 地震出版社, 2006.

[80] 刘健新, 赵国辉. "5·12"汶川地震典型桥梁震害分析[J]. 建筑科学与工程学报, 2009, 026(2): 92-97.

[81] 王东升, 郭迅, 孙治国, 等. 汶川大地震公路桥梁震害初步调查[J]. 地震工程与工程振动, 2009, 029(3): 84-94.

[82] 史蒂芬. 马克思, 等. 德国舍孔德高架桥长期性能监测研究[J]. 世界桥梁, 2017, 45(6): 34-38.

[83] 谷音, 黄怡君, 卓卫东. 高墩大跨连续刚构桥梁地震易损性分析[J]. 地震工程与工程振动, 2011, 31(2): 91-97.

[84] 肖柯利. 单塔斜拉桥地震易损性分析及结构优化[D]. 成都: 西南交通大学, 2019.

[85] 吴培涛. 曲线连续梁桥的地震易损性分析[D]. 重庆: 重庆大学, 2015.

[86] 赵金钢, 贾宏宇, 李晰, 等. 基于实际场地和碰撞双重效应的高墩大跨连续刚构桥易损性分析[J]. 华南理工大学学报(自然科学版), 2019, 47(1): 64-74.